Oldenbourg

Java 2

Von den Grundlagen bis zu Threads und Netzen

von
Prof. Dr. Ernst-Wolfgang Dieterich
Fachhochschule Ulm

2., überarbeitete Auflage

Oldenbourg Verlag München Wien

Die Deutsche Bibliothek - CIP-Einheitsaufnahme

Dieterich, Ernst-Wolfgang:
Java 2 : von den Grundlagen bis zu Threads und Netzen /
von Ernst-Wolfgang Dieterich. – 2., überarb. Aufl.. -
München ; Wien : Oldenbourg, 2001
  ISBN 3-486-25423-5

© 2001 Oldenbourg Wissenschaftsverlag GmbH
Rosenheimer Straße 145, D-81671 München
Telefon: (089) 45051-0
www.oldenbourg-verlag.de

Lektorat: Irmela Wedler
Herstellung: Rainer Hartl
Umschlagkonzeption: Kraxenberger Kommunikationshaus, München
Gedruckt auf säure- und chlorfreiem Papier
Druck: R. Oldenbourg Graphische Betriebe Druckerei GmbH

Inhaltsverzeichnis

1 Einleitung

Keine Programmiersprache hat jemals eine so große Popularität erzielt wie Java – und dies nicht nur in Programmiererkreisen. In Tageszeitungen und den Nachrichten im Fernsehen wird immer wieder über Java berichtet. Der Grund hierfür liegt sicherlich auch im Einsatzgebiet von Java, der Erstellung von Programmen für das Internet.

Die ersten Vorarbeiten zu Java gehen in das Jahr 1991 zurück, in dem eine Arbeitsgruppe um Patrick Naughton und James Gosling bei Sun Microsystems an einer Programmierumgebung namens *Oak* arbeiteten, mit der man leicht Anwendungen für elektronische Geräte oder das interaktive Fernsehen erstellen kann. Hier wird die Elektronik häufig durch modernere und billigere Komponenten ersetzt. Die Software soll sich dabei möglichst ohne Aufwand den neuen Gegebenheiten anpassen. Daraus ergaben sich die zentralen Randbedingungen für *Oak*: Es sollte klein und vollständig plattform-unabhängig sein. Die Entwickler griffen auf eine bekannte Technik zurück, die N. Wirth bereits 1971 bei seiner Programmiersprache Pascal angewendet hat [Wir71]: Das Quellprogramm wird in eine kompakte Zwischensprache übersetzt, die auf verschiedenen Rechner durch einen Interpreter ausgeführt werden. Der Interpreter realisiert eine hypothetische Maschine, die sog. *virtuelle Maschine*.

Das *Oak*-Projekt kam ins Stocken, da sich kein Anwender dafür interessierte und auch die Einführung des interaktiven Fernsehens nicht vorankam. Der Durchbruch des WWW, des World Wide Web, eröffnete dem *Oak*-Team plötzlich neue Perspektiven. Ein WWW-Browser stellt genau die Anforderungen, die das *Oak*-Team verfolgte: Der Browser muss auf allen denkbaren Plattformen laufen. Inzwischen hatte sich herausgestellt, dass der Name *Oak* bereits für eine andere Programmiersprache vergeben war. In einer Kaffeepause soll sich das Team für den neuen Namen *Java* entschieden haben.

Im Frühjahr 1995 wurde der erste WWW-Browser unter dem Namen *HotJava* vorgestellt, der in Java geschrieben war.

1996 veröffentlichte Sun die erste offizielle Entwicklungsumgebung für Java als Version 1.02. Im Oktober 1999 wurde die Version 1.2.2 veröffentlicht, die offiziell unter dem Namen Java 2 SDK verbreitet ist, auf der auch dieses Buch basiert. Zur Zeit ist die Version 1.3.1 aktuell. Sie kann kostenlos über die Adresse **http://java.sun.com** heruntergeladen werden. Neben vielen Dokumentationen, darunter auch die Original-Sprachspezifikation Java [GoJo96] und [GoJo00], findet man hier auch interessante Zusatztools und Diskussionsforen.

Eigenschaften von Java

Die Java-Entwickler beschreiben in ihrem *White Paper* die Ziele Javas mit folgenden Schlagworten:

einfach (und vertraut)

> Java enthält sehr wenige Sprachkonstrukte und basiert auf C++.

objektorientiert

> Java ist vollständig objektorientiert; nur Klassen werden programmiert.

verteilt

> Java stellt standardmäßig mächtige Werkzeuge zur Netzwerkprogrammierung zur Verfügung.

robust

> Java-Programme müssen zuverlässig arbeiten. Strenge Typ- und Ausnahmebehandlung sind hierfür Voraussetzungen. Die gefährlichen Sprachmittel von C++ – etwa Zeiger und Sprünge – wurden aus Java verbannt.

sicher

> Sicherheit im Netz ist ein sehr aktuelles Thema. Java verfügt über komfortable Klassen zur Sicherheitsbehandlung. Das Thema Sicherheit wird nie ganz abgeschlossen sein; eine Arbeitsgruppe arbeitet ständig am Sicherheitsmechanismus von Java.

neutral in Bezug auf Rechner-Architektur

interpretativ

> Java erzeugt einen Code, der von der JVM – der virtuellen Java-Maschine – interpretiert wird.

portabel

> Bereits bei der Definition der Basisdatentypen achtet Java – anders als C++ – auf Maschinenunabhängigkeit.

leistungsstark

> Dies ist in bezug auf die Zielrichtung von Java das fragwürdigste Schlagwort: Interpretative Bearbeitung ist naturgemäß langsamer als bei Programmen, die in Maschinencode *eines speziellen* Rechners übersetzt wird. Trotzdem wird an einem echten Java-Compiler gearbeitet!

Thread-unterstützend (multithreaded)

> Das Thread-Konzept zum Programmieren parallel laufender Programme ist fest in Java integriert.

dynamisch

> Klassenobjekte werden erst bei Bedarf zur Laufzeit geladen.

Zielsetzung des Buches

Das Buch wendet sich an Leser, die sich von Grund auf in das objektorientierte Programmieren in Java 2 einarbeiten wollen. Jede Sprachkonstruktion von Java wird genau beschrieben und an kleinen prägnanten Beispielen veranschaulicht. Java 2 verfügt über eine riesige Menge von sog. Packages, die Klassen für komplexe Anwendungen bereitstellen. Bei der Auswahl der behandelten Packages wurde darauf geachtet, dass jeder wichtige Themenbereich, der mit Java-Programmen abgedeckt werden soll, möglichst ausführlich behandelt wird. Bei der tabellarischen Beschreibung der Klassen und ihrer Fähigkeiten werden zumindest die in den Beispielen verwendeten Methoden genau beschrieben. Eine vollständige Beschreibung findet man in der Online-Dokumentation, die man sich mit der Entwicklungsumgebung kostenlos herunterladen kann.

Das Buch ist so aufgebaut, dass es sich zum Selbststudium ebenso eignet wie als Begleitlektüre zu einem Kurs über objektorientiertes Programmieren in Java. Das ausführliche Sachwortverzeichnis sowie die Syntaxdiagramme und das zugehörige Register machen das Buch auch zu einem nützlichen Nachschlagewerk.

Die Beispiele liegen mit einer ausführlichen Beschreibung im html-Format im Internet bereit, die über die Verlagsseite

`http://www.oldenbourg.de/verlag/index_inhalt.htm`

erreichbar sind.

Gliederung

Kapitel 2 beschreibt die im Java Development Kit (JDK) enthaltenen Werkzeuge. Kapitel 3 gibt einen ersten Einblick in die Leistungsfähigkeit von Java. Dort entwickeln wir drei sehr einfache Java-Programme.

Teil I beginnt mit der Einführung der primitiven Datentypen und Variablen (Kapitel 4) und der Ausdrücke (Kapitel 5). Kapitel 6 behandelt die Anweisungen.

> Leser mit Erfahrung in C++ sollten diese Kapitel überfliegen und dabei besonders auf die mit der hier verwendeten Markierung "C++" achten. Hier werden die kleinen, aber wesentlichen Unterschiede zwischen Java und C++ angegeben.

Teil II behandelt die objektorientierten Sprachmittel von Java: Klassen und Objekte (Kapitel 7), die Packages (Kapitel 8), die für die Modularisierung größerer Java-Programme zuständig sind, sowie die Vererbung (Kapitel 9). In Kapitel 10 werden Klassen für zusammengesetzte Datentypen behandelt. Einige wichtige Klassen der Java-Bibliothek werden in Kapitel 11 besprochen. Anders als in

C++ ist in Java die Ausnahmebehandlung konsequent und durchgängig realisiert; dies ist Thema von Kapitel 12.

Teil III beschäftigt sich mit der Anwendungsprogrammierung in Java 2. In Kapitel 13 werden die Grundlagen der Grafikprogrammierung gelegt. Applets sind Java-Programme, die in einem Browser ausgeführt werden. Diesem Thema widmet sich das Kapitel 14.

Java 2 enthält eine Fülle von Klassen, die der Programmierung grafischer Benutzeroberflächen dienen. Die Interaktion mit dem Benutzer ist ereignisgesteuert. Wie man dies in Java programmiert, wird in Kapitel 15 behandelt.

Java unterstützt die parallele Abarbeitung von Programmen. Hierfür werden sog. Threads verwendet, die wir in Kapitel 16 kennenlernen werden. Bei der Ein-/Ausgabe verwendet Java 2 das Stromkonzept, das auch schon in C++ realisiert wurde. Hier ist die Ein-/Ausgabe nicht nur auf Dateien beschränkt; auch die Datenübertragung im Netzwerk wird durch Ströme realisiert. Kapitel 17 beschäftigt sich mit diesem Thema, bevor im abschließenden Kapitel 18 auf die Programmierung von Netzwerkanwendungen eingegangen wird.

Teil IV enthält vier Anhänge. In Anhang A findet man einen alphabetisch sortierten Index der Syntaxdiagramme, die in den verschiedenen Kapiteln die Sprachkonstrukte von Java formal beschreiben. Anhang B enthält ein Verzeichnis der Beispiele. Das in fast allen Programmen verwendete Package **Java-Pack** ist in Anhang C im Quellcode abgedruckt. Die Beispielsammlung, die man vom Internet herunterladen kann, enthält eine ausführliche Dokumentation des Packages im HTML-Format.

Nach dem Quellenverzeichnis in Anhang D bildet das ausführliche Sachwortverzeichnis den Abschluss dieses Buches.

Danksagung

Dem Lektorat DV/Informatik des Oldenbourg Wissenschaftsverlags danke ich für die gute Zusammenarbeit und das zügige und sorgfältige Lektorieren des Manuskripts. Mein Sohn Holger hat versucht, die letzten Unklarheiten aus dem Text aufzuspüren. Vielen Dank, Holger!

2 Java-Entwicklungsumgebung

Sämtliche Programme sowie die Dokumentationen werden von Sun Microsystems über das Internet kostenlos zur Verfügung gestellt. Die Entwicklungsumgebung JDK (Java Development Kit) enthält die Programme, die man zum Übersetzen und Ausführen von Java-Programmen benötigt. Sie sind alle Kommandozeilen-orientiert, das heißt, man muss sie in einem DOS-Fenster starten. Das JDK verfügt über einen komfortablen Dokumentationsgenerator, der speziell geschriebene Kommentare des Java-Programms erkennt und daraus eine Dokumentation im HTML-Format generiert. Dies wird im zweiten Abschnitt behandelt.

2.1   JDK von Sun Microsystems

Das JDK liegt in der WWW-Adresse **java.sun.com** zum Herunterladen bereit. Die Datei ist selbstentpackend. Am besten kopieren Sie diese gleich in Ihr Java-Verzeichnis und entpacken sie. Beachten Sie die Installationshinweise.
Zum Übersetzen und Ausführen von Java-Programmen benötigt man folgende Programme des JDK:

Der Java-Compiler **javac** übersetzt ein Java-Programm in ein sog. Bytecode-Programm. Das ist ein kompaktes Java-Programm, das interpretativ ausgeführt werden kann.

Der Java-Interpreter **java** führt eine Java-Anwendung aus. Das sind alle Java-Programme mit Ausnahme der Applets.

Ein Applet wird über eine HTML-Seite von einem Browser oder dem im JDK enthaltenen **AppletViewer** gestartet. In diesem Buch wird der **AppletViewer** und **Hotjava**, das ebenfalls bei Sun verfügbar ist, verwendet.

Wie die Übersetzung und Ausführung von Java-Programmen abläuft, wird im nächsten Kapitel erklärt.

2.2   Das Werkzeug `javadoc`

Java verfügt über spezielle Dokumentationskommentare, die folgendermaßen aufgebaut sind:

```
/**
Dokumentationskommentar mit Tags
*/
```

Das JDK enthält das Programm **javadoc**, das aus einem Java-Programm diese Dokumentationskommentare herausfiltert und daraus ein HTML-Dokument erstellt.

Mit Dokumentationskommentaren kann man Klassen und Interfaces sowie Methoden und Attribute (siehe Teil II) dokumentieren. Diese Kommentare müssen *unmittelbar vor* den entsprechenden Deklarationen im Quelltext stehen.

Zur Erzeugung spezieller Informationen kann man in den Dokumentationskommentar sog. Tags einfügen, die in der folgenden Tabelle zusammengestellt sind.

Wichtige Tags des Dokumentationskommentars	
`@version text`	Der **text** wird unter der Überschrift **Version:** in die Dokumentation übernommen. Ist nur in Klassen- und Interface-Dokus wirksam.
`@author text`	Der **text** wird unter der Überschrift **Author:** in die Dokumentation übernommen. Ist nur in Klassen- und Interface-Dokus wirksam.
`@param pn text`	**pn** ist ein Parametername der beschriebenen Methode; **text** enthält die zugehörige Beschreibung. Unter der Überschrift **Parameters:** wird der Parametername mit der Beschreibung **text** übernommen.
`@return text`	Hier wird der Ergebniswert einer Methode beschrieben. Der **text** wird unter der Überschrift **Returns:** in die Dokumentation übernommen.

Wichtige Tags des Dokumentationskommentars	

`@throws e txt`
 	
`@exception e txt`
	e ist eine Ausnahme; **txt** enthält die zugehörige Beschreibung. Unter der Überschrift **Throws:** wird die Beschreibung **txt** übernommen.
	
	Beide angegebenen Tags bewirken dasselbe.

`@see name`	Hier werden Verweise auf andere Einträge unter der Überschrift **See Also:** erzeugt.
`{@link name txt}`	Fügt einen Verweis auf **name** ein, der durch den Text **txt** angezeigt wird.
`@depreciated txt`	Gibt unter der Überschrift **Depreciated:** den Text **txt** an, der besagt, dass dieses nicht mehr verwendet werden sollte, aber dennoch übersetzt wird.
`@since txt`	Unter der Überschrift **Since:** wird die Beschreibung **txt** übernommen.

Bei den beiden Tags **@see** und **@label** können die in HTML üblichen Verweise benutzt werden; ist **name** ein Klassen- oder Attributname, wird automatisch ein Verweis darauf erstellt.

Zur Demonstration dieser Tags betrachten wir das folgende Java-Programm. Natürlich sind hierbei die Sprachkonstruktionen aus Java noch nicht bekannt; schauen Sie sich dieses Beispiel nochmals an, wenn Sie die Klassen in Teil II kennengelernt haben.

❑ *Beispiel 2.2.1   Dokumentationskommentare*

```
import java.io.*;
/**
*   Klasse JavaDoc
*   @author E.-W. Dieterich
*   @version 2.0, Februar 2001
*/
public class JavaDoc
{
/**
*   Dummy-Methode.
*   Hierher wird verwiesen.
```

```
 *   Es wird auf
 *   {@link #Format(String,int,char) Format} verwiesen
 *   @deprecated "ab 2. Auflage dieses Buches"
 *   @throws IOException Standard-Ein-Ausgabe-Ausnahme
 */
   public void dummy() throws IOException
   {}
/**
 *   Formatierte Ausgabe eines Strings.
 *   @see JavaDoc#dummy
 *   @param s auszugebender String
 *   @param breite Ausgabebreite
 *   @param fuell Füllzeichen
 *   @return formatierter String
 *   @since Java, Auflage 2
 */
   public static String Format(String s,int breite,
        char fuell)
   {   String erg=new String();
       // irgendwas
       return erg;
   }
}                                                          ■
```

Die folgende Abbildung zeigt einen Ausschnitt der Dokumentation, wie sie der Browser **HotJava** darstellt.

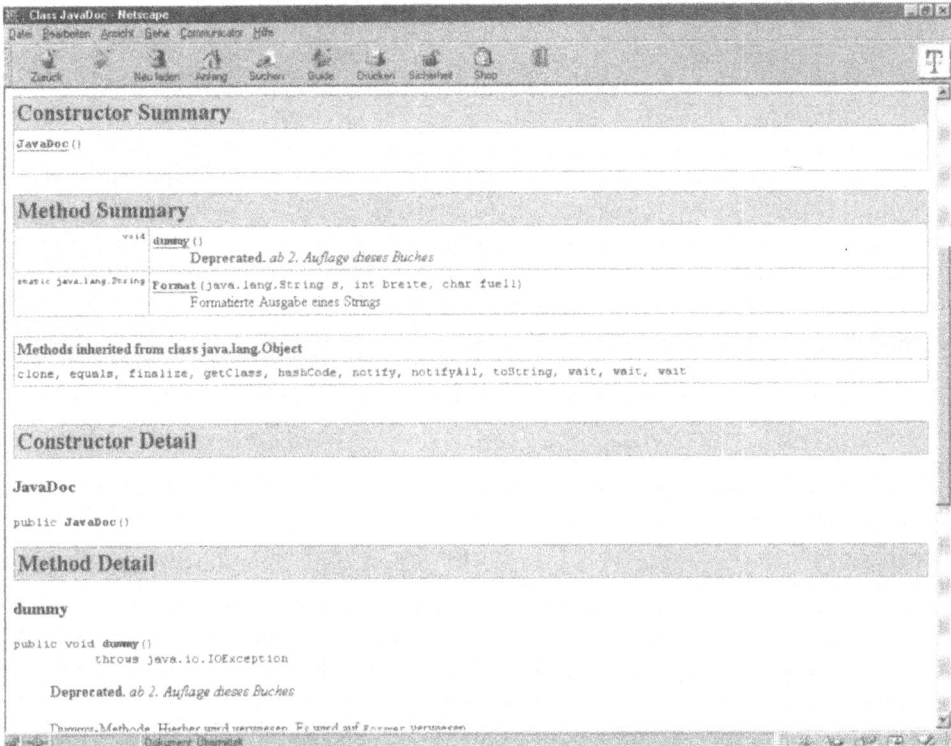

Abb. 2.1: Dokumentation mit Javadoc

3 Erste Eindrücke von Java

Nachdem die Java-Entwicklungsumgebung erfolgreich installiert wurde, können wir mit der Arbeit beginnen. An drei kleinen typischen Java-Programmen werden erste Eindrücke über die Leistungsfähigkeit von Java vermittelt.

Java kennt drei verschiedene Typen von Programmen:

Java-Anwendungen werden von der Kommandozeile aus gestartet und arbeiten ausschließlich im Textformat. Dies entspricht den ausführbaren Programmen, wie man sie von anderen Programmiersprachen kennt. In Teil I und II werden wir ausschließlich Java-Anwendungen verwenden.

Seit der Einführung von Betriebssystemen mit grafischer Benutzeroberfläche ist es Mode geworden, auch Anwenderprogramme in Grafikfenstern ablaufen zu lassen. In Abschnitt 3.2 wird dies an einem einfachen Beispiel demonstriert. In Kapitel 13 werden grafische Programme genauer behandelt.

Das Haupteinsatzgebiet von Java ist die Erstellung von Programmen, die über das Netz aufgerufen werden und in einem Browser ablaufen. Solche Programme heißen Applets. In Abschnitt 3.3 werden wir ein einfaches Applet entwickeln. Der genaue Aufbau von Applets wird in Kapitel 14 besprochen.

3.1   Eine Java-Anwendung

In einem Texteditor wird folgendes Java-Programm geschrieben und unter dem Dateinamen **ersteAnwendung.java** abgespeichert. Achten Sie darauf, dass Sie genau diesen Namen verwenden.

❑ *Beispiel 3.1.1   Java-Anwendung*
```
public class ersteAnwendung
{ public static void main(String[] argv)
  { System.out.println("***************************");
    System.out.println("*          Java 2         *");
    System.out.println("* Von den Grundlagen bis  *");
    System.out.println("* zu Threads und Netzen   *");
    System.out.println("*           von           *");
    System.out.println("*     E.-W. Dieterich     *");
```

```
    System.out.println("*************************");
    }
}
```

In Java wird wie in C zwischen Groß- und Kleinschreibung unterschieden. Auch bei der Wahl des Dateinamens ist die Groß-/Kleinschreibung zu beachten. Prinzipiell müssen Java-Programme unter dem Namen abgespeichert werden, der hinter **class** steht, und die Erweiterung **java** haben.   ■

Um dieses Programm zu übersetzen, gibt man in der Befehlszeile folgendes ein:

javac ersteAnwendung.java

Dies startet den Java-Compiler, der bei fehlerfreiem Programm die Datei **ersteAnwendung.class** erzeugt. Wenn das Java-Programm Fehler enthält, meldet der Compiler diese in der üblichen Form mit Fehlertext und Zeilennummer der Fehlerstelle.
Das übersetzte Java-Programm wird vom Java-Interpreter ausgeführt, den man mit folgender Befehlszeile startet:

java ersteAnwendung

Achten Sie darauf, dass der Compiler **javac** die Endung **java** der Datei verlangt, dagegen wird beim Interpreter der Dateiname ohne Endung angegeben.
Das Programm gibt einen Text im Textfenster aus, wie die folgende Abbildung zeigt.

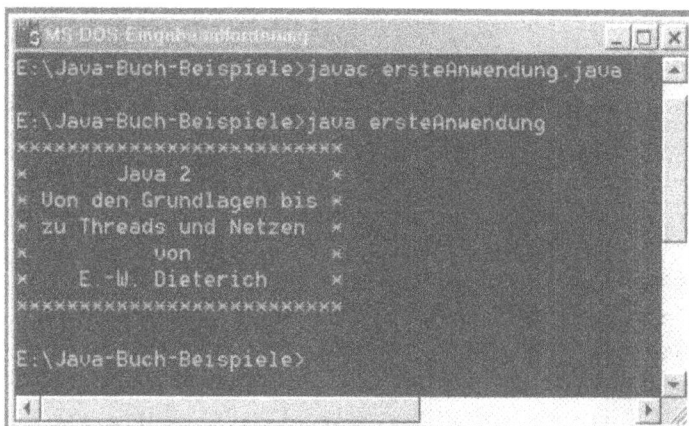

Abb. 3.1: Eine Java-Anwendung und ihre Übersetzung

3.2   Ein Grafikprogramm

Java stellt eine Fülle von Sprachmitteln für die grafische Programmierung zur Verfügung. Im folgenden Grafikprogramm wird der Text in einem Grafikfenster angezeigt.

❑ *Beispiel   3.2.1   Einfache Grafik*
Das folgende Programm wird in der Datei **ersteGrafik.java** gespeichert.

```
import java.awt.*;
import JavaPack.*;   // enthält Klasse FensterBeenden
import javax.swing.*;

public class ersteGrafik extends JFrame
{   ersteGrafik()
    {   addWindowListener(new FensterBeenden());   }
    public void paint(Graphics g)
    {   Font schrift=new Font("Courier",Font.BOLD,14);
        g.setFont(schrift);
        g.drawString("**************************",
          40,55);
        g.drawString("*         Java 2         *",
          40,65);
        g.drawString("* Von den Grundlagen bis *",
          40,75);
        g.drawString("* zu Threads und Netzen  *",
          40,85);
        g.drawString("*           von          *",
          40,95);
        g.drawString("*    E.-W. Dieterich     *",
          40,105);
        g.drawString("**************************",
          40,115);
    }
    public static void main(String[] argv)
    {   JFrame f=new ersteGrafik();
        f.setTitle("einfaches Grafikprogramm");
        f.setSize(300,130);
        f.setVisible(true);
    }
}
```
                                                                          ■

Dieses Programm wird genau wie das erste Programm übersetzt und gestartet. Es liefert folgende Ausgabe:

Abb. 3.2: Ein Grafikprogramm und seine Übersetzung

Hier eine kurze Erklärung, wie dieses Programm arbeitet:

Die Hilfsmittel zur Grafikprogrammierung stellt Java in den Packages **java.awt** und **javax.swing** zur Verfügung. Ein Package kann man sich vorläufig etwa so vorstellen wie eine Bibliothek in anderen Programmiersprachen. Unser Package **JavaPack** ist in diesem Beispiel für das Beenden des Grafikfensters zuständig; es definiert den Begriff **FensterBeenden**.

Betrachten wir zunächst das Hauptprogramm **main**: Es wird ein Grafikrahmen erzeugt (in Java ist dies ein **JFrame**) und die Fenstergröße festgelegt. Die letzte Zeile zeigt das Grafikfenster an.

Was in dem Grafikfenster gezeichnet werden soll, beschreibt der Block hinter **paint**: Zunächst wird eine Schriftart definiert und eingestellt. Hier wird Courier fett der Größe 14 Punkte gewählt. Die angegebenen Zeilen werden gezeichnet, wobei die beiden letzten Parameter von **drawString** die (x,y)-Position des Textanfangs im Fenster angeben.

3.3 Ein Java-Applet

Eines der wesentlichen Entwurfsziele von Java war die einfache Programmierung von Applets. Ein Applet ist ein Java-Programm, das von einem Browser geladen und im Browserfenster ausgeführt wird.

Die Sprachmittel zur Applet-Programmierung stellt Java im Package **javax.swing** zur Verfügung. Das folgende Applet-Programm enthält nur den **paint**-Teil des Grafikprogramms.

□ *Beispiel 3.3.1 Einfaches Applet*
Dieses Programm benutzt nur das Package **javax.swing**, das in der ersten Zeile angegeben ist. Der Programmteil **extends JApplet** gibt an, dass das Programm ein Applet ist.

```
import java.awt.*;
import javax.swing.*;

public class erstesApplet extends JApplet
{  public void paint(Graphics g)
   {  Font schrift=new Font("Courier",Font.BOLD,14);
      g.setFont(schrift);
      g.drawString("**************************",
        40,55);
      g.drawString("*          Java 2           *",
        40,65);
      g.drawString("* Von den Grundlagen bis *",
        40,75);
      g.drawString("* zu Threads und Netzen  *",
        40,85);
      g.drawString("*             von            *",
        40,95);
      g.drawString("*     E.-W. Dieterich       *",
        40,105);
      g.drawString("**************************",
        40,115);
   }
}
```

Dieses Programm wird in einer Seite gestartet, die mit einem Browser betrachtet wird. Ein Browser interpretiert eine Datei, die in der Seitenbeschreibungssprache HTML geschrieben ist.
Die HTML-Anweisung, die das obige Applet startet, enthält in ihrer einfachsten Form die beiden folgenden Zeilen:

```
<APPLET CODE="erstesApplet.class" WIDTH=300 HEIGHT=130>
</APPLET>
```

Diese beiden Zeilen speichern wir in der Datei **erstesApplet.html**, die mit jedem Java-fähigen Browser geladen werden kann. Die Java-Entwicklungsumgebung enthält das Programm **AppletViewer**, welches hier verwendet wird. Die folgende Abbildung zeigt wieder das Kommandofenster mit der benötigten Befehlsfolge sowie die Ausgabe des Applets.

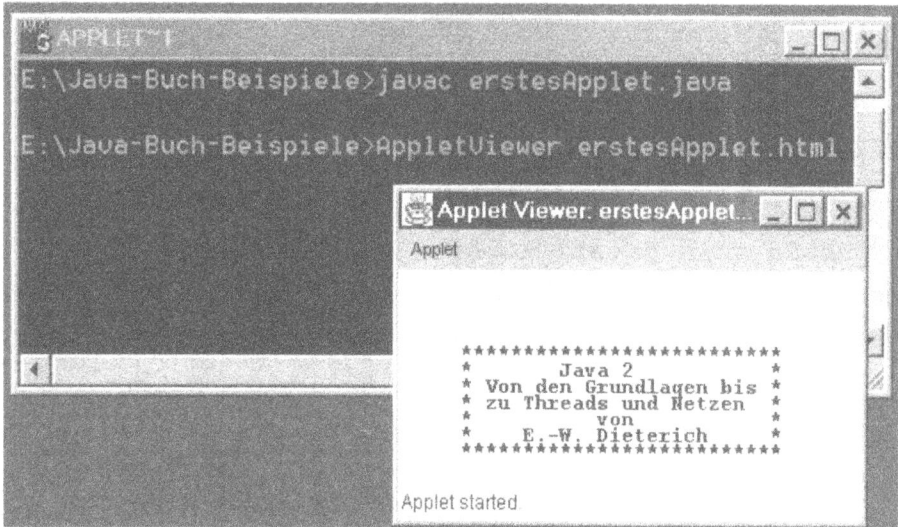

Abb. 3.3: Ein Applet und seine Übersetzung

Teil I.
Grundlagen

Übersicht

Dieser erste Teil behandelt die grundlegenden Sprachkonstrukte von Java. Nachdem in Kapitel 4 die in Java verfügbaren Datentypen vorgestellt werden, werden wir in Kapitel 5 die Operationen besprechen, mit denen Variablen und Werte verknüpft werden können. Das letzte Kapitel dieses Teils stellt die Kontrollstrukturen vor, mit denen man übersichtlich und komfortabel den Ablauf des Programms steuern kann.

> Leser, die mit C++ vertraut sind, können diesen Teil überfliegen und dabei besonders auf solche Bemerkungen wie diese achten, die mit C++ markiert sind.

4 Primitive Datentypen und Variablen

Java ist eine Programmiersprache, die auf allen Rechnerplattformen gleich ablaufen soll. Dieses Ziel hatte bisher jede höhere Programmiersprache; die Festlegung der Basisdatentypen ist jedoch in allen höheren Programmiersprachen, wie Pascal oder C++, bereits maschinenabhängig. So belegt z. B. eine ganze Zahl ein Maschinenwort, das auf unterschiedlichen Plattformen verschiedene Längen (etwa 16 Bit oder 32 Bit) und damit verschiedene Zahlenbereiche hat.

Java legt dagegen für jeden primitiven Datentyp eine feste Speichergröße und damit einen festen Zahlenbereich fest. Java kennt ganzzahlige und reelle Datentypen mit Vorzeichen sowie je einen Datentyp für Wahrheitswerte und für Buchstaben.

In diesem Kapitel werden die konstanten Werte und die Deklaration von Variablen für die primitiven Datentypen von Java behandelt.

| Konstante | :   (4-1)

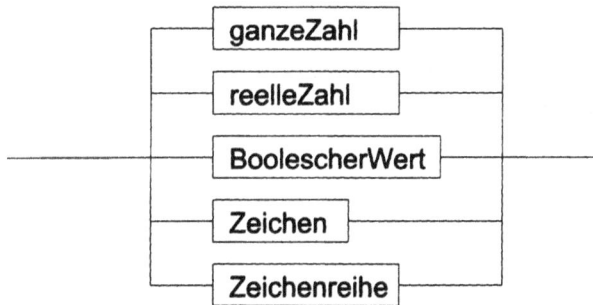

4.1 Ganze Zahlen

In Java gibt es vier ganzzahlige Datentypen, die in der folgenden Tabelle zusammengestellt sind. Bei der Deklaration kann einer ganzzahligen Variablen ein Anfangswert mitgegeben werden.

Typ	Bit	Zahlenbereich	
byte	8	-128 .. 127	-2^7 .. 2^7-1
short	16	-32.768 .. 32.767	-2^{15} .. $2^{15}-1$
int	32	-2.147.483.648 .. 2.147.483.647	-2^{31} .. $2^{31}-1$
long	64	ca -92*10^{17} .. 92*10^{17}	-2^{63} .. $2^{63}-1$

Ganzzahlige Konstanten können dezimal, hexadezimal oder oktal geschrieben werden. **long**-Konstanten werden mit einem angehängten **L** oder **l** gekennzeichnet. Da man den Buchstaben "l" leicht mit der Ziffer "1" verwechselt, sollte man das Suffix "L" für **long**-Konstanten benutzen. Die folgenden Syntaxdiagramme zeigen den Aufbau von ganzen Zahlen.

ganzeZahl :   (4-2)

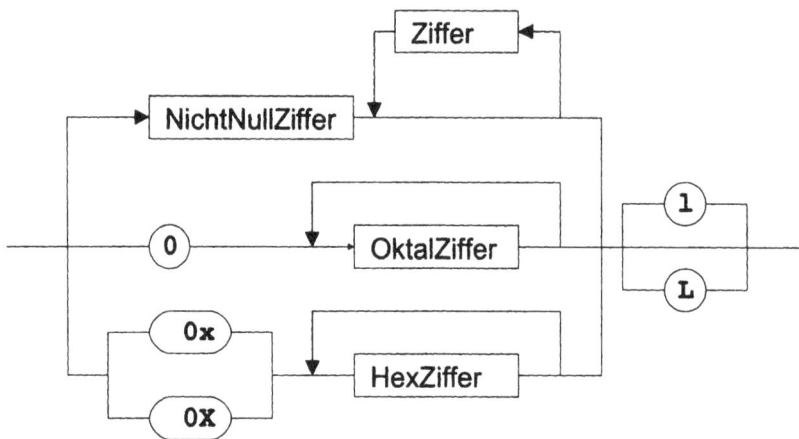

NichtNullZiffer :   (4-3)

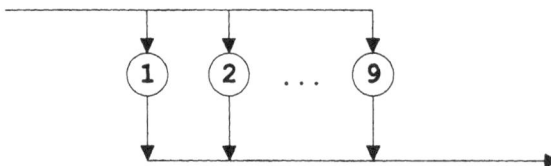

Ziffer : (4-4)

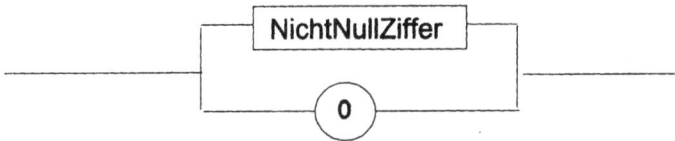

OktalZiffer : (4-5)

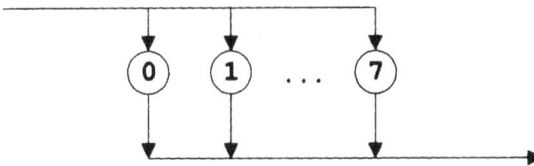

HexZiffer : (4-6)

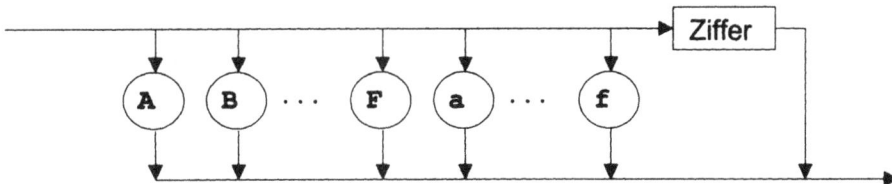

❑ *Beispiel 4.1.1   Beispiele ganzer Zahlen*
Die ersten beiden Zeilen zeigen einige **int**-Konstanten, die beiden nächsten
Zeilen enthalten Beispiele für **long**-Konstanten.

```
1997     03715               0x7CD          0X007CD
-4711    037777766631        0xffffed99     0XFFffEd99

1234567890L  011145401322L                  0X499602D21
-987654321L  017777777777705103135l7L
                                    0xffffffffc521974fl
```

Die Zahlen in einer Zeile haben jeweils den gleichen Wert. Beachten Sie, dass
das letzte Zeichen der Zahlen am Ende der beiden letzten Zeilen ein kleines **l**
und keine Eins ist. ■

❏ *Beispiel 4.1.2   Maximale und minimale Werte*
Das folgende Beispiel gibt die maximalen und minimalen Werte für **int** und
long aus.

```
public class MaximumMinimum
{  public static void main(String[] argv)
   {System.out.println("minimaler \"int\"-Wert    :"
        +Integer.MIN_VALUE);
    System.out.println("\tmaximaler \"int\"-Wert   :"
        +Integer.MAX_VALUE);
    System.out.println("minimaler \"long\"-Wert   :"
        +Long.MIN_VALUE);
    System.out.println("\tmaximaler \"long\"-Wert  :"
        +Long.MAX_VALUE);
   }
}
```

Das Programm liefert folgende Ausgabe:

```
minimaler "int"-Wert    :-2147483648
        maximaler "int"-Wert    :2147483647
minimaler "long"-Wert   :-9223372036854775808
        maximaler "long"-Wert   :9223372036854775807 ∎
```

In Java haben alle primitiven Datentypen eine feste, ma-
schinenunabhängige Länge.

4.2   Reelle Zahlen

Für reelle Zahlen gibt es in Java zwei Datentypen: **float** und **double**. Die interne Darstellung folgt dem im *IEEE ANSI/IEEE Standard 754* (IEEE, New
York) festgelegten Format.

Typ	Bit	Zahlenbereich: **max** .. **min**
float	32	ca. $3.4028*10^{38}$ .. $1.402*10^{-45}$
double	64	ca. $1.798*10^{+308}$ .. $4.94*10^{-324}$

"Zahlenbereich" ist hier so zu verstehen, dass die erste Zahl **max** der betragsmäßig größte darstellbare Wert, die zweite Zahl **min** der betragsmäßig kleinste von
0 verschiedene Wert ist. Ferner sind bei diesen Typen noch spezielle Werte definiert: positiv und negativ unendlich, eine positive und negative Null sowie der
Wert NaN (not a number).

reelleZahl : (4-7)

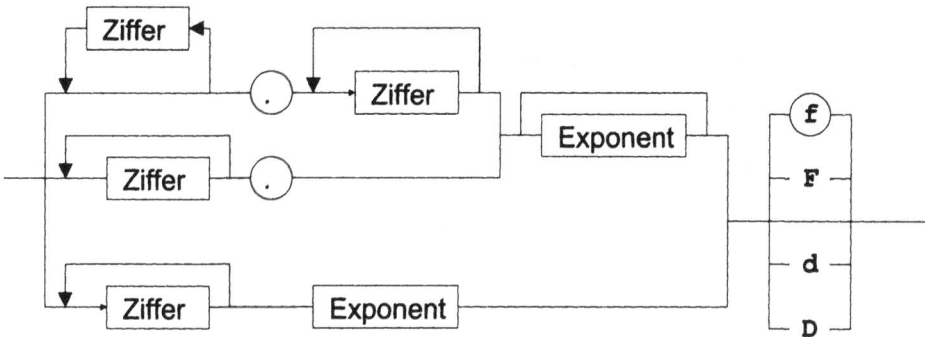

Exponent : (4-8)

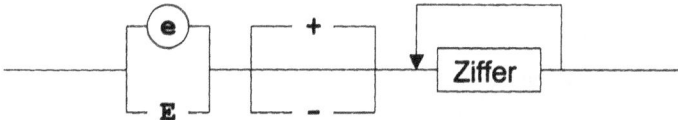

Ganze Zahlen können auch als **float**- oder **double**-Konstanten verwendet
werden. Kommt in einer Zahl ein Punkt und/oder ein Exponententeil vor, ist dies
dann eine **double**-Konstante, falls kein Suffix angegeben wird. Das Suffix **F**
bzw. **D** steht für **float**- bzw. **double**-Konstante.

❑ *Beispiel 4.2.1   Beispiele reeller Zahlen*
Reelle Zahlen sind

```
1.0      .432      12.345e6      -6.45e-123D      32.12f      ■
```

4.3   Wahrheitswerte

Der Datentyp **boolean** hat als Wertebereich die beiden Wahrheitswerte **true** und **false**.

Typ	Bit	Wertebereich
boolean	1	true, false

Der Datentyp **boolean** ist ein eigener Datentyp in dem Sinn, dass er nicht in einen anderen Datentyp umgewandelt werden kann.

BoolescherWert :   (4-9)

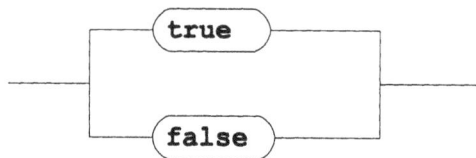

Insbesondere kann der Datentyp **boolean** nicht als **int**-Wert behandelt werden.

4.4   Zeichen und Zeichenreihen

Üblicherweise verwendet man beim Programmieren immer den 7-Bit-ASCII-Code (ASCII = American Standard Code for Information Interchange). Lediglich in Kommentaren und Texten dürfen auch die erweiterten 8-Bit-Codes verwendet werden. Diese 8-Bit-Codes sind aber systemabhängig; so stellen die Buchstaben mit dem Code 128 bis 255 z. B. unter DOS andere Zeichen dar als unter Windows.
Für eine plattformunabhängige Programmiersprache ist dieser Zustand unhaltbar. Aus diesem Grund hat sich ein Komitee zusammengesetzt, um einen allgemeingültigen Zeichencode zu definieren, der neben Sonderzeichen auch nationale Zeichensätze wie Chinesisch, Japanisch und Kyrillisch normiert. Das Ergebnis ist der Unicode, ein 16-Bit-Code [Uni00]. Die ersten 128 Zeichen des Unicodes sind die üblichen 7-Bit-ASCII-Zeichen.
Java unterstützt den Unicode in vollem Umfang, d. h. Bezeichner und Texte können den Unicode-Zeichensatz verwenden.

Typ	Bit	Wertebereich
char	16	'\u0000'...'\uffff' (positiv)

Die Schreibweise '\uxxx' beschreibt ein Zeichen im Unicode mit dem Hexadezimalwert "xxxx", wobei jedes "x" eine Hexadezimalziffer ist. Einen ASCII-Wert kann man einfacher schreiben, indem man das Zeichen direkt in Apostrophs (') geklammert angibt.

> Anders als in C und C++ sind die Werte vom Typ **char** immer positiv, sie werden als 16 Bitwerte ohne Vorzeichen behandelt.

Zeichen :   (4-10)

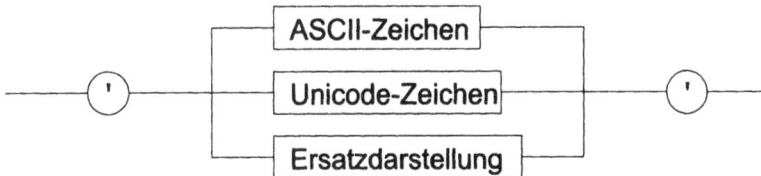

Um auch Steuerzeichen einfacher darstellen zu können, kennt Java spezielle Ersatzdarstellungen, die alle mit dem Backslash \ beginnen und in der folgenden Tabelle zusammengestellt sind.

Ersatzdarstellung	Zei.	Wert	Erklärung
\b	BS	\u0008	Zeichen zurück (backspace)
\t	HT	\u0009	horizontaler Tabulator
\n	LF	\u000a	Zeilentrenner (linefeed)
\f	FF	\u000c	neue Seite (form feed)
\r	CR	\u000d	Wagenrücklauf (carriage return)
\"	"	\u0022	Anführungszeichen
\'	'	\u0027	Apostroph
\\	\	\u005c	Backslash

Ersatzdarstellung	Zei.	Wert	Erklärung
\xxx			Zeichen mit dem oktalen ASCII-Wert xxx (0000 xxx 0377)
\uxxx			Unicode-Zeichen mit der hexadezimalen Codierung "xxxx" (0x0000 xxxx 0xffff)

□ *Beispiel 4.4.1   Beispiele für Zeichen*
Beispiele von **char**-Konstanten, wobei die drei letzten dasselbe Zeichen darstellen:

```
'A', '\n', 'ä',  '\u0084' , '\204'
```
■

In den früheren Programmbeispielen wurden schon mehrfach konstante Texte auf dem Bildschirm ausgegeben. Solche Zeichenreihen sind dabei nichts anderes als Folgen von Zeichenkonstanten, die man mit Anführungszeichen (") klammert. Zeichenreihen dürfen auch Ersatzdarstellungen aus der obigen Tabelle enthalten. Ferner können sie mit dem Operator + aneinandergehängt werden.

Zeichenreihe :   (4-11)

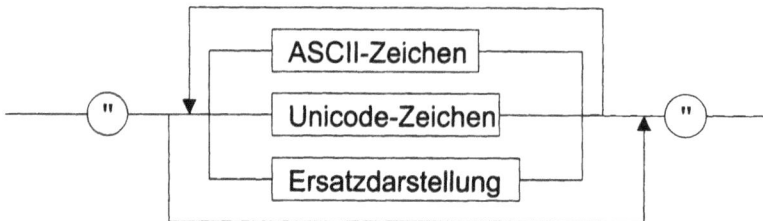

□ *Beispiel 4.4.2   Testausgabe auf Bildschirm*
Die Anweisung

```
System.out.print("Hallo Leute,\nwie "+
               "geht es Euch?\n");
```

liefert die folgende Ausgabe auf dem Bildschirm:

```
Hallo Leute,
```

wie geht es Euch?

Man beachte, dass die Zeilenaufteilung in der Anweisung nichts damit zu tun hat, wie die Zeichenreihe ausgegeben wird.   ■

> Zeichenreihen werden in Java nicht NUL-terminiert. Die Verwaltung der Länge wird in der Klasse **String** erledigt, die in Abschnitt 10.1 behandelt werden.

4.5   Eine einfache Klasse

Eine Klasse ist eine Programmeinheit, die eine ganz bestimmte Aufgabe erledigt. Sie besitzt Attribute (Variablen) und Methoden, die auf diesen Attributen operieren. In diesem Abschnitt wird eine einfache Klasse vorgestellt, die nur eine spezielle Methode **main** – das Hauptprogramm – enthält und mit der wir schon einfache Java-Programme schreiben können.
Diese einfache Klasse ist folgendermaßen aufgebaut:

```
public class einfacheKlasse
{   // Attributdeklarationen
    public static void main(String[] argv)
    {   // lokale Variablendeklarationen
        // Anweisungen
    }
}
```

Der in der ersten Zeile hinter **class** angegebene Name ist ein frei wählbarer Bezeichner (siehe Syntaxdiagramm (4-17)), der die Aufgabe der Klasse beschreibt. Das Java-Programm wird in einer Datei abgespeichert, die denselben Namen wie die Klasse und die Dateierweiterung "java" hat. Die obige Klasse steht also in der Datei **einfacheKlasse.java**. In Kapitel 7 werden Klassen vollständig behandelt.

4.6   Variablen und Variablendeklarationen

In jeder höheren Programmiersprache gibt es den Begriff der Variablen, mit der ein bestimmter Speicherbereich benannt wird. Eine Variable besteht aus den folgenden drei Angaben:

Name	`radius`
Datentyp	`float`
Wert	`17.5E3`

Der *Name* ist ein Bezeichner (siehe Syntaxdiagramm (4-17)) und identifiziert die Speicheradresse. Für verschiedene Variablen müssen verschiedene Namen gewählt werden.

Der *Datentyp* legt fest, in welchem Wertebereich der Wert der Variablen liegen muss. Intern wird durch den Datentyp auch noch festgelegt, wieviel Speicherplatz die Variable beansprucht und wie die interne Darstellung des Wertes aussieht. Im obigen Beispiel ist die Variable namens `radius` vom Typ `float`, d. h. sie belegt einen Speicherplatz von 32 Bit = 4 Byte und wird im IEEE-Format abgespeichert.

Der *Wert* der Variablen ist der momentane Inhalt des Speicherbereichs.

Variablen müssen vor ihrer Verwendung deklariert werden. Einige Alternativen der folgenden Syntaxdiagramme werden erst später besprochen. In den Syntaxdiagrammen ist dann ein Seitenverweis angegeben.

AttributDeklaration :   (4-12)

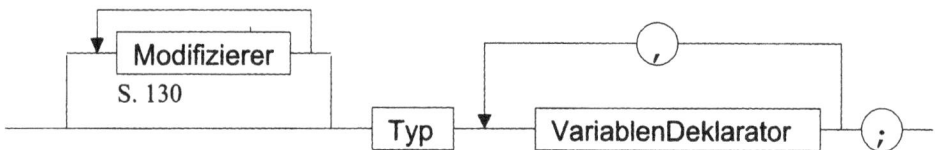

VariablenDeklarator :   (4-13)

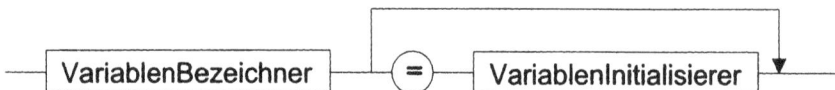

VariablenBezeichner : (4-14)

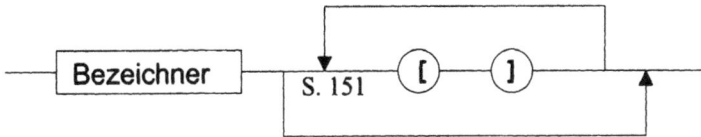

VariablenInitialisierer : (4-15)

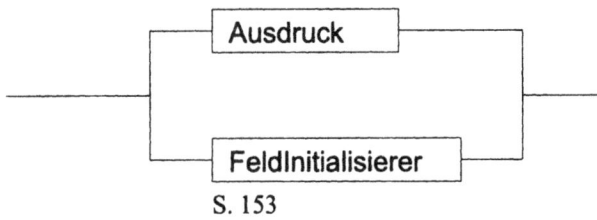

Typ : (4-16)

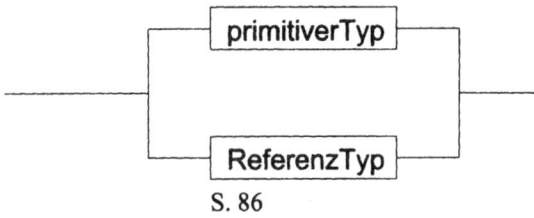

Bezeichner : (4-17)

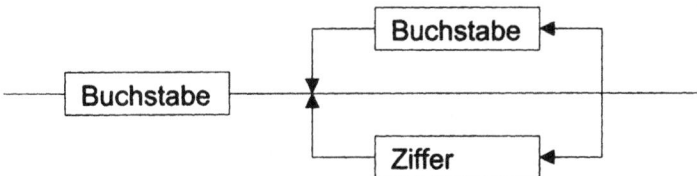

Buchstabe : (4-18)

A ··· Z a ··· z — $

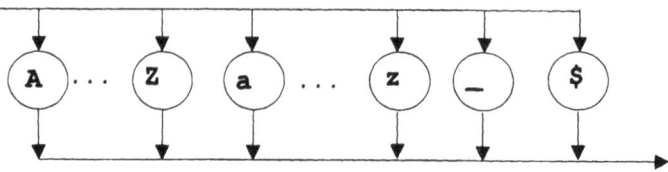

primitiverTyp : (4-19)

byte
short
int
long
char
float
double
boolean

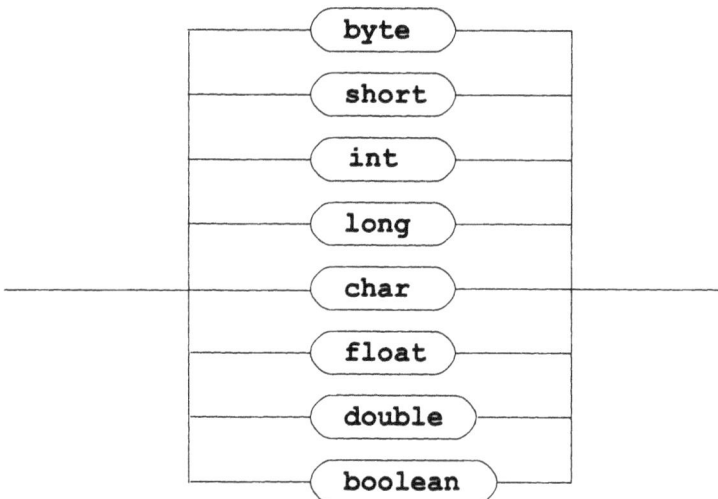

Variablen können initialisiert werden. Generell ist ein Initialisierer ein Ausdruck; wir verwenden vorerst nur Konstanten.

❏ *Beispiel 4.6.1   Einfache Java-Klasse*

```
public class einfacheKlasse
{   public static void main(String[] argv)
    {  float f1=12.34e5F;
       long lg1=4321567;
       char Ch='J';
       String s=
              "Moechten Sie die Zahlenwerte sehen? ";
       System.out.println(s);
```

```
    System.out.println(
            "Die Antwort ist (J/N) : "+Ch);
    System.out.println("f1 = "+f1);
    System.out.println("lg1= "+lg1);
  }
}
```

Die Methode **System.out.println** gibt Texte und Varaiablenwerte auf
dem Bildschirm aus, gefolgt von einem Zeilenwechsel. Das Programm zeigt folgende Ausgabe:

```
Moechten Sie die Zahlenwerte sehen?
Die Antwort ist (J/N) : J
f1 = 1234000.0
lg1= 4321567
```                                                                        ■

4.7   Benannte Konstanten

Häufig verwendete Konstanten kann man benennen und dann im Programm diesen Bezeichner verwenden. Dies erhöht die Lesbarkeit und die Flexibilität des
Programms. Zur Definition von benannten Konstanten benutzt man den Modifizierer **final**. Das folgende Syntaxdiagramm stellt alle in Java vorkommenden
Modifizierer zusammen.

Modifizierer : (4-20)

```
                          ┌──── final ────┐
   ┌── public ──┐   ┌── protected ──┐   ┌── private ──┐

   ┌── static ──┐   ┌── abstract ──┐   ┌── native ──┐

   ┌── transient ──┐   ┌── volatile ──┐   ┌── synchronized ──┐
```

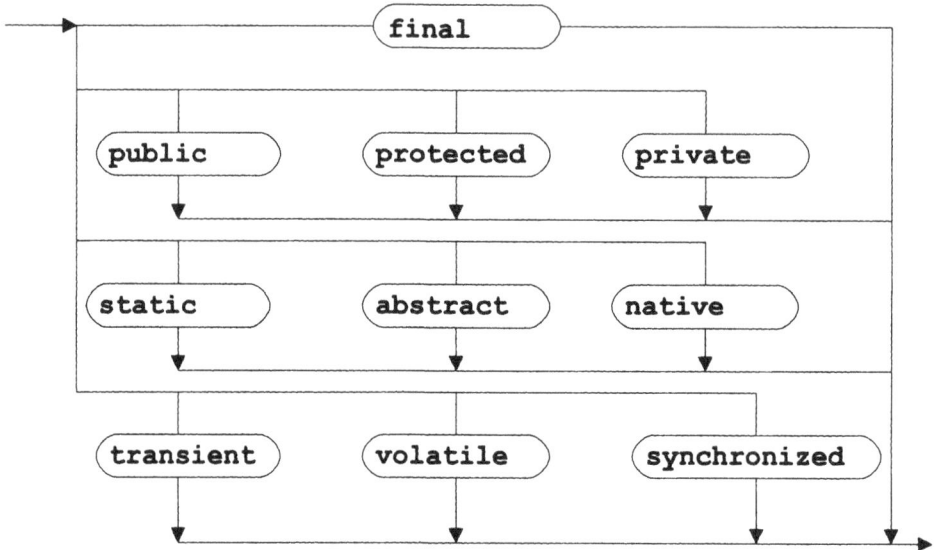

Die Konstante **PI** ( ) kann man wie folgt definieren:

```
final float PI = 3.141592654f;
```

Der Bezeichner **PI** hat dann den angegebenen Wert, der fest mit dem Namen **PI** verbunden ist, d. h. der Wert von **PI** kann im Programm nicht verändert werden.

In Java muss bei Konstanten immer der Datentyp angegeben werden; es gibt nicht die Abkürzung von C/C++, dass der Datentyp **int** ist, wenn man nichts angibt.

5 Ausdrücke

Ein Ausdruck besteht aus Operanden, Operatoren und Klammern, die zusammen eine Berechnungsvorschrift beschreiben. Operanden können die im vorigen Kapitel beschriebenen Variablen und Konstanten sowie Methodenaufrufe sein, die in Kapitel 7 behandelt werden. Bei den Operatoren gibt es verschiedene Stelligkeiten:

Unäre Operatoren wirken auf *einen* Operanden (meist den rechts stehenden).

Binäre Operatoren stehen zwischen ihren beiden Operanden.

5.1 Die Priorität von Operatoren

Kommen in einem Ausdruck mehrere Operatoren vor, muss vereinbart werden, in welcher Reihenfolge sie ausgeführt werden. Dies wird durch die Priorität festgelegt, die jedem Operator zugeordnet wird. Das Standardbeispiel für eine solche Festlegung ist die Regel "Punkt vor Strich", die wir schon in der Schule gelernt haben und die besagt, dass die Punktoperationen Multiplikation und Division vor den Strichoperationen Addition und Subtraktion ausgeführt werden. Operatoren gleicher Priorität können entweder von rechts nach links oder in der anderen Richtung ausgeführt werden.

In der folgenden Tabelle werden alle in Java verfügbaren Operatoren mit ihrer Priorität und Auswertungsrichtung zusammengestellt. Die Tabelle enthält neben der Priorität (Pri) die Stelligkeit (Stl.) und die Auswertungsrichtung (Rtg.) der Operatoren mit der Bedeutung *von rechts nach links* und *von links nach rechts*. In der letzten Spalte (S.) ist die Nummer der Seite angegeben, auf der der Operator besprochen wird.

Pri	Operator	Stl.	Zeichen	Rtg.	S.
13	logische Negation	unär	!		41
	Bitkomplement	unär	~		41
	positives Vorzeichen	unär	+		36
	negatives Vorzeichen	unär	-		36
	Inkrement	unär	++		52
	Dekrement	unär	--		52
	cast-Operator	unär	(typ)		46
12	Multiplikation	binär	*		36
	Division	binär	/		36
	Rest	binär	%		36
11	Addition	binär	+		36
	Subtraktion	binär	-		36
10	Linksschieben	binär	<<		39
	Rechtsschieben mit Vorzei.	binär	>>		39
	Rechtsschieben mit Nullen	binär	>>>		39
9	Vergleiche	binär	<,>,<=,>=		45
	Typvergleich	binär	instanceof		127
8	Gleichheit	binär	==		45
	Ungleichheit	binär	!=		45
7	bitweise UND	binär	&		41
	logisch UND	binär			41
6	bitweise exklusiv ODER	binär	^		41
	logisch exklusiv ODER	binär			41
5	bitweise ODER	binär				41
	logisch ODER	binär			41
4	bedingt UND	binär	&&		41
3	bedingt ODER	binär	||		41
2	bedingter Ausdruck	ternär	? :		46
1	Zuweisungen	binär	=		49
	op { *,%,/,+,-, &,^,|,<<,>>,>>>}	binär	op=		51

Zusätzlich gibt es die Klammern ( ) , mit denen man die Standardprioritäten der Operatoren durchbrechen kann. Es gilt hier: Zuerst wird der Ausdruck innerhalb eines Klammerpaares berechnet – beginnend mit dem innersten.

5.2 Interne Typkonvertierung

Die meisten binären Operatoren verlangen als linken und rechten Operanden Werte desselben Typs. In einigen Fällen leuchtet diese Einschränkung ein: So macht es wohl wenig Sinn, die Zeichenreihe "Hallo Leute" um 1 zu erhöhen. Anders sieht es bei der reellen Zahl 12.34 aus, die man sicherlich ohne große Schwierigkeiten um den ganzzahligen Wert 1 erhöhen könnte. In Java ist dies auch möglich, wobei der Compiler intern zuerst eine Typkonvertierung von der ganzen Zahl 1 in die reelle Zahl 1.0 ausführt und dann die beiden reellen Zahlen 12.34 und 1.0 addiert. Wenn man weiss, dass z. B. auf den PC's reelle Zahlen von einem anderen Prozessor bearbeitet werden als ganzzahlige Werte, ist diese etwas sture Forderung nach Operanden gleichen Typs durchaus verständlich. Der Java-Compiler führt bei Operanden unterschiedlicher Datentypen intern eine Typkonvertierung durch, bei der die Operanden auf den Datentyp des kompliziertesten Operanden und bei ganzzahligen Operanden mindestens auf den Typ **int** konvertiert werden. Eine solche Konvertierung "nach oben" ist immer ohne Informationsverlust möglich. Bei der Konvertierung eines großen ganzzahligen Wertes in einen reellen kann die Genauigkeit der Zahl Einbußen erleiden, da die Stellenanzahl bei reellen Zahlen nicht so groß ist wie z. B. bei **long**. Beim Erweitern "nach oben" wird ein **int**-Wert links mit dem Vorzeichenbit erweitert (wegen der Zweierkomplement-Darstellung negativer Zahlen), ein **char**-Wert wird dagegen links immer mit Nullen aufgefüllt, da **char**-Werte vorzeichenlos sind.

In den folgenden Abschnitten werden wir für die einzelnen Operatoren angeben, von welchem Datentyp die Operanden sein dürfen und welchen Datentyp dann das Ergebnis hat. Es wird dabei folgende Sprechweise benutzt:

Mit *ganz* bezeichnen wir die Datentypen **long**, **int**, **short**, **byte** und **char**. Wegen der oben angegebenen Typkonvertierung ist dann der Ergbnistyp **long**, wenn mindestens ein Operand vom Typ **long** ist; sonst ist der Ergebnistyp immer **int**.

Mit *reell* bezeichnen wir die Datentypen **float** und **double**.

Referenzen werden wir in Kapitel 7 besprechen.

Es gibt eine Vielzahl von Möglichkeiten, die einzelnen Ausdrücke zu verschachteln – man denke nur an geklammerte Ausdrücke. Da sich diese Verschachtelung auch durch sämtliche Syntaxdiagramme zieht, werden diese am Schluss dieses Kapitels in Abschnitt 5.10 zusammengefasst.

> Die interne Typkonvertierung in Java ist strikter als die von C/C++, wo auch implizit von einem größeren in einen kleineren Zahlentyp gewandelt wird.

5.3 Arithmetische Operatoren

Zu den vier Grundrechenarten +, −, * und / kommt in Java noch die Operation % (modulo oder Rest) hinzu, die – anders als in C und C++ – außer für ganzzahlige auch für reelle Operanden definiert ist und den Rest bei der Division liefert. Ferner kommen die Operatoren + und − auch als Vorzeichen sowie der Operator + als Konkatenation (Aneinanderhängen) von Strings vor.

Pri	Operator	Operanden	Ergebnis	Bemerkung
13	**Vorzei-chen +**	ganz reell	`int,long` reell	positives Vorzeichen
11	**+**	ganz,ganz reell,reell String,String	`int,long` reell String	Summe Summe Konkatenation
13	**Vorzei-chen −**	ganz reell	`int,long` reell	negatives Vorzeichen
11	**−**	ganz,ganz reell,reell	`int,long` reell	Differenz Differenz
12	*****	ganz,ganz reell,reell	`int,long` reell	Produkt Produkt
12	**/**	ganz,ganz reell,reell	`int,long` reell	siehe Text Quotient
12	**%**	ganz,ganz reell,reell	`int,long` reell	ganzzahliger Rest reeller Rest

Bei ganzzahligen Operanden liefert der Operator / den ganzzahligen Quotienten; das Ergebnis gibt also an, wie oft der Nenner in den Zähler passt. Bei der ganzzahligen Division bleibt i. A. ein Rest, den man mit dem Modulo-Operator % berechnen kann. Das Ergebnis des Modulo-Operators hat das Vorzeichen des

Zählers. Der Rest bei reeller Division ist folgendermaßen festgelegt: **Rest = Zähler - Anzahl*Nenner**, wobei **Anzahl** ganzzahlig und **Rest<Nenner** ist.

Bei der Division **/** und der Modulo-Operation **%** darf der zweite Operand nicht Null sein. Falls dies der Fall ist, wird bei ganzzahligen Operanden der Programmlauf mit einer entsprechenden Ausnahme abgebrochen; bei reellen Operanden ist das Ergebnis unendlich (**Infinity**). Mehr zur Ausnahmebehandlung erfahren Sie in Kapitel 12.

Kommen ganze und reelle Operanden gemischt vor, wird zunächst der ganze Operand nach reell gewandelt und dann der Operator für zwei reelle Operanden angewendet.

❑ *Beispiel 5.3.1   Arithmetische Operatoren*
Im folgenden Programm werden unterschiedliche Operationen ausgeführt, auch wenn das gleiche Operatorzeichen verwendet wird.

```
public class arithmetischeOperatoren
{  public static void main(String[] argv)
    {  float quotient,z=12.34E5f,q=-3e1f,rest,wert;
       int zaehler=13,ganz;
       System.out.println(zaehler + " / 4 = "
               + zaehler/4 + "  Rest = "+ zaehler%4);
       quotient=zaehler/4;
       System.out.println("Reeller Quotient = "
               + quotient + " ist ganzzahlig");
       quotient=zaehler/4.0F;
       System.out.println("Jetzt ist das Ergebnis "
               +"wirklich reell : " + quotient);
       rest=z%q;
       System.out.println("Rest fuer reelles modulo: "
               +rest);
    }
}
```

Das Programm liefert die folgende Ausgabe:

```
13 / 4 = 3  Rest = 1
Reeller Quotient = 3.0 ist ganzzahlig
Jetzt ist das Ergebnis wirklich reell : 3.25
Rest fuer reelles modulo: 10.0
```

37

Wie sich Java bei Zahlenüberläufen und der Division durch 0 verhält, zeigt das folgende Beispiel.

□ *Beispiel 5.3.2   Zahlenüberlauf und Division durch 0*

```
public class Zahlenueberlauf
{  public static void main(String[] argv)
   {  float zaehler=2.5E27f,nenner=3.4e-12f;
      int oben=12,unten=0;
      System.out.println("Zahlenueberlauf bei float:"
                          +zaehler/nenner);
        System.out.println(
          "Division durch Null bei float : "
          +zaehler/0);
      System.out.println("Division durch Null    : "
                          +oben/unten);
   }
}
```

Die erste Division liefert einen Überlauf aus dem Zahlenbereich für **float**, da $10^{27}/10^{-12} = 10^{39}$ größer als die größte darstellbare **float**-Zahl ist (vgl. Abschnitt 4.2). Die Division durch 0 liefert mathematisch gesehen "unendlich", was Java mit der Meldung einer Ausnahmebehandlung quittiert. Die Programmausgabe sieht folgendermaßen aus:

```
Zahlenueberlauf bei float : Infinity
Division durch Null bei float : Infinity
Exception in thread "main"
java.lang.ArithmeticException: / by zero
   at Zahlenueberlauf.main(Zahlenueberlauf.java:10) ∎
```

5.4   Bitoperatoren

Java verfügt über Operatoren zur bitweisen Verarbeitung von ganzzahligen Werten und über logische Operatoren für **boolean**-Operanden.

5.4.1 Die Schiebeoperatoren

Mit den Operatoren **<<** bzw. **>>** und **>>>** kann das Bitmuster eines ganzzahligen Wertes nach links bzw. rechts geschoben werden. In Java sind alle ganzen Zahlen, wenn sie nicht vom Typ **char** sind, immer vorzeichenbehaftet. Der

Operator **>>** beachtet dann das Vorzeichen, d. h. es wird links das Vorzeichenbit nachgezogen; damit entspricht **>>** der Division durch die entsprechende Zweierpotenz. Dagegen wird bei **>>>** der linke Operand als vorzeichenlose Zahl betrachtet und von links her immer Nullen nachgezogen.

Pri.	Operator	Operanden	Ergebnis	Bemerkung
10	`<<`	ganz,ganz	`int,long`	Linksschieben
10	`>>`	ganz,ganz	`int,long`	Rechtsschieben
10	`>>>`	ganz,ganz	`int,long`	Rechtsschieben

> Das Bitmuster des ersten Operanden wird um so viele Stellen nach links bzw. rechts verschoben, wie im zweiten Operanden angegeben ist.
>
> Beim Linksschieben werden von rechts Nullen nachgezogen.
>
> Beim Rechtsschiebe-Operator **>>** werden von links
> - Nullen nachgezogen, falls der erste Operand positiv ist,
> - Einsen nachgezogen, falls der erste Operand negativ ist.
>
> Beim Rechtsschiebe-Operator **>>>** werden von links immer Nullen nachgezogen.
>
> Ist einer der Operanden **long**, so wird der andere auf **long** erweitert; es wird dann um so viele Stellen geschoben, wie die 6 rechten Bit des zweiten Operanden angeben – also um 0 bis 63 Stellen.
>
> Andernfalls werden beide Operanden auf **int** erweitert und um so viele Stellen geschoben, wie die rechten 5 Bit des zweiten Operanden angeben – also um 0 bis 31 Stellen.

❏ *Beispiel 5.4.1   Multiplikation und Division durch Schieben*
Die Schiebeoperatoren kann man zum schnellen Multiplizieren und Dividieren ganzer Zahlen mit Zweierpotenzen verwenden.

```
public class SchiebeOperatoren
{ public static void main(String[] argv)
   { int a,b,y;
      // Rechts-Schieben um n Stellen
      // entspricht Division durch 2 hoch n
      a=-12;
      b=a>>2;
      // -----------------------------------
```

```
        System.out.println(a + " >> 2 = " + b
            +"   also: -12/(2 hoch 2) = -12/4 = -3");
        y=a>>>2;  // vorzeichenlos behandelt
        System.out.println(a + " >>> 2 = ," + y
               +"  vorzeichenlos behandelt\n"
               +"\tNullen kommen von links,\n"
               +"\tdaher positiv und so gross\n"
               +"\t(32 Bit)");
        // Links-Schieben um n Stellen
        // entspricht Multiplikation mit 2 hoch n
        a=12;
        b=a<<4;   // 12*16
        System.out.println(a + " << 4 = " + b
                   +"   12*2hoch4 = 192");
    }
}
```

Das Programm liefert die folgende Ausgabe:

```
-12 >> 2 = -3   also: -12/(2 hoch 2) = -12/4 = -3
-12 >>> 2 = 1073741821  vorzeichenlos behandelt,
        Nullen kommen von links,
        daher positiv und so gross
        (32 Bit)
12 << 4 = 192   12*2hoch4 = 192
```

Beachten Sie die Bemerkungen zu der zweiten Ausgabezeile.   ■

5.4.2 Die logischen und bitweisen Operatoren

Für einzelne Bits sind die logischen Operatoren wie folgt definiert:

A	B	NOT A	A AND B	A OR B	A XOR B
0	0	1	0	0	0
0	1	1	0	1	1
1	0	0	0	1	1
1	1	0	1	1	0

Interpretiert man **1** als **true** und **0** als **false**, so hat man die logischen Verknüpfungen für Werte vom Typ **boolean**. Erweitert man die logischen Operatoren auf Folgen von Bits, so erhält man die logischen Bitoperatoren.

40

Pri.	Operator	Operanden	Ergebnis	Bemerkung
7	`&`	ganz,ganz	`int,long`	bitweises AND
		`boolean,boolean`	`boolean`	logisches AND
4	`&&`	`boolean,boolan`	`boolean`	logisches AND
6	`^`	ganz,ganz	`int,long`	bitweises XOR
		`boolean,boolean`	`boolean`	logisches XOR
5	`|`	ganz,ganz	`int,long`	bitweises OR
		`boolean,boolean`	`boolean`	logisches OR
3	`||`	`boolean,boolean`	`boolean`	logisches OR
13	`~`	ganz	`int,long`	Bitkomplement
13	`!`	`boolean`	`boolean`	logisches NOT

Beim booleschen **&** werden immer beide Operanden ausgewertet. Dagegen wird bei **&&** der zweite Operand nicht mehr ausgewertet, wenn der erste **false** ergibt – dann ist das Ergebnis nämlich unabhängig vom zweiten Operanden sicher **false**.

Beim booleschen **|** werden immer beide Operanden ausgewertet. Dagegen wird bei **||** der zweite Operand nicht mehr ausgewertet, wenn der erste **true** ergibt – dann ist das Ergebnis nämlich unabhängig vom zweiten Operanden sicher **true**.

Die Operatoren **&&** und **||** verhalten sich genau wie in C++; die Ausführungszeit wird optimiert (*short circuit*). Liefern die Operanden keine Seiteneffekte, haben die einfach und doppelt geschriebenen Operatoren denselben Effekt. Ein Seiteneffekt tritt z. B. auf, wenn in einer booleschen Methode ein Zähler erhöht wird.

In den weiteren Beispielen werden Zahlen, Zeichen und Zeichenreihen über die Tastatur eingelesen. Für Java-Anwendungen gibt es für die Eingabe nicht so leistungsfähige Sprachmittel wie für die Ausgabe. Aus diesem Grund verwenden wir in diesem Buch ein Paket, in dem für die gängigen Datentypen Einlese-Routinen zur Verfügung gestellt werden. Die Eingaben werden mit RETURN abgeschlossen. Im folgenden Beispiel werden die Methoden der Klasse **Einlesen** vorgestellt. Im Anhang B finden Sie den Java-Code zu diesen Methoden.

❑ *Beispiel 5.4.2   Wichtige Methoden aus dem Package JavaPack*

Die Klassen **Einlesen** und **Ausgeben**, die in der Beispielsammlung enthalten sind, müssen im Verzeichnis "JavaPack" stehen, das relativ zu einem CLASSPATH liegt.

Kopieren Sie "JavaPack" direkt unter das Wurzelverzeichnis C:\ und fügen Sie in der Datei autoexec.bat in Ihren CLASSPATH folgendes ein:

CLASSPATH=%CLASSPATH%;C:\;.;

Ein Programm, das die folgenden Methoden benutzen will, hat als erste Zeile

import JavaPack.*;

Die Klasse **Einlesen** enthält folgende Methoden:

Method Summary	
static char	`LiesChar()` Character über Tastatur einlesen.
static double	`LiesDouble()` double-Zahl über Tastatur einlesen.
static int	`LiesInt()` ganze int-Zahl über Tastatur einlesen.
static long	`LiesLong()` ganze long-Zahl über Tastatur einlesen.
static java.lang.String	`LiesString()` String über Tastatur einlesen.
static void	`warte()` wartet auf RETURN. Meldung "Weiter ..." wird immer ausgegeben
static void	`warte(boolean b)` wartet auf RETURN

Die Klasse **Ausgeben** enthält folgende Methoden:

Method Summary

static void	**AusgabeInt**(int zahl, int breite) Formatierte Ausgabe ganzer int-Zahlen.
static void	**binaer**(long zahl, int breite) gibt eine long-Zahl als Binärzahl aus. nach jeweils 4 Bitstellen wird ein Zwischenraum ausgegeben; die Anzahl der ausgegebenen Bit ist angebbar
static java.lang.String	**Format**(int zahl, int breite, char fuell) Formatierte Ausgabe ganzer Zahlen.
static java.lang.String	**Format**(long zahl, int breite, char fuell) Formatierte Ausgabe ganzer long-Zahlen.
static java.lang.String	**Format**(java.lang.String s, int breite, char fuell) Formatierte Ausgabe eines Strings.

❏ *Beispiel 5.4.3   Veranschaulichung von Bitoperationen*

Das folgende Java-Programm verdeutlicht einige Bitoperationen durch ausführliche Ausgaben.

```
import JavaPack.*;

public class logBitOperatoren
{ public static void main(String[] argv)
   { int zahl=0x59B7,maske=0X03F8;
     System.out.println(
          "Teil von \"zahl\" wird auf 1 gesetzt");
     Ausgeben.binaer(zahl,16);
     System.out.println("\tzahl");
     Ausgeben.binaer(maske,16);
     System.out.println("\tmaske");
     Ausgeben.binaer(zahl | maske,16);
     System.out.println("\t<<-- zahl | maske");
     System.out.println(".... ..-- ---- -...");

     System.out.println(
          "Teil von \"zahl\" wird auf 0 gesetzt");
     Ausgeben.binaer(zahl,16);
     System.out.println("\tzahl");
     Ausgeben.binaer(maske,16);
```

```
        System.out.println("\tmaske");
        Ausgeben.binaer(zahl & ~maske,16);
        System.out.println("\t<<-- zahl & ~maske");
        System.out.println(".... ..-- ---- -...");

        System.out.println(
            "Teil von \"zahl\" wird herausgeschnitten");
        Ausgeben.binaer(zahl,16);
        System.out.println("\tzahl");
        Ausgeben.binaer(maske,16);
        System.out.println("\tmaske");
        Ausgeben.binaer(zahl & maske,16);
        System.out.println("\t<<-- zahl & maske");
        System.out.println(".... ..-- ---- -...");
        Ausgeben.binaer((zahl&maske) >> 3,16);
        System.out.println("\t<<-- zahl um 3 Stellen "+
                    "\n\t\t\tnach rechts verschoben");

        Ausgeben.binaer(zahl,16);
        System.out.println("\tzahl");
        Ausgeben.binaer(maske,16);
        System.out.println("\tmaske");
        Ausgeben.binaer(zahl ^ maske,16);
        System.out.println("\t<<-- zahl ^ maske");
        System.out.println(".... ..-- ---- -...");
    }
}
```

Das Programm liefert folgende Ausgabe:

```
Teil von "zahl" wird auf 1 gesetzt
0101 1001 1011 0111      zahl
0000 0011 1111 1000      maske
0101 1011 1111 1111      <<-- zahl | maske
.... ..-- ---- -...
Teil von "zahl" wird auf 0 gesetzt
0101 1001 1011 0111      zahl
0000 0011 1111 1000      maske
0101 1000 0000 0111      <<-- zahl & ~maske
.... ..-- ---- -...
Teil von "zahl" wird herausgeschnitten
0101 1001 1011 0111      zahl
```

```
0000 0011 1111 1000       maske
0000 0001 1011 0000       <<-- zahl & maske
.... ..__ ____ _...
0000 0000 0011 0110       <<-- zahl um 3 Stellen
                          nach rechts verschoben
101 1001 1011 0111        zahl
0000 0011 1111 1000       maske
0101 1010 0100 1111       <<-- zahl ^ maske
.... ..__ ____ _...
```

5.5   Vergleiche

In diesem Abschnitt lernen wir, wie man numerische Werte vergleicht und fest-
stellt, ob der Vergleich zutrifft oder nicht. Das Ergebnis ist vom Typ **boolean**.

Pri.	Operator	Operanden	Ergebnis	Bemerkung
10	<	ganz,ganz reell,reell	**boolean**	kleiner als
10	<=	ganz,ganz reell,reell	**boolean**	kleiner oder gleich
10	>	ganz,ganz reell,reell	**boolean**	größer als
10	>=	ganz,ganz reell,reell	**boolean**	größer oder gleich
9	==	ganz,ganz reell,reell	**boolean**	gleich
9	!=	ganz,ganz reell,reell	**boolean**	ungleich

Wie bei den arithmetischen Operatoren wird bei gemischten Operanden (einer
reell, der andere ganz) der ganze Operand zuerst nach reell gewandelt.

Man beachte, dass der Vergleich auf Gleichheit mit *zwei* Gleichheitszeichen geschrieben wird. In Abschnitt 5.8 werden wir den Operator = (*ein* Gleichheitszeichen) kennenlernen.

Obwohl die Sprachdefinition den Vergleich zweier reeller Zahlen auf Gleichheit
und Ungleichheit zulässt, sollte man das unbedingt vermeiden. Da bei reellen

Zahlen immer mit begrenzter Stellenzahl gerechnet wird, kann es – insbesondere bei längeren Rechnungen – zu Rundungsfehlern kommen. Statt auf exakte Gleichheit sollte man bei reellen Werten überprüfen, ob die beiden Werte bis auf einen *relativen Fehler* gleich sind.

5.6   Der bedingte Ausdruck

Zur Berechnung von Werten, die von Bedingungen abhängen, gibt es den bedingten Ausdruck (siehe Syntaxdiagramm (5-4)), der mit den zwei Operatoren **?** und **:** gebildet wird:

Bedingung ? Ausdruck1 : Ausdruck2

Dieser Ausdruck ist folgendermaßen zu lesen:
Falls **Bedingung** wahr ist, ergibt sich der Wert von **Ausdruck1**, sonst der von **Ausdruck2**.

❑ *Beispiel   5.6.1   Bedingter Ausdruck*
Das folgende Beispiel berechnet den Betrag einer Zahl.

```
public class bedingterAusdruck
{ public static void main(String[] argv)
   {  int a=-12;
      int betrag=a<0?-a:a;
      System.out.println("Betrag von "+a+" ist "
         +betrag);
   }
}
```

5.7   Explizite Typkonvertierung

Neben den impliziten Typkonvertierungen, die zu Anfang dieses Kapitels besprochen wurden, kann man den Wert eines Ausdrucks auch explizit in einen anderen Datentyp umwandeln. Dazu schreibt man vor den Ausdruck lediglich den gewünschten Datentyp in Klammern (siehe Syntaxdiagramm (5-11)). Diese Typkonvertierung wird *cast* genannt. Solange die Typkonvertierung bei numerischen Werten in einen allgemeineren Datentyp erfolgt, gibt es keinen Informati-

Tabelle 5.1: Typumwandlung mit eventuellem Informationsverlust

---

größer ganzzahlig => kleiner ganzzahlig

Es werden lediglich so viele Bitstellen von rechts her übernommen, wie der kleinere Typ aufnehmen kann. Man beachte, dass sich dabei neben dem Zahlenwert auch das Vorzeichen ändern kann.

double => float

liefert entweder den Näherungswert oder – falls der **double**-Wert nicht als **float** darstellbar ist – einen der folgenden Werte:
- die positive bzw. negative Null, wenn der Wert betragsmäßig zu klein und positiv bzw. negativ ist;
- positiv bzw. negativ unendlich, wenn der Wert betragsmäßig zu groß und positiv bzw. negativ ist;
- NaN (not a number) vom Typ **double** wird in NaN vom Typ **float** konvertiert.

reell => ganzzahlig:

NaN wird in den ganzzahligen Wert 0 konvertiert.

Ist der Zieltyp kleiner als **int** (also weniger als 32 Bit breit), wird als temporärer Zieltyp **int** gewählt.

Der reelle Wert wird in Richtung 0 gerundet. Ist dieser Wert im (temporären) Zieltyp darstellbar, wird dieser Wert genommen. Ist er zu groß bzw. zu klein, so wird der größte bzw. kleinste darstellbare Wert des (temporären) Zieltyps gewählt.

War der ursprüngliche Zieltyp kleiner als **int**, so wird der temporäre Zieltyp auf den ursprünglichen Zieltyp so gewandelt, dass wieder nur so viele Stellen von rechts her übernommen werden, wie der kleinere Typ aufnehmen kann (siehe ersten Punkt oben).

---

onsverlust. Es gelten dann die in Abschnitt 4.1 angegebenen Regeln. Die Wandlung von reell nach ganz bzw. in einen "kleineren" Datentyp ist in Tabelle 5.1 beschrieben.

Es gibt keine Konvertierung zwischen den bisher behandelten primitiven Datentypen und Referenztypen, die in Abschnitt 7.3 besprochen werden.

❏ *Beispiel 5.7.1 Explizite Typkonvertierung (casting)*
Im folgenden Programm wird eine **double**-Zahl in die verschiedenen anderen primitiven Datentypen gewandelt. Zur Kontrolle der (vielleicht etwas überraschenden) ganzzahligen Ergebnisse wird zuvor das Bitmuster der entsprechenden **long**-Zahl (64-Bit) ausgegeben.

```
import JavaPack.*;

public class Casting
{  public static void main(String[] argv)
   {  double langeZahl=1.3e8;
      int i;
      System.out.print("64-Bit binaer : ");
      System.out.flush();
      Ausgeben.binaer((long)langeZahl,64);
      System.out.println();
      System.out.println("double : "+langeZahl);
      System.out.println("float   : "
            +(float)langeZahl);
      System.out.println("long    : "
            +(long)langeZahl);
      System.out.println("int     : "
            +(int)langeZahl);
      System.out.println("short   : "
            +(short)langeZahl);
      System.out.println("byte    : "
            +(byte)langeZahl);
      System.out.println("char    : "
            +(char)langeZahl);
      langeZahl=8.5e1;
   }
}
```

Das Programm liefert folgende Ausgabe:

```
64-Bit binaer : 0000 0000 0000 0000 0000 0000 0000
        0000 0000 0111 1011 1111 1010 0100 1000 0000
double : 1.3e+008
float   : 1.3e+008
long    : 130000000
int     : 130000000
short   : -23424
```

48

```
byte   : -128
char   : ?
```

Die negativen Zahlen erhält man dadurch, dass man von der **long**-Zahl nur die rechten relevanten Bits betrachtet, bei denen das Vorzeichenbit zufällig 1 ist. ∎

❏ *Beispiel 5.7.2   Reeller Quotient zweier ganzer Zahlen*
In Beispiel 5.3.1 haben wir gesehen, wie man mit konstanten ganzzahligen Operanden eine reelle Division erzwingen kann: Man schreibt mindestens einen Operanden als reelle Zahl. Sind beide Operanden Variablen, so braucht man die explizite Typkonvertierung.

```
public class reellerQuotient
{ public static void main(String[] argv)
  {  float quotient;
     int zaehler=14,nenner=4;
     quotient = zaehler/nenner;
     System.out.println("ganzzahliges Ergebnis : "
                        +quotient);
     quotient=(float)zaehler/nenner;
     System.out.println("reelles Ergebnis      : "
                        +quotient);
  }
}
```
∎

5.8   Die Zuweisung

In fast allen bisherigen Programmen haben wir mit Variablen gearbeitet, denen wir Werte zugewiesen haben. In diesem Abschnitt werden wir die Zuweisung = und ihre Varianten besprechen.

Links vom Zuweisungszeichen = steht meist eine Variable, die eine Speicheradresse bezeichnet. In späteren Kapiteln werden wir allgemeinere Ausdrükke kennenlernen, mit denen man Speicheradressen benennen kann und die man *linkeSeite* nennt. Variablenbezeichner sind Spezialfälle solcher Ausdrücke. Eine Konstante darf nicht links von = stehen! Dies ist ebenso unsinnig wie **2*x =** **17**.

Pri.	Operator	Operanden	Ergebnis	Bemerkung
1	=	linkeSeite,beliebig	Typ von linkeSeite	Zuweisung

Wirkung von $E_1 = E_2$:

Der rechte Operand E_2, der i. a. ein Ausdruck ist, wird ausgewertet.

Der Datentyp von E_2 wird , falls nötig, in den Datentyp von E_1 "nach oben" erweitert werden (siehe Abschnitt 5.1); andernfalls wird vom Compiler eine Fehlermeldung ausgegeben.

Die Zuweisung liefert als Wert den neuen Wert von E_1.

Man beachte, dass die Zuweisung einen Wert liefert. Diesen kann man z. B. in einem weiteren Ausdruck verwenden oder direkt auf den Bildschirm ausgeben. Ist der Datentyp von E_2 allgemeiner als der von E_1, muss man den Cast-Operator aus dem vorigen Abschnitt verwenden.

> Die Zuweisung ist in Java viel restriktiver als in C/C++, wo die cast-Operationen implizit auch "nach unten" ausgeführt werden – manchmal mit unerwarteten Konsequenzen.

❑ *Beispiel 5.8.1   Zuweisungsoperator*
```
public class Zuweisung
{  public static void main(String[] argv)
    {  int x,y=5,z=7,u=-15;
      System.out.print("x = "+(x=y+z));
      // Wert von x nach Zuweisung ausgeben
      System.out.println(" , nochmal x = "+x);
      // und nochmal ausgeben
      y=(u=x+y)+z;
      // u wird Summe zugewiesen
      // dann wird  der Wert u+z zugewiesen
      System.out.println("u = "+u+", y = "+y);
      x=y=z=15;
      // Mehrfachzuweisung: x,y,z erhalten Wert 15
      System.out.println("x = "+x);
    }
}
```

Das Programm liefert folgende Ausgabe:

```
x = 12 , nochmal x = 12
u = 17, y = 24
x = 15
```

Neben dem obigen Zuweisungsoperator gibt es elf weitere sog. kombinierte Zu-
weisungsoperatoren.

Pri.	Operator	Operanden	Ausdruck	entspricht
1	*=	opd, wert	opd *= wert	opd=opd * wert
	/=	opd, wert	opd /= wert	opd=opd / wert
	%=	opd, wert	opd %= wert	opd=opd % wert
	+=	opd, wert	opd += wert	opd=opd + wert
	-=	opd, wert	opd -= wert	opd=opd - wert
	&=	opd, wert	opd &= wert	opd=opd & wert
	^=	opd, wert	opd ^= wert	opd=opd ^ wert
	|=	opd, wert	opd |= wert	opd=opd | wert
	<<=	opd, wert	opd <<= wert	opd=opd<<wert
	>>=	opd, wert	opd >>= wert	opd=opd>>wert
	>>>=	opd,wert	opd>>>=wert	opd=opd>>>wert

Die Schreibweise mit einem kombinierten Zuweisungsoperator ist nicht nur bequemer als die normale Wertzuweisung, sie ermöglicht vielmehr dem Compiler,
besseren Code zu generieren, da der linke Operand – anders als bei der normalen Wertzuweisung – nur einmal ausgewertet wird. Dieser Unterschied wird im
Zusammenhang mit Klassen (Kapitel 7) und Feldern (Kapitel 10) wichtig.
Häufig muss man den Wert einer Variablen um 1 erhöhen (inkrementieren) oder
erniedrigen (dekrementieren). Hierfür gibt es den Inkrement-Operator ++ bzw.
den Dekrement-Operator --. Beide Operatoren sind unär und können entweder
vor dem Operanden (Präfixform) oder *hinter* dem Operanden (Postfixform) stehen.

Pri.	Operator	Operand	Ergebnis	Bemerkung
13	++	linke Seite	Typ von linker Seite	Inkrement
13	--	linke Seite	Typ von linker Seite	Dekrement

Der Wert des Operanden wird bei **++** um **1** erhöht, bei **--** um 1 erniedrigt.

Der Wert des Ausdrucks ist wie folgt bestimmt:
- in der *Postfixform* der ursprüngliche Wert des Operanden,
- in der *Präfixform* der um 1 erhöhte bzw. erniedrigte Wert des Operanden.

❑ *Beispiel 5.8.2   Dekrementierung und Inkrementierung*

```
public class In_Dekrement
{ public static void main(String[] argv)
  { int a=12;
    System.out.println(a++);
    System.out.println(++a);
    System.out.println(--a);
    System.out.println(a--);
    System.out.println(--a);
  }
}
```

Das Programm liefert folgende Ausgabe (die Kommentare sind zur Erläuterung hinzugefügt worden):

12	alter Wert von **a**, wird danach erhöht
14	Wert 13 wird erst erhöht, dann ausgegeben
13	Wert 14 wird erst erniedrigt, dann ausgegeben
13	alter Wert von **a**, wird danach erniedrigt
11	Wert 12 wird erst erniedrigt, dann ausgegeben ■

5.9   Konstantenausdrücke

Java erwartet an manchen Stellen sog. *Konstantenausdrücke*. Das sind Ausdrücke, deren Operanden konstante Werte oder benannte Konstanten (vgl. Abschnitt 4.7) sind. Konstantenausdrücke werden bereits beim Kompilieren berechnet.

❑ *Beispiel 5.9.1 Konstantenausdruck*

```
public class konstanterAusdruck
{   public static void main(String[] argv)
    {   final int a=12,b=-14,c=3;
        int i=3*(a*c+b);
        System.out.println(i);
    }
}
```

Der Compiler erzeugt folgende Deklaration:

```
    int i=66;                                          ■
```

5.10 Zusammenfassung

Im Folgenden werden die Syntaxdiagramme angegeben, die einen Ausdruck definieren. Die binären Operatoren sind der Einfachheit halber in den Diagrammen zusammengefasst worden; man beachte hierbei jedoch die Prioritäten der Operatoren (siehe Tabelle in Abschnitt 5.1).

Ausdruck :   (5-1)

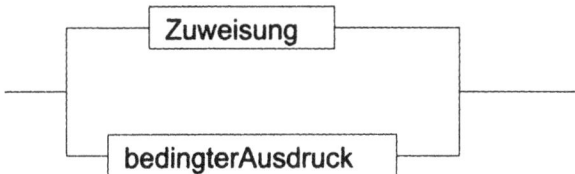

Zuweisung :   (5-2)

linkeSeite : (5-3)

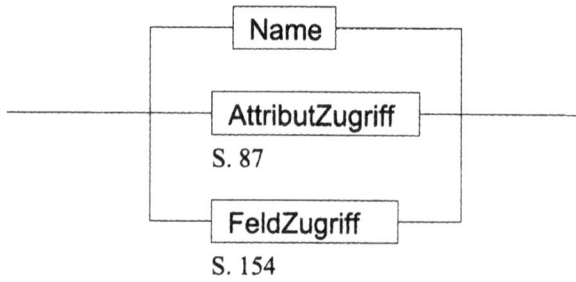

bedingterAusdruck : (5-4)

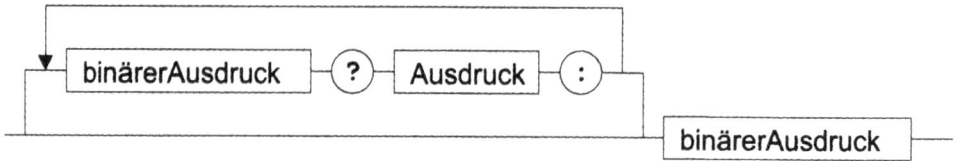

ZuweisungsOperator : (5-5)

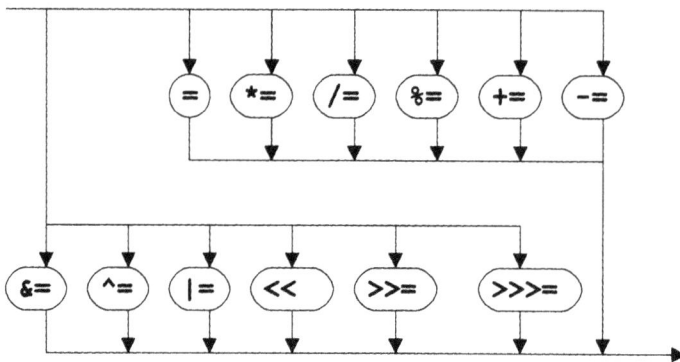

binärerAusdruck :   (5-6)

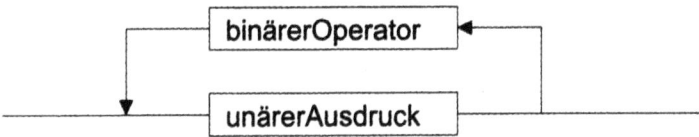

binärerOperator :   (5-7)

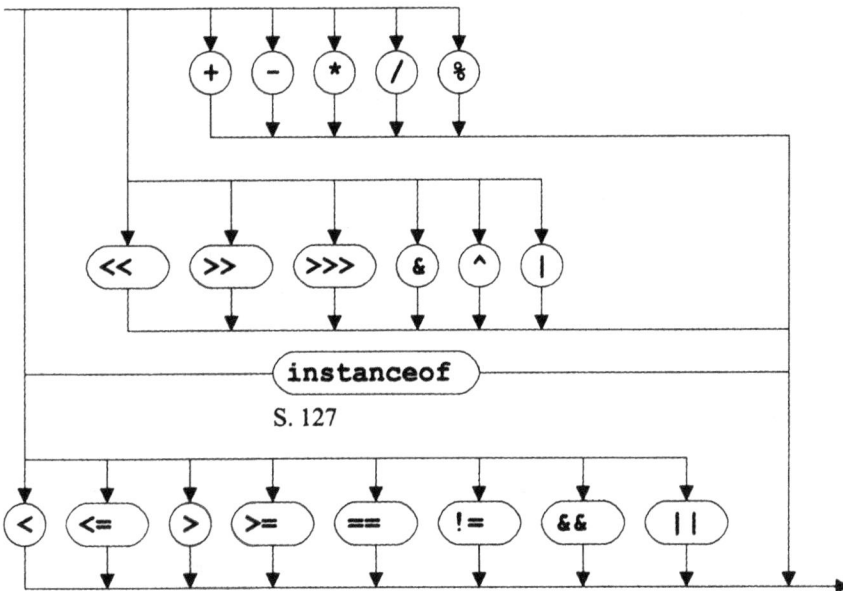

unärerAusdruck :   (5-8)

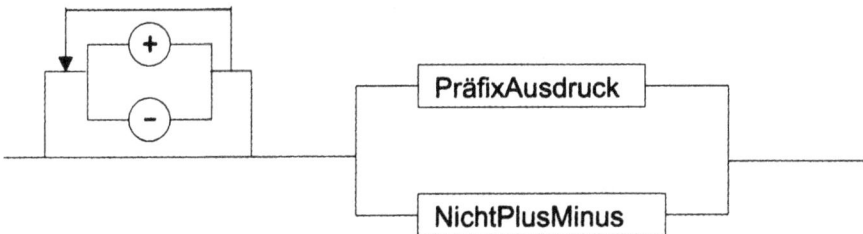

PräfixAusdruck :   (5-9)

NichtPlusMinus :   (5-10)

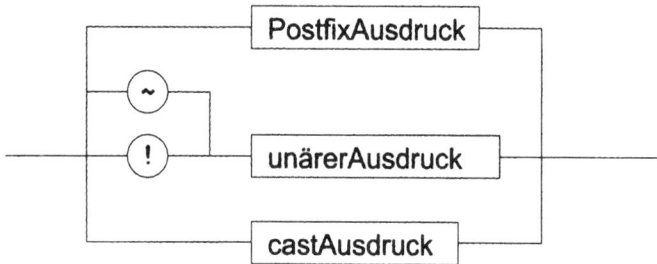

castAusdruck :   (5-11)

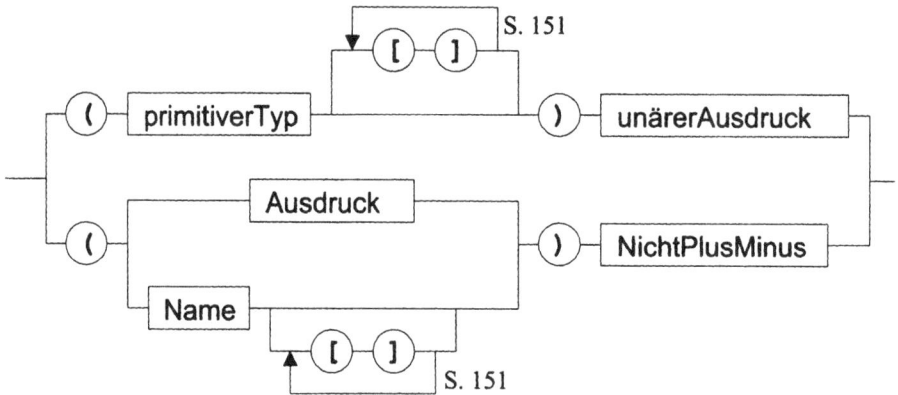

PostfixAusdruck : (5-12)

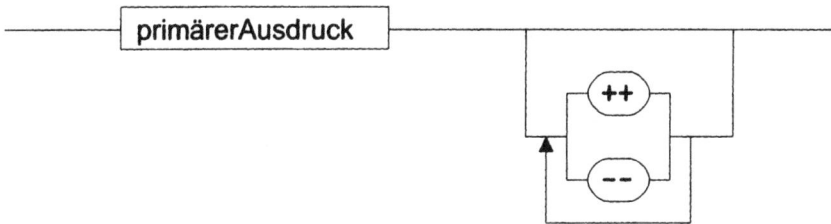

primärerAusdruck : (5-13)

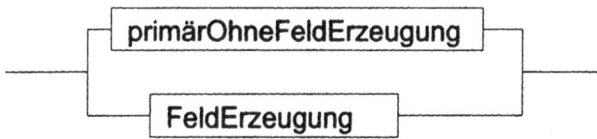

S. 153

primärerOhneFeldErzeugung : (5-14)

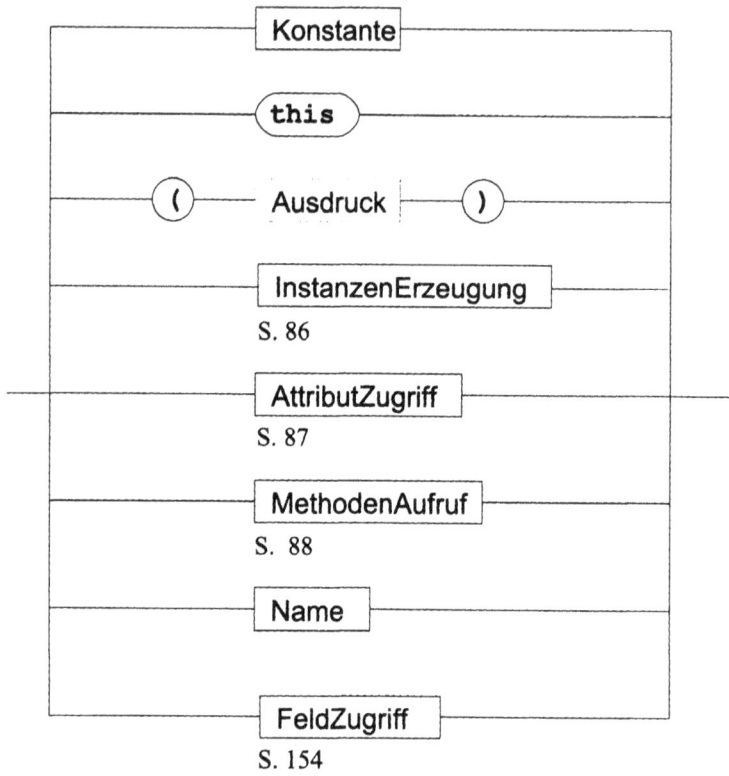

Konstante

this

(Ausdruck)

InstanzenErzeugung
S. 86

AttributZugriff
S. 87

MethodenAufruf
S. 88

Name

FeldZugriff
S. 154

Name : (5-15)

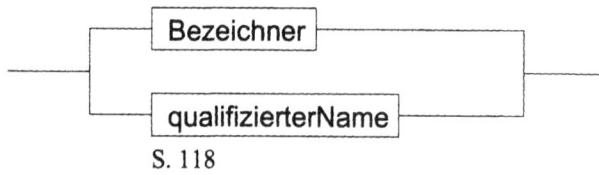

Bezeichner

qualifizierterName
S. 118

KonstantenAusdruck : (5-16)

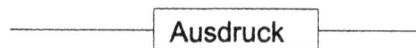

Ausdruck

6 Anweisungen

Anweisungen beschreiben, welche Aktionen das Programm an den Variablen ausführen soll, die im Deklarationsteil vereinbart wurden. Im Normalfall werden die Anweisungen in der aufgeschriebenen Reihenfolge nacheinander ausgeführt. Die Kontrollstrukturen, die ab Abschnitt 6.2 besprochen werden, verändern diese Reihenfolge der Abarbeitung.

In Java gibt es die folgenden Anweisungen:

Anweisung : (6-1)

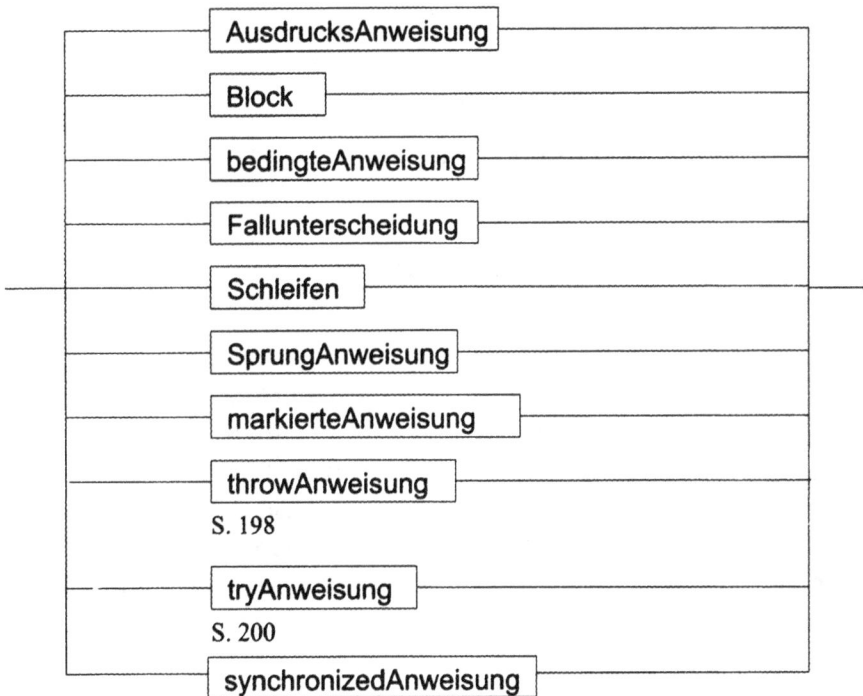

6.1   Ausdrucksanweisung und Block

Wenn man eine Zuweisung mit einem Semikolon abschließt, erhält man die einfachste Form einer Anweisung: die Ausdrucksanweisung.

AusdrucksAnweisung :   (6-2)

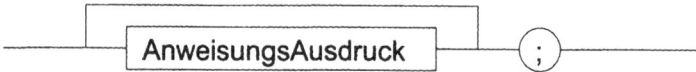

AnweisungsAusdruck :   (6-3)

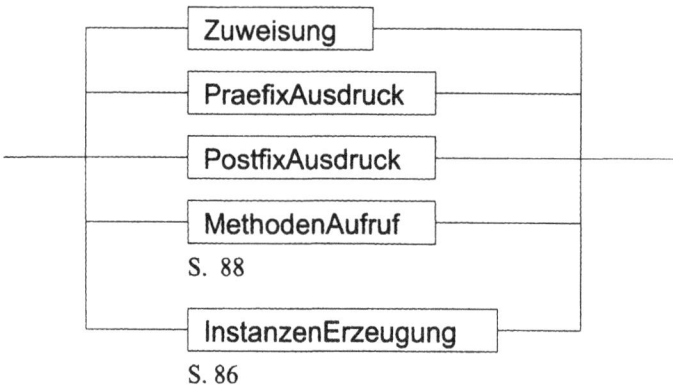

Im Syntaxdiagramm (6-2) ist der AnweisungsAusdruck optional, d. h. das Semikolon allein bildet auch schon eine Anweisung, und zwar die *leere Anweisung*. Diese bewirkt überhaupt nichts und wird aus syntaktischen Gründen eingeführt: Wenn an einer Stelle des Programms ein Ausdruck stehen *muss*, dort aber nichts zu tun ist, verwendet man die leere Anweisung.

Muss man an einer Stelle mehr tun, als man in einer Anweisung beschreiben kann, verwendet man einen Block.

Block : (6-4)

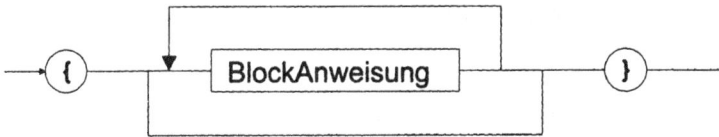

BlockAnweisung : (6-5)

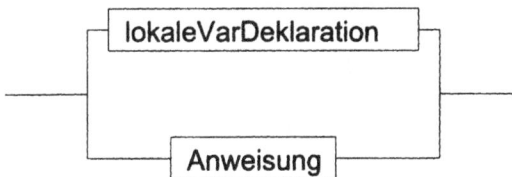

lokaleVarDeklaration : (6-6)

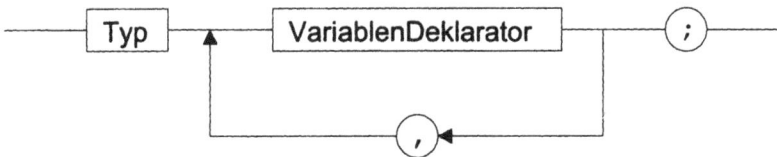

In einem Block können lokale Variablen deklariert werden. Diese Variablen können nur in diesem Block benutzt werden. Die Variablen, die in einem Block deklariert werden, müssen unterschiedliche Bezeichner haben. Sie können aber denselben Bezeichner haben wie Variablen, die in einem anderen parallelen Block deklariert sind.

❑ *Beispiel 6.1.1   Gültigkeit von Variablen*
Das folgende Beispiel enthält in den beiden inneren Blöcken verschiedene Deklarationen mit denselben Bezeichnern. Verdecken lokaler Variablen ist in Java nicht erlaubt. So darf z. B. die außen definierte Variable **zahl** in keinem inneren Block redefiniert werden.

```
public class Block
{  public static void main(String[] argv)
   {  int zahl=12;
      {  // neuer Block
         double zahl1=12.234;
         short   zahl2=127;
         System.out.println("zahl = "+zahl
                 +", zahl1 = "+zahl1
                 +", zahl2 = "+zahl2);
         // also int zahl, double zahl1
         // und   short zahl2
      }
      System.out.println("zahl = "+zahl);
         // also int zahl
      {  // neuer Block
         float zahl1=321.45f;
         int   zahl2=815;
         System.out.println("zahl = "+zahl
                 +", zahl1 = "+zahl1
                 +", zahl2 = "+zahl2);
         // also int zahl, float zahl1
         // und   int zahl2
      }
   }
}                                                    ■
```

6.2   Die bedingte Anweisung

Die bedingte Anweisung verzweigt abhängig von einer Bedingung in einen von zwei Fällen.

bedingteAnweisung :   (6-7)

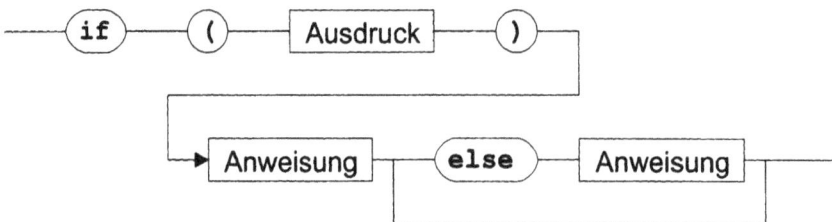

Der Ausdruck wird ausgewertet; er muss einen Wert vom Typ **boolean** liefern. Wenn der Ausdruck **true** liefert, so wird die erste Anweisung ausgeführt und der **else**-Teil übersprungen. Ist der Wert von Ausdruck **false**, wird die Anweisung im **else**-Teil ausgeführt; die erste Anweisung wird übersprungen. Soll mehr als eine Anweisung ausgeführt werden, verwendet man einen Block.

Der **else**-Teil kann auch fehlen: Dann bewirkt die bedingteAnweisung nichts, falls der Ausdruck **false** liefert.

❑ *Beispiel 6.2.1   Bedingte Anweisung*

```
import JavaPack.*;

public class bedingteAnweisung
{  public static void main(String[] argv)
   {  int i;
      System.out.print("i: ");
      System.out.flush(); // erzwingt Textausgabe
      i=Einlesen.LiesInt();
      if (i!=5)
          System.out.println("i ungleich 5");
      else
          System.out.println("i gleich 5");
   }
}
```

Bei geschachtelten bedingten Anweisungen tritt ein Problem auf.

```
   i=3;
   if (i!=5)
      if (i>4)
              System.out.println("i größer 5");
   else  // gleich 5 ??
      System.out.println("i gleich 5");
```

Hier soll wohl der **else**-Fall die Alternative zur Bedingung **(i!=5)** sein, angedeutet durch die entsprechende Einrückung. Wenn dieser Programmteil ausgeführt wird, wird er die Meldung "**i gleich 5**" ausgeben, was wegen **i=3** aber offensichtlich nicht stimmt. Nach Syntaxdiagramm (6-7) könnte der **else**-Teil die Alternative zum ersten *oder* zum zweiten **if** sein. Die folgende Zusatzregel löst diese Mehrdeutigkeit:

Ein **else**-Teil ist immer die Alternative zur letzten **if**-Anweisung der gleichen Stufe, die noch keinen **else**-Teil hat.

Im Beispiel ist also der **else**-Teil die Alternative zu **if (i>4)**. Natürlich kann man die ursprüngliche Idee korrekt programmieren; man muss lediglich einen Block verwenden:

```
i=3;
if (i!=5)
  { if (i>4)
      System.out.println("i größer 5");
  }
else  // gleich 5 ??
  System.out.println("i gleich 5");
```

Der Programmteil gibt jetzt nichts aus.

6.3   Die Fallunterscheidung

Soll aus mehreren Möglichkeiten ein Fall ausgewählt werden, kann man geschachtelte bedingte Anweisungen verwenden:

```
if (fall1)    ...
else if (fall2)   ...
      else if (fall3)   ...
            else   usw.
```

Bequemer und besser lesbar ist die Fallunterscheidung.

Fallunterscheidung :   (6-8)

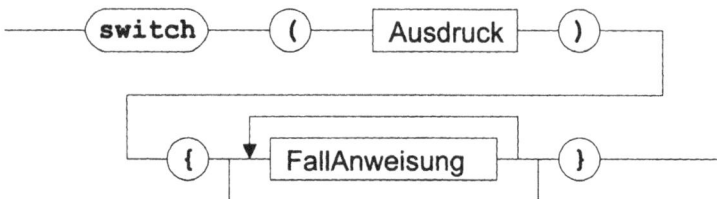

| FallAnweisung | : | (6-9) |

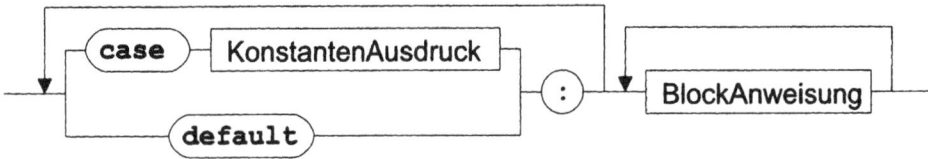

> Der Ausdruck nach **switch** wird ausgewertet; er muss einen Wert vom Typ **char**, **byte**, **short** oder **int** liefern. Ist das Ergebnis ein Wert, der hinter einem **case** steht, wird die Abarbeitung an dieser Stelle fortgesetzt. Kommt dieser Wert nicht hinter einem **case** vor, werden die Anweisungen nach **default** ausgeführt. Fehlt **default**, hat die Fallunterscheidung dann keine Wirkung.
> Die Konstantenausdrücke in den **case**-Konstrukten müssen alle verschiedene Werte liefern, sonst meldet der Compiler einen Fehler.

Normalerweise wird die Anweisungsfolge hinter einem **case** mit dem Schlüsselwort **break** beendet (siehe Abschnitt 6.5); die Abarbeitung der Fallunterscheidung wird damit beendet und an die Anweisung hinter der schließenden Klammer der Fallunterscheidung verzweigt. Fehlt **break**, werden die nächsten Anweisungen bis zu einem späteren **break** oder dem Ende der Fallunterscheidung der Reihe nach ausgeführt.

Im folgenden Beispiel werden verschiedene Längenmaße in Meter umgerechnet.

❏ *Beispiel 6.3.1   Fallunterscheidung mit Zahlen*

```
import JavaPack.*;

public class Fallunterscheidung1
{ public static void main(String[] argv)
  { double meter,fremd;
    int wahl;
    System.out.print("Laenge eingeben : ");
    System.out.flush();
    fremd=Einlesen.LiesDouble();
    System.out.println("Welches Mass?");
    System.out.println(
        "1:inch, 2:foot, 3:yard, 4:mile\n");
    wahl=Einlesen.LiesInt();
```

```
switch (wahl)
{  case 1:  meter=0.0254*fremd;
            System.out.println(fremd+" inch = "
                    +meter+" m");
            break;
   case 2:  meter=0.3048*fremd;
            System.out.println(fremd+" foot = "
                    +meter+" m");
            break;
   case 3:  meter=0.9144*fremd;
            System.out.println(fremd+" yard = "
                    +meter+" m");
            break;
   case 4:  meter=1609.34*fremd;
            System.out.println(fremd+" mile = "
                    +meter+" m");
            break;
   default: System.out.println(
               "Falsche Auswahl!");
            break;
  }
 }
}
```

■

Die Ausdrücke, die hinter **case** angegeben sind, müssen Konstantenausdrücke sein, die einen ganzzahligen Wert liefern. Da neben den ganzen Zahlen auch Buchstaben (Datentyp **char**) ganzzahlige Ergebnisse haben, ist auch dieser Datentyp als **switch**-Ausdruck erlaubt. So kann man die Auswahl auch über die Anfangsbuchstaben auswählen, *nicht* jedoch über die gesamten Wörter, etwa: **case "yard"**.

❑ *Beispiel 6.3.2   Fallunterscheidung mit Zeichen*
```
import JavaPack.*;

public class Fallunterscheidung2
{  public static void main(String[] argv)
   {  double meter,fremd;
      char wahl;
      System.out.print("Laenge eingeben : ");
      System.out.flush();
      fremd=Einlesen.LiesDouble();
```

```
System.out.println("Welches Mass?");
System.out.println(
        "I:inch, F:foot, Y:yard, M:mile\n");
wahl=Einlesen.LiesChar();
switch (wahl)
{   default: System.out.println(
                  "Falsche Auswahl!");
          break;
    case 'i':
    case 'I':meter=0.0254*fremd;
          System.out.println(fremd+" inch = "
                    +meter+" m");
          break;
    case 'f':
    case 'F':meter=0.3048*fremd;
          System.out.println(fremd+" foot = "
                    +meter+" m");
          break;
    case 'y':
    case 'Y':meter=0.9144*fremd;
          System.out.println(fremd+" yard = "
                    +meter+" m");
          break;
    case 'm':
    case 'M':meter=1609.34*fremd;
          System.out.println(fremd+" mile = "
                    +meter+" m");
          break;

    }
  }
}
```

Die Auswahl kann hier wahlweise mit großen oder kleinen Buchstaben erfolgen. Man beachte, dass der **default**-Fall nicht als letzte Alternative angegeben werden muss; man kann ihn beliebig zwischen die anderen Fälle einstreuen. Meist wird er jedoch die erste oder die letzte Alternative sein. ∎

6.4   Schleifen

Schleifen sind Kontrollstrukturen, in denen Anweisungen wiederholt ausgeführt werden. Java kennt die folgenden Schleifentypen:

Schleifen :   (6-10)

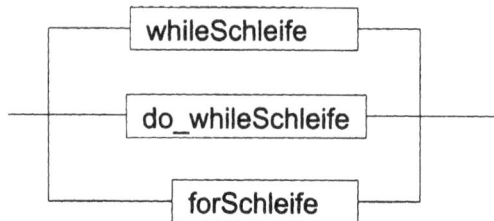

6.4.1 Die while-Schleife

Bei einer **while**-Schleife wird jeweils *vor* der Schleife überprüft, ob sie zu wiederholen ist.

whileSchleife :   (6-11)

Der Ausdruck wird ausgewertet; er muss einen booleschen Wert liefern. Liefert er **true**, wird die Anweisung ausgeführt und der **while**-Ausdruck erneut ausgewertet.
Liefert er **false**, wird die Schleife abgebrochen und die Abarbeitung des Programms hinter der whileSchleife fortgesetzt.

❑ *Beispiel 6.4.1   Berechnung der Quadratwurzel*
Im folgenden Programm wird die Quadratwurzel der Zahl berechnet, die der Benutzer über die Tastatur eingibt. Ist die eingegebene Zahl negativ, wird zur erneuten Eingabe aufgefordert. Die Quadratwurzel von **zahl** wird mit dem Aufruf **Math.sqrt(zahl)** berechnet.

```
import JavaPack.*;

public class Wurzel
```

```
{ public static void main(String[] argv)
  { double zahl;
    System.out.print("Gib Zahl ein: ");
    System.out.flush();
    zahl=Einlesen.LiesDouble();
    while (zahl<0)
    { System.out.println(
            "Zahl darf nicht negativ sein!");
      System.out.print("Neue Eingabe: ");
      System.out.flush();
      zahl=Einlesen.LiesDouble();
    }
    System.out.println("Wurzel aus "+zahl
          +" = "+Math.sqrt(zahl));
  }
}
```
■

6.4.2 Die do-while-Schleife

Die folgende Schleife überprüft die Wiederholungsbedingung *am Ende* der Schleife.

| do_whileSchleife | :   (6-12)

Nach der Abarbeitung der Anweisung wird der Ausdruck ausgewertet; er muss einen booleschen Wert liefern.
Liefert er **true**, wird die Anweisung wiederholt.
Liefert er **false**, wird die Schleife abgebrochen und hinter der do_while-Schleife fortgesetzt.

Beachten Sie den kleinen aber wichtigen Unterschied zwischen den beiden Schleifentypen: Die Anweisung zwischen **do** und **while** wird *mindestens einmal* durchlaufen, während die Anweisung einer **while**-Schleife auch keinmal durchlaufen werden kann – nämlich dann, wenn die Bedingung schon gleich am Anfang **false** war.

□ *Beispiel 6.4.2* *Menüsteuerung*

Eine Menüsteuerung ist ein typisches Beispiel für eine **do-while**-Schleife.

```
public class Menue
{  public static void main(String[] argv)
   {  char wahl,dummy;
      do
      {  System.out.println("\n\nM E N U E \n\n");
         System.out.println("1: Hilfe");
         System.out.println("2: Datei drucken");
         System.out.println("3: Datei kopieren und "
                       + "drucken");
         System.out.println("E: Ende");
         System.out.print("==>> ");
         System.out.flush();
         wahl=Einlesen.LiesChar();
         switch (wahl)
         {  case '1': System.out.println("HILFE");
                      break;
            case '3':System.out.print("KOPIEREN U.");
            case '2': System.out.println("DRUCKEN");
                      break;
            case 'e':
            case 'E': System.out.println(
                    "E N D E !!");
                      break;
            default:  System.out.println(
                        "Falsche Eingabe!!");
         }
         System.out.println("weiter mit einer Taste");
         dummy=Einlesen.LiesChar();     // warten
      } while((wahl!='E')&(wahl!='e'));
   }
}
```

Beachten Sie die Reihenfolge der case-Anweisungen: Der Text **DRUCKEN** wird bei den Fällen 2 und 3 ausgegeben. ∎

6.4.3 Die **for**-Schleife

Will man eine Schleife mit einem Zähler steuern, der von einem Anfangswert mit einer bestimmten Schrittweite bis zu einem Endwert läuft, wird die **for**-

Schleife verwendet, die man oft auch Zählschleife nennt.

forSchleife :   (6-13)

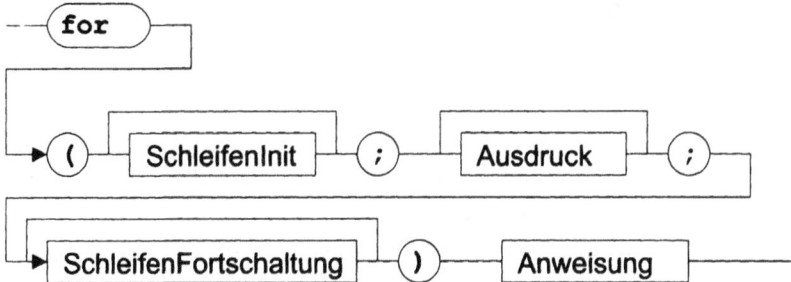

SchleifenInit :   (6-14)

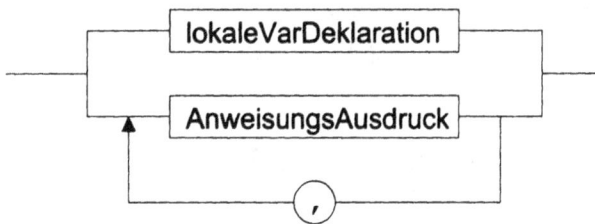

SchleifenFortschaltung :   (6-15)

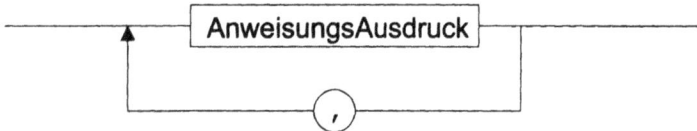

Am einfachsten erläutert man die Bedeutung der **for**-Schleife mit Hilfe der **while**-Schleife.
Eine Schleife der Form

```
for (ausdruck1;ausdruck2;ausdruck3)
    SchleifenRumpf
```

ist gleichwertig zu folgendem Programmstück:

```
ausdruck1;
while (ausdruck2)
{    SchleifenRumpf
     ausdruck3;
}
```

ausdruck1 initialisiert üblicherweise einen Schleifenzähler. **ausdruck2** ist die *Wiederholungsbedingung* der Schleife; meist wird hier überprüft, ob der Schleifenzähler einen bestimmten Wert erreicht hat. In **ausdruck3** kann man festlegen, wie der Schleifenzähler für den nächsten Schleifendurchgang weitergeschaltet wird. Kommen im ersten und/oder dritten Ausdruck mehrere durch Komma getrennte Teilausdrücke vor, werden diese hintereinander ausgeführt.

❏ *Beispiel 6.4.3   Fakultät: Zählschleife*
Das folgende Programm berechnet die Fakultät für die Zahlen von 1 bis 20. 20! ist die größte Fakultät, die in einem **long**-Wert darstellbar ist.

```
public class Fakultaet
{  public static void main(String[] argv)
   {  for (int n=1;n<=20;n++)
      {  long produkt=1;
         for (int i=1;i<=n;i++)
            produkt*=i;
         System.out.println(n+"! = "+produkt);
      }
   }
}
```

Jeder der drei Ausdrücke in der **for**-Schleife kann auch fehlen; die Semikolons müssen aber trotzdem gesetzt werden. Fehlt **ausdruck1** oder **ausdruck3**, kommt dieser Teil in der obigen **while**-Schleife ebenfalls nicht vor. Fehlt in der **for**-Schleife **ausdruck2**, wird er wie der Wahrheitswert **true** behandelt. Die Schleife

```
for ( ; ; )
{  ...    }
```

ist also eine Endlos-Schleife.

6.5 Strukturierte Sprunganweisungen

In Java gibt es keinen unbedingten Sprung, der seit den 70er Jahren unter den Programmierern verpönt ist. Stattdessen gibt es strukturierte Sprunganweisungen, die in einer stark abgeschwächten Form schon aus C und C++ bekannt sind.

SprungAnweisung :   (6-16)

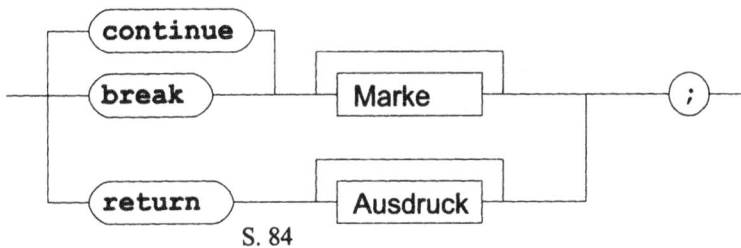

markierteAnweisung :   (6-17)

Marke :   (6-18)

> Die Anweisung **break** kann nur innerhalb von Schleifen und Fallunterscheidungen stehen: **break** ohne Marke beendet die Schleife bzw. die Fallunterscheidung, in der dies steht; d. h. es wird an die schließende Klammer } dieser Kontrollstruktur verzweigt.
> Die Anweisung **continue** kann nur innerhalb von Schleifen auftreten. **continue** ohne Marke beendet den aktuellen Schleifendurchlauf und springt an die Wiederholungsbedingung der Schleife.

Schleifen können geschachtelt werden. Manchmal möchte man nicht die innerste Schleife verlassen, sondern eine umgebende Kontrollanweisung, die in den vorigen beiden Abschnitten behandelt wurden. Dazu benötigt man bei **break** und **continue** Marken.

Am *Anfang* einer Kontrollanweisung kann eine Marke stehen (siehe Syntaxdiagramm (6-17)). Die Anweisung

break marke;

verzweigt an des *Ende* der Kontrollanweisung, an dessen *Anfang* diese **marke** steht.
Die Anweisung

continue marke;

verzweigt an des *Ende* der Kontrollanweisung, an dessen *Anfang* diese **marke** steht und startet für diese Kontrollanweisung einen weiteren Schleifendurchgang, falls die Schleifenbedingung dies zulässt.
Die **return**-Anweisung wird bei Methoden gebraucht, die wir in Kapitel 7 besprechen werden.
Zunächst folgt ein Beispiel für markenlose Verzweigungen.

❑ *Beispiel 6.5.1   Schleifen und break, continue*
Das folgende Programm berechnet das Produkt von Zahlen, die über die Tastatur eingelesen werden. Falls die Zahl 0 eingegeben wird, soll diese einfach ignoriert werden. Wird die Zahl 1 eingegeben, wird die Schleife vorzeitig abgebrochen.

```
import JavaPack.*;

public class break_continue
{  public static void main(String[] argv)
   {  long produkt=1;
      int zahl,n;
      System.out.print(
            "Wieviele Zahlen maximal einlesen? ");
      System.out.flush();
      n=Einlesen.LiesInt();
      for (int i=1;i<=n;i++)
      {  System.out.print(
               "naechste Zahl (beende mit 1):");
         System.out.flush();
         zahl=Einlesen.LiesInt();
         if (zahl==1)    // Abbruch
            break;
         if (zahl==0)    // ueberspringen
```

```
        continue;
      produkt*=zahl;
    }
    System.out.println("Produkt = "+produkt);
  }
}
```

■

□ *Beispiel 6.5.2 Strukturiertes break und continue*
Das folgende Programm demonstriert die markierten Verzweigungen. Es wird
die Summe von Produkten berechnet. Die Faktoren werden eingelesen; bei der
Eingabe von 0 oder einem Wert kleiner -3 wird das Produkt aufaddiert und ein
neues Produkt berechnet.
Bei der Eingabe eines Zahlenwertes zwischen -1 und -3 wird das Ergebnis ausgegeben, und zwar bei -1 als **int**-Wert, bei -2 als **long**-Wert und bei -3 als
float-Wert.

```
import JavaPack.*;

public class strukturierterSprung
{
   public static void main(String[] argv)
   {  long summe=0,produkt=1,zahl=0;
      int intErgebnis;
      float floatErgebnis;
      System.out.println(
            "Summe von Produkten berechnen\n");
Summe:for (int i=0;i<10;i++) // <<------------------+
/****/                                          // |
   {                                            // |
Konvert:                                        // |
/******/                                        // |
   for (;;) // Endlosschleife<<-----------------+|
/******/                                    //   ||
     switch ((int)zahl)                     //   ||
     {  case -1: // int                          |
          intErgebnis=(int)summe;           //   ||
          System.out.println(               //   ||
              "int-Summe = "+intErgebnis); //    ||
          break Summe;  // -------------------+  ||
        case -2: // long                      // | ||
            System.out.println(               // | ||
```

```
                        "long-Summe = "+summe);        // V   ||
              break Summe;   // --------------------->+  ||
          case -3: // float                            // |   ||
              floatErgebnis=(float)summe;              // |   ||
              System.out.println(                      // |   ||
                "float-Summe = "+floatErgebnis);// V   ||
              break Summe;   // --------------------->+  ||
          default: // Produkt-Schleife                 // |   ||
              produkt=1;                               // |   ||
              for (int p=0;p<10;p++)// max. 10        // |   ||
              {  System.out.println(                   // |   ||
                 "0: naechstes Prod,>0: mult.");// |   ||
                 System.out.print("<0: Ende: ");// |   ||
                 System.out.println(                   // |   ||
                  "-1:int, -2:long, -3:float"); // |   ||
                 System.out.print(                     // |   ||
                  "Gib Faktor ein: ");               // |   ||
                 System.out.flush();                   // |   ||
                 zahl=Einlesen.LiesLong();             // |   ||
                 if (zahl<=0)                          // |   ||
                     break;   // ----------------+      |   ||
                 produkt*=zahl;                     // |   |   ||
              }  // Ende for-p-Schleife <<-----+      |   ||
              summe+=produkt;                        // |   ||
              System.out.println(                    // |   ||
                "Zwischensumme = "+summe);         // |   ||
              if ((zahl==0)|(zahl<=3))               // |   ||
                  continue Summe;// -----------------|-->+
              if (zahl<0)                            // |   |
                  continue Konvert;// -------------|->+
      }  // Ende switch,for(;;)(Konvert)                |
  }  // Ende int-i-Schleife (Summe)                     |
  // <<----------------------------------------------+
  System.out.println("Ende von main");
  }  // Ende main
}  // Ende Klasse                                      ■
```

Teil II.
Objektorientiertes
Programmieren in Java

Übersicht

In diesem zweiten Teil werden die objektorientierten Sprachmittel von Java behandelt. Kapitel 7 stellt die grundlegenden Sprachkonzepte des objektorientierten Programmierens vor: Klassen und Objekte. In Kapitel 8 erfahren Sie, wie man Java-Programme in Packages strukturieren kann.

Eine der mächtigsten Techniken im objektorientierten Programmieren ist die Vererbung, die in Kapitel 9 besprochen wird. Daran schließt sich in Kapitel 10 die Behandlung von Strings und Feldern an, die eine Folge von gleichartigen Objekten in einem Datentyp zusammenfasst. Während die Felder fest in Java integriert sind, werden Strings und dynamische Felder durch Klassen realisiert, die als Java-Packages definiert sind. Kapitel 11 stellt einige wichtige Klassen von Java vor: Zu jedem primitiven Datentyp gibt es eine entsprechende Klasse, eine sog. Wrapper-Klasse, die für den Datentyp wichtige Konstanten und Methoden zur Verfügung stellt. Um Arithmetik beliebiger Genauigkeit auszuführen, kann man die Klassen benutzen, die in Abschnitt 11.2 vorgestellt werden. Abschnitt 11.3 behandelt die Klasse **Class**, mit der man eigene Klassen analysieren kann. Java realisiert eine ausgefeilte Technik zur Reaktion auf Ausnahmesituationen. So werden etwa die Indizes von Feldern – anders als in C++ – sehr streng kontrolliert: Wird ein Index außerhalb des zulässigen Bereichs verwendet, wird eine Ausnahme ausgeworfen. Welche Programmiertechnik sich dahinter verbirgt und wie selbst programmierte Klassen solche Kontrollen realisieren können, ist das Thema des letzten Kapitels in diesem Teil.

7 Klassen und Objekte

7.1 Die Begriffe Klasse und Objekt

Bisher haben wir Klassen verwendet, die neben wenigen Daten lediglich eine einzige Methode hatten, nämlich die Methode **main**. In diesem Kapitel werden wir Klassen kennenlernen, die Datenkomponenten – die sog. *Attribute* – und *Methoden* enthalten. Methoden beschreiben die Aktionen, die man auf den Attributen der Klasse ausführen kann.

Man kann eine Klasse auch als ein Konstrukt betrachten, das ein *Wissen* in seinen Attributen speichert und ein *Verhalten* zeigt, das durch die Methoden festgelegt wird.

❑ *Beispiel 7.1.1 Verbale Beschreibung einer Klasse*
Stellen wir uns eine Klasse **Fahrzeug** vor. Diese Klasse soll folgendes Wissen besitzen:

    Besitzer
    Fahrgestellnummer
    Hersteller
    Art des Motors (Otto-, Diesel- oder Elektromotor)
    Leistung des Motors (in kW)
    Leergewicht (in kg)
    zulässiges Gesamtgewicht (in kg).

Dies sind Daten, die u. a. im Kraftfahrzeugschein eines Fahrzeuges vermerkt sind. Zusätzlich soll ein Fahrzeug ein Fahrtenbuch haben, das u. a. folgende Attribute enthält:

    momentaner Standort
    km-Stand
    Ölstand.

Ferner kann ein Fahrzeug folgendes Verhalten zeigen:
    fährt vom momentanen Standort nach Ort A
    erhält eine Inspektion

gibt die aktuellen Daten, getrennt nach Kfz-Schein und Fahrtenbuch, aus. ■

Damit sind die Attribute und das Verhalten irgendeines Fahrzeuges festgelegt; es ist ein Formular, das man für jedes Fahrzeug spezifisch ausfüllen kann. Ein solches Formular wird in Java als *Klasse* definiert. Jedes einzelne Fahrzeug hat ein speziell ausgefülltes Formular – also einen Kraftfahrzeugschein und ein Fahrtenbuch – und kann spezifische Aktionen ausführen. Eine solches speziell ausgefülltes Formular ist in Java ein *Objekt* oder eine Instanz einer Klasse.

7.2 Definition von Klassen

Eine Klasse hat folgenden Aufbau:

KlassenDefinition :   (7-1)

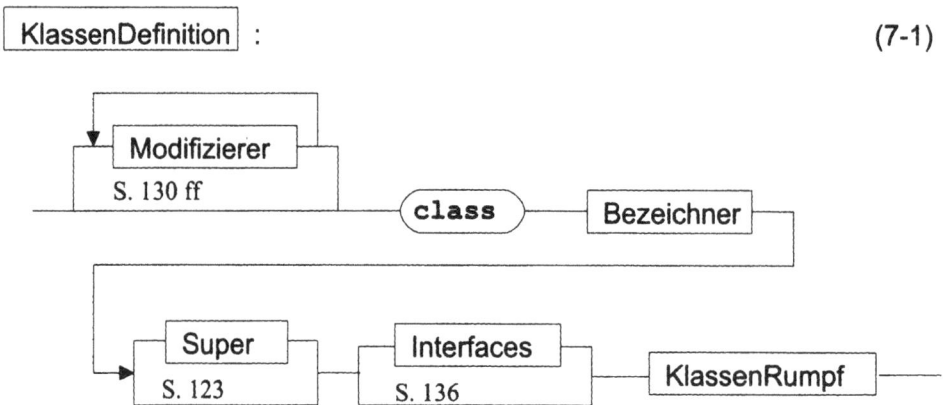

KlassenRumpf :   (7-2)

```
        ┌──────────────────────────┐
        │   AttributDeklaration    │
        ├──────────────────────────┤
        │   MethodenDeklaration    │
   { ───┼──────────────────────────┼─── }
        │  KonstruktorDeklaration  │
        ├──────────────────────────┤
        │    staticInitialisierer  │
        ├──────────────────────────┤
        │     KlassenDefinition    │
        └──────────────────────────┘
```

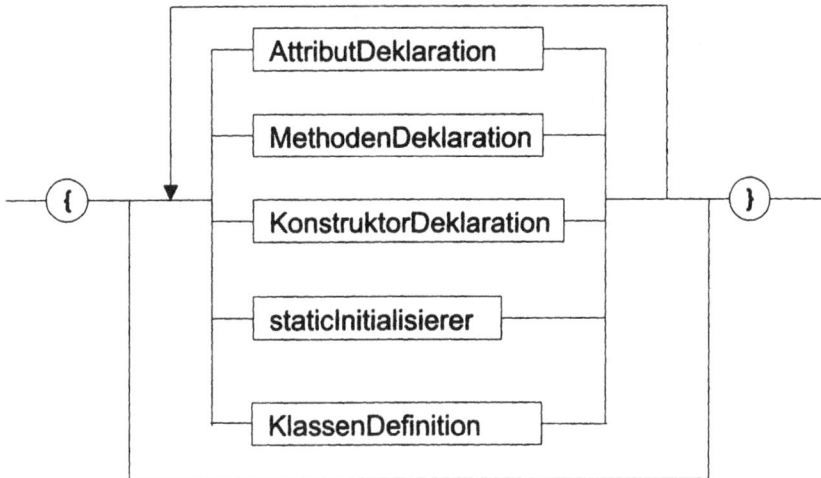

7.2.1 Attribute

Die Datenkomponenten einer Klasse heißen Attribute. Die Attributdeklaration wurde bereits im Syntaxdiagramm (4-12) definiert. Der Datentyp eines Attributes kann ein primitiver Datentyp sein, wie er in Kapitel 4 eingeführt wurde, oder ein Referenztyp, also wieder eine Klasse, ein Feld oder ein String (siehe Kapitel 10).

❑ *Beispiel 7.2.1   Klasse mit Attributen*
Die folgende Klassendefinition legt für die Klasse **Fahrzeug** aus Beispiel 7.1.1 die Attribute fest. Außerdem enthält sie die Deklaration von Methoden; diese werden in den nächsten Beispielen beschrieben.

```
public class Fahrzeug
{  // Attribute
   String Besitzer;
   long FahrgestellNummer;
   String Hersteller;
   final static byte OTTO=0,DIESEL=1,ELEKTRO=2;
   byte MotorArt; // z. B. OTTO (s.o.)
   int Leistung;  // in kW
   int LeerGewicht, zulGesamtGewicht;  // in kg
   String Standort;
   int kmStand;
```

```
boolean Oelstand;   // OK?

// Methoden
// hier kommen die Methoden hin
//(siehe nächste Beispiele)


}
```
■

7.2.2 Methoden

Methoden beschreiben das Verhalten der Klasse; sie werden innerhalb der Klassendefinition vereinbart.

Mit den folgenden Syntaxdiagrammen wird zunächst der formale Aufbau von Methoden vorgestellt, bevor wir die Klasse **Fahrzeug** um Methoden erweitern.

MethodenDeklaration :   (7-3)

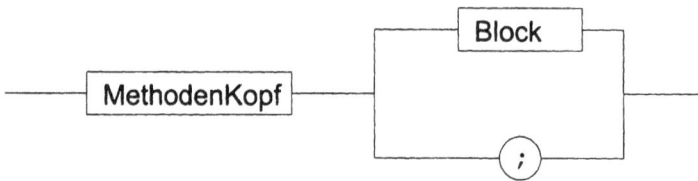

MethodenKopf :   (7-4)

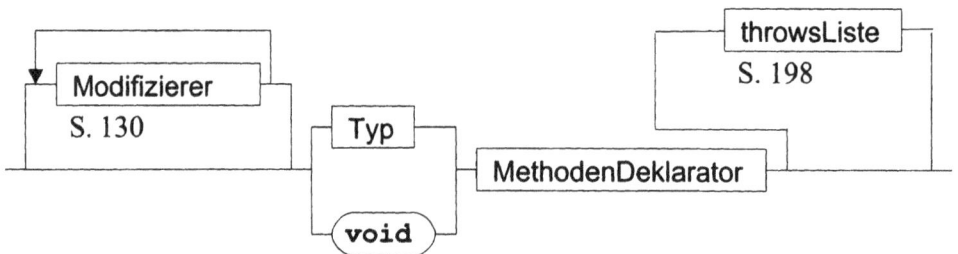

MethodenDeklarator : (7-5)

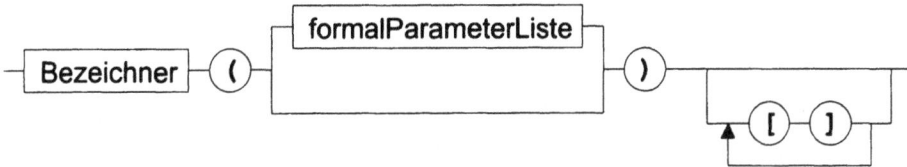

formalParameterListe : (7-6)

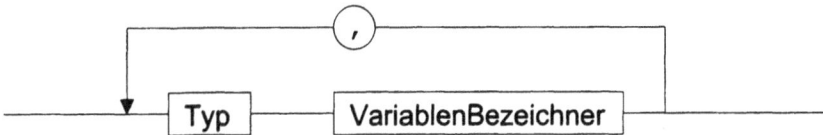

Der Bezeichner einer Methode zusammen mit dem Ergebniswert und der Liste seiner formalen Parameter heißt *Signatur*. Der Block aus Syntaxdiagramm (7-3) heißt *Rumpf* der Methode.

❑ *Beispiel 7.2.2   Methode für die Klasse Fahrzeug*
Betrachten wir zunächst die Methode **faehrtNach**. Das Fahrzeug bekommt einen neuen Standort, und der km-Stand ändert sich. Die Methode muss dazu erfahren, wohin das Fahrzeug fährt und wie weit die Strecke zum neuen Standort ist. Dies wird in den *formalen Parametern* **Ziel** und **Entfernung** angegeben. Sie kennt den aktuellen Standort aus dem zugehörigen Attribut **Standort**. Die Methode soll den ganzzahligen aktuellen km-Stand als Ergebnis liefern, was mit dem Typ **int** vor dem Methodenbezeichner festgelegt wird.

```
int faehrtNach(String Ziel,int Entfernung)
{   System.out.println(Besitzer
        +" faehrt von "+Standort+" nach "
        +Ziel+", Entfernung: "
        +Entfernung+" km");
    Standort=Ziel;
    kmStand+=Entfernung;
    return kmStand;
}
```

Die Methode ändert die Werte der Attribute **Standort** und **kmStand** entsprechend den in den Parametern angegebenen Werten.   ∎

❏ *Beispiel 7.2.3   Eine weitere Methode für die Klasse Fahrzeug*
Die Methode **Inspektion** wird u. a. einen Ölwechsel vornehmen und dabei das Attribut **OelStand** auf **true** setzen. Diese liefert keinen Ergebniswert zurück, was durch das Schlüsselwort **void** vor dem Methodenbezeichner angegeben wird.

```
void Inspektion()
{ Oelstand=true;    }
```

Diese Methode benötigt keine Parameter; das Klammerpaar muss trotzdem geschrieben werden.
Im Beispiel fehlt die Ölkontrollampe, die an einem Messsensor hängt. Bei zu geringem Ölstand soll die Ölkontrollampe leuchten und das Attribut **OelStand** auf **false** gesetzt werden.   ∎

Wie wir in den obigen Beispielen gesehen haben, kann eine Methode einen Ergebniswert zurückgeben; sein Datentyp steht unmittelbar vor dem Methodenbezeichner. Soll kein Ergebnis zurückgegeben werden – in anderen Sprachen heißt ein solches Konstrukt dann Prozedur – ist statt dessen das Schlüsselwort **void** anzugeben. Der Wert, den eine Methode zurückgibt, wird in einer **return**-Anweisung festgelegt.

---

return;
return Ausdruck;

Der Ausdruck wird ausgewertet und auf den Datentyp des Ergebniswerts konvertiert.

Die Methode wird an dieser Stelle verlassen; der Wert des Ausdrucks ist das Methodenergebnis, das an der Aufrufstelle weiterverwendet werden kann.

Bei **void**-Methoden fehlt der Ausdruck.

Anmerkungen:

In einer Methode kann es mehrere **return**-Anweisungen geben.

Häufig wird der Ausdruck in Klammern gesetzt.

> Braucht man als letzte Anweisung in der Methode die Anweisung
> `return;` (also die Anweisung ohne Ausdruck), kann man sie auch weg-
> lassen.

7.3 Objektvariablen und Objekte

Die Klasse **Fahrzeug** aus Beispiel 7.2.1 legt ein Formular fest, und jedes konkrete Fahrzeug erhält ein bestimmtes Exemplar eines solchen Formulars, das
spezifisch ausgefüllt wird.
Programmtechnisch ausgedrückt führen wir mit einer Klassendefinition einen
neuen Datentyp (das Formular) ein. Danach können wir nach Bedarf Variablen
von diesem neuen Datentyp deklarieren, in unserem Beispiel also für jedes konkrete Fahrzeug einen eigenen Kraftfahrzeugschein mit Fahrtenbuch. Eine Variable von einem Klassentyp nennt man *Objektvariable*.

7.3.1 Erzeugung eines Objekts

In Java deklariert man eine Objektvariable durch Angabe des Klassentyps gefolgt von einem Bezeichner (siehe auch Syntaxdiagramm (4-12)).
Die folgende Deklaration führt zwei Objektvariablen vom Typ **Fahrzeug** ein.

```
Fahrzeug MeinAuto,DeinAuto;
```

Diese Objektvariablen stellen nicht den Speicherplatz für das eigentliche Klas-
senobjekt **Fahrzeug** zur Verfügung; sie können lediglich die Referenz auf ein
Klassenobjekt vom **Typ** Fahrzeug aufnehmen. Objektvariablen nennt man in
Java daher Referenztypen.

ReferenzTyp : (7-7)

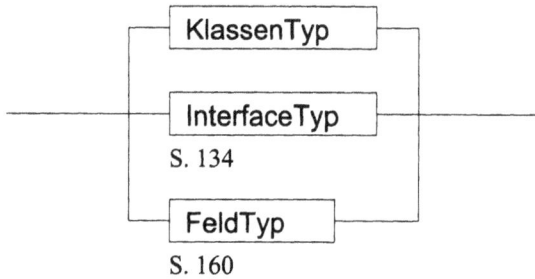

KlassenTyp : (7-8)

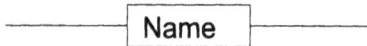

Der Speicherplatz für ein Klassenobjekt wird dynamisch nach folgendem Syntaxdiagramm reserviert:

InstanzenErzeugung : (7-9)

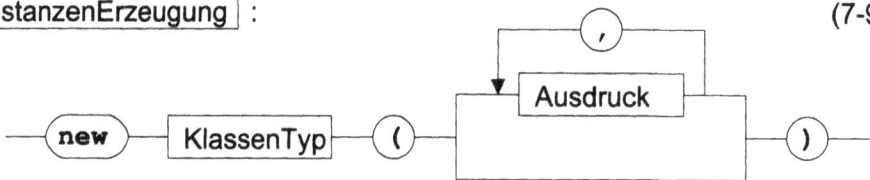

Die InstanzenErzeugung reserviert den vom KlassenTyp benötigten Speicherplatz und liefert die Anfangsadresse dieses Speicherplatzes, in dem ein Objekt gespeichert wird.

Ein Objekt vom Typ **Fahrzeug** wird also folgendermaßen erzeugt:

```
meinAuto=new Fahrzeug();
```

Abbildung 7.1 veranschaulicht die Wirkung dieser Anweisung. Die verschieden großen Rechtecke sollen dabei den unterschiedlich großen Speicherplatzbedarf der einzelnen Attribute andeuten.

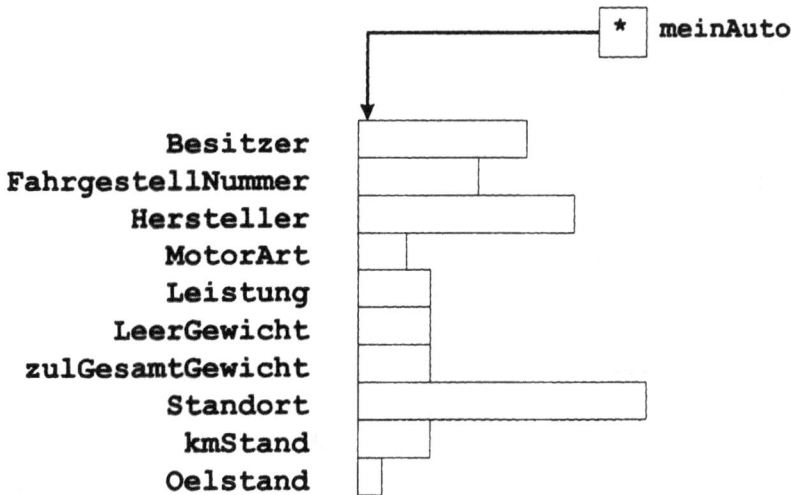

Abb. 7.1: Erzeugung eines Objekts

7.3.2 Zugriff auf Attribute und Methoden

Im Folgenden wird die Klasse **Fahrzeug** getestet. Dazu brauchen wir wieder ein Hauptprogramm **main**, in dem wir Objekte vom Typ **Fahrzeug** deklarieren. Dieses Hauptprogramm bildet eine neue Klasse, die **FahrzeugTest** heißen soll und die in der Datei **FahrzeugTest.java** abgespeichert wird.

Im Hauptprogramm werden einige Attribute besetzt und Methoden aufgerufen. Auf Attribute greift man folgendermaßen zu:

| AttributZugriff | : | (7-10) |

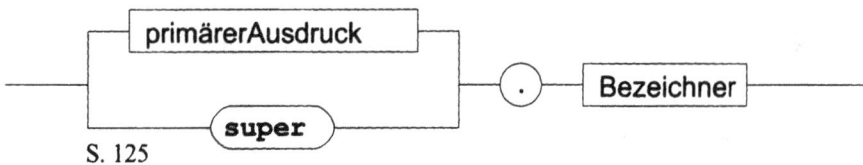

Dabei ist der primäre Ausdruck im einfachsten Fall der Bezeichner eines Objekts. Der Bezeichner hinter dem Punkt muss der Name eines Klassenattributes sein. Die Anweisung

```
meinAuto.kmStand = 1234;
```

87

Tabelle 7.1: Aufruf einer Methode

Kriterien für den Aufruf einer Methode

Die Anzahl der aktuellen Parameter im Methodenaufruf muss mit der Anzahl der formalen Parameter in der Methodendeklaration übereinstimmen. Die Methode **faehrtNach** *muss* also mit zwei aktuellen Parametern aufgerufen werden.

Auf jeder Position muss der aktuelle Parameter einen Datentyp liefern, der zum Datentyp des entsprechenden formalen Parameters passt.

Ein Methodenaufruf darf nur an einer solchen Stelle auftreten, an der auch eine Variable des Ergebnistyps der Methode stehen kann. Der Ergebniswert des Methodenaufrufs kann aber auch ignoriert werden. Die Methode **faehrtNach** liefert ein **int**-Ergebnis, das man z. B. ausgeben – oder einfach ignorieren – kann. Im folgenden Beispiel werden wir beide Möglichkeiten sehen.

Ist der Ergebnistyp **void**, so liefert der Methodenaufruf keinen Ergebniswert. Der Methodenaufruf bildet dann eine Anweisung.

Falls eine dieser Bedingungen nicht erfüllt ist, meldet der Compiler einen Fehler.

---

speichert also im Attribut **kmStand** des Objekts **meinAuto** den angegebenen Wert.

Methoden einer Klasse werden wie folgt aufgerufen:

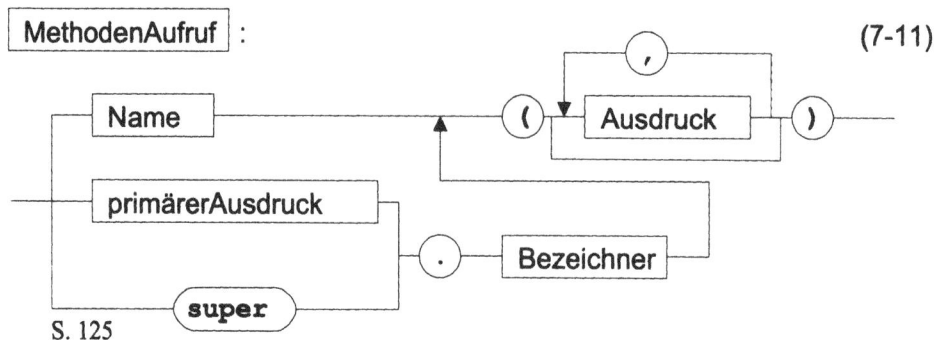

(7-11)

Tabelle 7.2: Aufruf einer Methode

Aufruf einer Methode

Die Ausdrücke der aktuellen Parameterliste des Aufrufs werden ausgewertet.

Die formalen Parameter werden mit den Ergebnissen der Ausdrücke initialisiert. Gegebenenfalls werden die Konvertierungsregeln angewendet, wie sie bei der Wertzuweisung definiert sind (vgl. Abschnitt 5.8).

Es wird an die erste Anweisung des Methodenrumpfes verzweigt und die Anweisungen wie gewohnt abgearbeitet, bis man auf eine **return**-Anweisung oder das Ende des Methodenrumpfes stößt.

Hat die Methode einen von **void** verschiedenen Ergebnistyp, so muss sie eine **return**-Anweisung enthalten, dem ein Ausdruck folgt; dieser wird ausgewertet und muss in den Ergebnistyp der Methode gewandelt werden können.

Die Programmabarbeitung wird dann hinter der Aufrufstelle der Methode fortgesetzt.

Hier ist der primäre Ausdruck im einfachsten Fall wieder der Bezeichner eines Objekts. Der Name bzw. der Bezeichner muss der Name einer Klassenmethode sein. Dahinter stehen in Klammern die *aktuellen Parameter*.

Ein Methodenaufruf muss bestimmte formale Kriterien erfüllen, die der Compiler auch überprüft und die in Tabelle 7.1 zusammengestellt sind.
Wenn ein Methodenaufruf ausgeführt wird, werden zuerst die aktuellen Parameter, die Ausdrücke sind, ausgewertet und an die formalen Parameter übergeben. Danach wird der Methodenrumpf bis zu einem **return** ausgeführt und danach hinter dem Methodenaufruf weitergearbeitet. Die einzelnen Schritte sind in Tabelle 7.2 zusammengestellt.

❏ *Beispiel 7.3.1   Testklasse für die Klasse Fahrzeug*
Es wird die Klasse **FahrzeugTest** deklariert, die eine Testumgebung für Objekte vom Typ **Fahrzeug** beschreibt. Das Programm ist fragmentarisch abgedruckt. Die vollständigen Vorbesetzungen und die Ausgabemethoden sind in der Beispielsammlung aufgeführt.

```
class FahrzeugTest
{  public static void main(String[] argv)
   {  Fahrzeug meiner=new Fahrzeug(),
                deiner=new Fahrzeug();
      meiner.Besitzer="Dieterich";
      meiner.kmStand=1234;
      // weitere Attribute vorbesetzen
      deiner.Hersteller="Volkswagen";
      deiner.Oelstand=true;
      // weitere Attribute vorbesetzen
      meiner.alleDatenAusgeben();
      Einlesen.warte();
      deiner.alleDatenAusgeben();
      Einlesen.warte();
      System.out.println("km-Stand ist "
             +meiner.faehrtNach("Stuttgart",222)
             +" km");   // Ergebnis verwendet
      deiner.faehrtNach("Stuttgart",67);
        // Ergebnis ignoriert
      meiner.FahrtenbuchAusgeben();
      deiner.FahrtenbuchAusgeben();
      deiner.faehrtNach("Karlsruhe",89);
      deiner.FahrtenbuchAusgeben();
   }
}
```

Das Programm liefert folgende Ausgabe:

```
KfzSchein-Daten fuer Dieterich
--------------------------------------
Fahrgestell-Nummer: 0
Hersteller        : null
Motor-Art         : Otto
Leistung          : 0 kW
Leergewicht       : 0 kg
zul. Ges.Gewicht  : 0 kg
Fahrtenbuch-Daten fuer Dieterich
--------------------------------------
Standort          : null
km-Stand          : 1234
Oelstand          : fehlerhaft
....... Weiter mit RETURN
```

```
KfzSchein-Daten fuer null
---------------------------------
Fahrgestell-Nummer: 0
Hersteller        : Volkswagen
Motor-Art         : Otto
Leistung          : 0 kW
Leergewicht       : 0 kg
zul. Ges.Gewicht  : 0 kg
Fahrtenbuch-Daten fuer null
---------------------------------
Standort          : null
km-Stand          : 0
Oelstand          : OK
....... Weiter mit RETURN
Dieterich faehrt von null nach Stuttgart,
        Entfernung: 222 km
km-Stand ist 1456 km
null faehrt von null nach Stuttgart, Entfernung:67 km
Fahrtenbuch-Daten fuer Dieterich
---------------------------------
Standort          : Stuttgart
km-Stand          : 1456
Oelstand          : fehlerhaft
Fahrtenbuch-Daten fuer null
---------------------------------
Standort          : Stuttgart
km-Stand          : 67
Oelstand          : OK
null faehrt von Stuttgart nach Karlsruhe,
        Entfernung: 89 km
Fahrtenbuch-Daten fuer null
---------------------------------
Standort          : Karlsruhe
km-Stand          : 156
Oelstand          : OK
```

Viele Attribute der Objekte sind nicht initialisiert; sie erhalten jeweils den Anfangswert 0 oder einen 0-äquivalenten Wert.

Wie wir im Beispiel gesehen haben, werden Referenzen mit **null** initialisiert. **null** ist in Java ein Schlüsselwort, das besagt, dass die Referenz *nirgendwohin* zeigt.

Abschließend noch eine Bemerkung zur Übersetzung dieses Beispiels: Wenn in Ihrem Arbeitsverzeichnis die beiden Java-Dateien **Fahrzeug.java** und **FahrzeugTest.java** stehen und Sie die letztere mit JDK übersetzen, wird sowohl die Klasse **FahrzeugTest.class** wie auch **Fahrzeug.class** erzeugt, da in der Testklasse die Klasse **Fahrzeug** verwendet wird. Der Compiler sammelt automatisch alle benötigten Klassen.

> Da es in Java keine Zeigervariablen gibt, wird auf Attribute und Methoden immer mit "." zugegriffen, den Operator "->" gibt es in Java nicht.

7.4 Konstruktor

Im Beispiel des vorigen Abschnitts haben wir einige Attribute der Objekte durch Zuweisungen vorbesetzt. Sollen regelmäßig die meisten oder alle Attribute initialisiert werden, wäre es schön, wenn wir dies direkt an der Stelle erledigen könnten, an der ein Objekt erzeugt wird, also bei der InstanzenErzeugung. Eine solche Initialisierung ist jedoch wesentlich komplexer als bei den primitiven Datentypen, wo lediglich ein Wert als Anfangswert anzugeben ist.
Für Objekte wird die Initialisierung von einer speziellen Methode, dem Konstruktor, beschrieben. Ein Konstruktor trägt denselben Namen wie seine Klasse. Er wird bei der Erzeugung eines Objektes hinter **new** automatisch aufgerufen. Ein Konstruktor wird wie folgt deklariert:

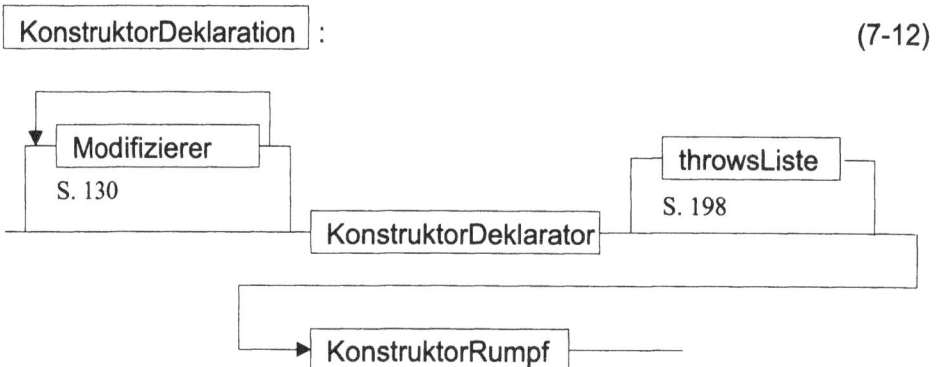

KonstruktorDeklaration : (7-12)

Modifizierer S. 130 — KonstruktorDeklarator — throwsListe S. 198 — KonstruktorRumpf

92

KonstruktorDeklarator :   (7-13)

KonstruktorRumpf :   (7-14)

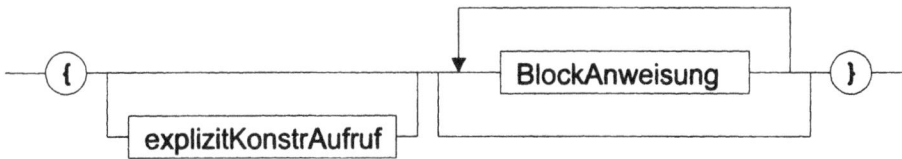

Ein Konstruktor kann Parameter haben, liefert aber keinen Ergebniswert zurück. Deshalb darf bei der Deklaration eines Konstruktors kein Ergebnistyp – auch nicht **void** – angegeben werden.
Konstruktoren werden im **new**-Ausdruck aufgerufen, wo auch die aktuellen Parameter übergeben werden.

❑ *Beispiel 7.4.1   Konstruktor für die Klasse Fahrzeug*
Die Klasse **Fahrzeug** aus den Beispielen in Abschnitt 7.2 wird um folgenden Konstruktor erweitert, der alle Attribute initialisiert:

```
Fahrzeug(String N,long FgNr,String Herst,
        byte MA,int Lst,int leer,
        int zul,String StdO,
        int km,boolean Oel)
{ Besitzer=N;
  FahrgestellNummer=FgNr;
  Hersteller=Herst;
  MotorArt=MA;
  Leistung=Lst;
  LeerGewicht=leer;
  zulGesamtGewicht=zul;
  Standort=StdO;
```

```
        kmStand=km;
        Oelstand=Oel;
    }
```

Eine Deklaration für eine Instanz vom Typ **Fahrzeug** könnte dann wie folgt aussehen:

```
Fahrzeug meiner=new Fahrzeug(
        "Dieterich",       // Besitzer
        12345,             // FahrgestellNummer
        "VW",              // Hersteller
        Fahrzeug.DIESEL,   // MotorArt
        45,                // Leistung
        456,               // LeerGewicht
        876,               // zulGesamtGewicht
        "Muenchen",        // Standort
        45,                // kmStand
        true);             // OelStand          ■
```

Wenn Sie sich das Beispiel 7.3.1 nochmals ansehen, bemerken Sie, dass wir auch dort einen Konstruktor aufgerufen haben, und zwar den parameterlosen. Der Java-Compiler generiert sich nämlich für jede Klasse, für die kein Konstruktor deklariert ist, einen parameterlosen Konstruktor – den *Default-Konstruktor* – mit leerem Konstruktorrumpf.

Anders als in C++ braucht man sich in Java um die Freigabe des Speicherplatzes eines Objektes nicht zu kümmern; dies erledigt das Java-Laufzeitsystem selbständig, sobald der Speicherplatz nicht mehr benötigt wird. Dieser Teil des Laufzeitsystems heißt *garbage collection*.

> Aus diesem Grund gibt es in Java keine Destruktoren für Objekte (siehe auch Abschnitt 7.12).

7.5   Eine einfache Java-Klasse, die Klasse `Punkt`

In diesem Abschnitt wird eine Klasse definiert, auf die im Rest dieses Kapitels häufig zurückgegriffen wird.

❏ *Beispiel 7.5.1   Klasse Punkt*

Ein Punkt im zweidimensionalen Raum kann durch die beiden Koordinaten x und y im kartesischen Koordinatensystem beschrieben werden. Zur Identifizierung kann man ihm noch einen Namen geben.

Neben Konstruktoren soll er zumindest noch folgende Methoden besitzen:

laenge berechnet seinen Abstand zum Koordinatenursprung nach der Formel $\sqrt{x^2 \quad y^2}$.

ausgeben gibt die Koordinaten und den Namen als Text auf dem Bildschirm aus.

verschieben verschiebt den Punkt um **dx** und **dy**.

In Java wird diese Klasse wie folgt definiert:

```
public class Punkt
{   int x,y;
    String Name;

// Konstruktor
    Punkt(int a,int b,String n)
    {   x=a; y=b;Name=n;  }

// Methoden
    public double laenge()
    {   return Math.sqrt(x*x+y*y);
    }

    public void ausgeben()
    {   System.out.println(Name+"("+x+","+y+")");
    }

    public void verschieben(int dx,int dy)
    {   x+=dx; y+=dy;  }
}
```

∎

7.6   Überladen von Methoden

Eine Methode soll durch ihren Namen möglichst klar angeben, was sie tut. So sollte eine Methode, die das Maximum von zwei oder mehr Werten berechnet, am besten **maximum** heißen. Nun gibt es aber viele verschiedene Datentypen,

von denen man das Maximum berechnen kann – etwa **int** oder **float**, eine Zeichenreihe oder die Klasse **Punkt**.
In Java kann man all diesen Methoden denselben Bezeichner geben, lediglich die Anzahl und/oder die Datentypen der formalen Parameter sind unterschiedlich. Dies nennt man *Überladen* von Methoden.

□ *Beispiel 7.6.1   Überladen der Methode maximum*
Die folgende Klasse enthält Methoden zur Berechnung des Maximums von zwei Werten vom Typ **int**, **double**, **String** und **Punkt** sowie von drei **int**-Werten. Dabei ist ein String **s1** größer als ein String **s2**, wenn **s1** lexikographisch hinter **s2** steht.

```
public class Ueberladen
{  static int maximum(int a,int b)
   {  return a>b?a:b;   }

   static int maximum(int a,int b,int c)
   {  return maximum(maximum(a,b),c);     }

   static double maximum(double a,double b)
   {  return a>b?a:b;   }

   static String maximum(String a,String b)
   {  // lexikographische Ordnung
      // a.compareTo(b) liefert >0, wenn a hinter b
      return (a.compareTo(b)>0)?a:b;
   }

   static Punkt maximum(Punkt p1,Punkt p2)
   {  return (p1.laenge()>p2.laenge())?p1:p2; }

   public static void main(String[] argv)
   {  int i=12,j=17,k=13;
      double f=321.345,g=3.21245e2;
      String s1="Java",s2="Jawa";
      Punkt p1=new Punkt(12,3,"P1"),
            p2=new Punkt(5,5,"P2");

      System.out.println("Maximum von "+i+" und "+j
            +" ist "+maximum(i,j));
      System.out.println("Maximum von "+f+" und "+g
```

```
            +" ist "+maximum(f,g));
        System.out.println("Maximum von \""+s1
            +"\" und \""+s2
            +"\" ist \""+maximum(s1,s2)+"\"");
        System.out.println("Maximum von "+i+" und "+j
            +" und "+k+" ist "+maximum(i,j,k));
        System.out.print("Maximum von ");p1.zeige();
        System.out.print(" und ");p2.zeige();
        System.out.print(" ist ");
        maximum(p1,p2).zeige();
        System.out.println();
    }
}
```

Das Programm liefert folgende Ausgabe:

```
Maximum von 12 und 17 ist 17
Maximum von 321.345 und 321.245 ist 321.345
Maximum von "Java" und "Jawa" ist "Jawa"
Maximum von 12 und 17 und 13 ist 17
Maximum von P1(12,3) und P2(5,5) ist P1(12,3)          ■
```

Wenn wir dieses Programm lesen, ist uns klar, was gemeint ist: Es soll jeweils die Version der Methode **maximum** ausgeführt werden, die zur Anzahl und den Typen der aktuellen Parameter passt. Auf eben diese Art bestimmt auch der Java-Compiler für jeden Methodenaufruf, welche der deklarierten Methoden aufgerufen wird.

Im folgenden Beispiel ist die Auswahl der passenden Methode nicht ganz so offensichtlich.

❑ *Beispiel 7.6.2 Überladen mit Typanpassung*
Für die Berechnung des Maximums von zwei **long**-Zahlen gibt es keine genau passende Methode. Das folgende Programm zeigt, welche Methode in diesem Fall aufgerufen wird.

```
public class Ueberladen2
{   static int maximum(int a,int b)
    {   System.out.println("maximum(int a,int b)");
        return a>b?a:b;
    }
```

```
static float maximum(float a,float b)
{  System.out.println("maximum(float a,float b)");
   return a>b?a:b;
}

static double maximum(double a,double b)
{  System.out.println(
      "maximum(double a,double b)");
   return a>b?a:b;
}

public static void main(String[] argv)
{  long l1=12L,l2=21L;
   System.out.println("Maximum von "+l1+" und "+l2
         +" ist "+maximum(l1,l2));
}
}
```

Das Programm liefert folgende Ausgabe:

```
maximum(float a,float b)
Maximum von 12 und 21 ist 21.0                              ■
```

In diesem Beispiel passen die aktuellen Parameter nicht genau auf die formalen Parameter einer der angegebenen Methoden. Java erweitert die aktuellen Parameter "nach oben" (siehe Abschnitt 5.2).

Im Beispiel können also die beiden **long**-Parameter jeweils nach **float** und **double** erweitert werden. Damit kommen als Kandidaten für einen Aufruf die beiden Methoden

```
float maximum(float a,float b)
```

und

```
double maximum(double a,double b)
```

in Frage. Um diese Mehrdeutigkeit aufzulösen, wendet Java eine zweite Regel an: Es wird die Methode mit der "einfachsten" Erweiterung gewählt.

Im Beispiel ist die Erweiterung von **long** auf **float** einfacher als die auf **double**; wie man an der Programmausgabe sieht, wird auch tatsächlich die **float**-Variante der Methode **maximum** aufgerufen.

Trotz dieser beiden Regeln kann es vorkommen, dass immer noch zwei oder mehr Kandidaten übrigbleiben. Ist dies der Fall, meldet der Compiler einen Fehler. Das folgende Beispiel zeigt eine solche Situation.

❏ *Beispiel 7.6.3   Überladen, Mehrdeutigkeit bei Aufruf*

```
public class UeberladenMehrdeutig
{  static long maximum(int a,long b)
   {  System.out.println("\tmaximum(int a,long b)");
      return a>b?a:b;
   }

   static long maximum(long a,int b)
   {  System.out.println("\tmaximum(long a,int a)");
      return a>b?a:b;
   }

   public static void main(String[] argv)
   {  int i=12,j=13;
      System.out.println("Maximum von "+i+" und "+j
            +" ist "+maximum(i,j));
   }
}
```

Der Aufruf von **maximum** mit zwei **int**-Parametern kann auf zwei Arten "nach oben" erweitert werden:

der zweite **int**-Parameter wird nach **long** erweitert; dann paßt die erste Methode;

der erste **int**-Parameter wird nach **long** erweitert; dann paßt die zweite Methode.

Beide Erweiterungen sind gleich schwierig. Der Java-Compiler stellt eine Mehrdeutigkeit fest und meldet:

```
UeberladenMehrdeutig.java:43:
   Reference to maximum is ambiguous. It is defined
   in long maximum(long, int) and
   long maximum(int, long).
            +" ist "+maximum(i,j));
                     ^
1 error                                              ■
```

99

Bei einem Methodenaufruf kann der Ergebniswert verwendet oder auch ignoriert werden. An der Aufrufstelle einer Methode kann man im Allgemeinen also keine Rückschlüsse über den Ergebnistyp ziehen. Daraus folgt, dass man zwei Methoden, die sich nur im Ergebnistyp unterscheiden, nicht überladen kann.

Häufig möchte man die Objekte einer Klasse auf unterschiedliche Arten initialisieren können. Z. B. könnten wir einen **Punkt** wie in Beispiel 7.5.1 mit allen Angaben initialisieren; man könnte aber einen Punkt auch ohne Parameter erzeugen, wobei dann alle Komponenten mit einem festen Wert initialisiert werden.

Zur Initialisierung von Objekten ist bekanntlich der Konstruktor zuständig. Der Name des Konstruktors liegt fest: Er trägt den Namen der Klasse. Die oben besprochenen Initialisierungen sind also nur durch Überladen des Konstruktors möglich.

❑ *Beispiel 7.6.4   Konstruktor überladen*
Die Klasse **Punkt** wird um einige Konstruktoren erweitert:

```
public class Punkt1
{  int x,y;
   String Name;
// Konstruktoren
   Punkt1(int a,int b,String n)
   {  x=a; y=b;
      Name=n;
   }
   Punkt1()
   {  x=0;y=0;Name="unbenannt";  }
   Punkt1(String n)
   {  x=0;y=0;Name=n;  }
   Punkt1(int a,int b)
   {  x=a;y=b;Name="unbenannt";  }
}
```

In Java gibt es keine Methoden, die Parameter mit Vorgabewerten besitzen. Stattdessen kann man die Methoden geeignet überladen, wie das folgende Beispiel zeigt.

❑ *Beispiel 7.6.5   Methoden mit "Vorgabeparametern"*
Die Methode **Diagonale** berechnet die Länge der Diagonalen eines Rechtecks mit den Seitenlängen **breite** und **hoehe**. Wird die Methode mit nur einem Parameter aufgerufen, soll die Diagonale eines Rechtecks mit der Höhe 1 berechnet werden. Wird gar kein Parameter angegeben, wird die Diagonale des Quadrates mit der Seitenlänge 1 berechnet.

```
public class VorgabeParameter
{  public static void main(String[] argv)
   {  System.out.println(Diagonale(5,3));
      System.out.println(Diagonale(4));
      System.out.println(Diagonale());
   }

   public static double Diagonale(double a,double b)
   {  return Math.sqrt(a*a+b*b);   }

   public static double Diagonale(double a)
   {  return Diagonale(a,1);   }

   public static double Diagonale()
   {  return Diagonale(1,1);   }
}
```

■

Das Beispiel zeigt, dass man in Java Methoden verwenden kann, bevor sie deklariert sind. Man braucht nicht wie in C++ eine Vorabdeklaration in Form einer Signatur.

7.7   Parameterübergabe-Mechanismen

Wie wir bei den bisherigen Methodenaufrufen gesehen haben, wird im Rumpf einer Methode stets mit dem *Wert* des aktuellen Parameters gearbeitet. Diese Form der Parameterübergabe nennt man *Wertübergabe* (engl. *call by value*). Man kann innerhalb der Methode den Wert des aktuellen Parameters, der ja von außerhalb der Methode übergeben wird, nicht ändern.
Betrachten wir ein Beispiel, in dem wir den Wert der aktuellen Parameter ändern müssen: Wir wollen eine Methode schreiben, die den Wert zweier Variablen vertauscht. Der erste – vielleicht naheliegende – Versuch geht schief.

□ *Beispiel 7.7.1   Methode tausche – falscher Ansatz*

```
public class tausche_falsch
{  public static void tausche(long a,long b)
   {  long h=a;
      System.out.println("alte Werte:a="+a+", b="+b);
      a=b;
      b=h;
      System.out.println("neue Werte:a="+a+", b="+b);
   }
   public static void main(String[] argv)
   {  long x=10,y=12;
      System.out.println("alte Werte:x="+x+", y="+y);
      tausche(x,y);
      System.out.println("neue Werte:x="+x+", y="+y);
   }
}
```

Das Programm liefert folgende Ausgabe:

```
alte Werte:x=10, y=12
alte Werte:a=10, b=12
neue Werte:a=12, b=10
neue Werte:x=10, y=12
```                                                                ■

In der Methode werden die beiden Werte, die an die formalen Parameter **a** und **b** übergeben werden, richtig vertauscht, wie die beiden mittleren Ausgaben zeigen. Da die Methode lediglich die Werte und nicht die Referenzen der aktuellen Parameter kennt, werden tatsächlich nur die Werte der beiden formalen Parameter vertauscht, die Werte der aktuellen Parameter **x** und **y** bleiben unverändert. Um die Werte der aktuellen Parameter tatsächlich zu tauschen, müssen wir an die Referenzen dieser Parameter herankommen. Objekte sind Referenztypen. Im folgenden Beispiel kapseln wir die **long**-Werte in einer Klasse **Lang**.

□ *Beispiel 7.7.2   Tausche über Referenzparameter*

```
//Hilfsklasse für "call by reference";
class Lang
{  long x;
// Default-Konstruktor
   public Lang()  {}
// "Umwandlung" von long nach Lang
```

```
    public Lang(long z)
    {  x=z; }
}

public class ReferenzParameter
{  public static void tausche(Lang a,Lang b)
   {  long h=a.x;
      a.x=b.x;
      b.x=h;
   }

   public static void main(String[] argv)
   {  long x=10,y=12;
      System.out.println("alte Werte:x="+x+", y="+y);
      Lang xx=new Lang(x);
      Lang yy=new Lang(y);
      tausche(xx,yy);
      x=xx.x;  y=yy.x;
      System.out.println("neue Werte:x="+x+", y="+y);
   }
}
```

Jetzt werden tatsächlich die Werte der **x**-Komponenten von **xx** und **yy** getauscht. ∎

Auch hier werden an die Methode wieder nur die Werte der aktuellen Parameter übergeben; dies sind hier zwei Referenzvariablen, die als Wert die Referenzen auf die aktuellen Parameter vom Typ **Lang** enthalten. Diese Referenzen wollen und können wir nicht ändern. Diese Form der Parameterübergabe heißt *Referenzübergabe* (engl. *call by reference*).
Wenn wir die Koordinaten von zwei Punkten tauschen wollen, können wir dies ganz intuitiv erledigen, da **Punkt** bereits ein Referenztyp ist.

❑ *Beispiel 7.7.3   Zwei Punkte tauschen*
Die Methode **tausche** für Punkte vertauscht lediglich die Koordinaten der Punkte, die Identifizierung wird hier nicht mit vertauscht. Wenn man will, könnte man dies natürlich auch noch tun.

```
public class tauschePunkte
{  public static void main(String[] argv)
   {  Punkt p1=new Punkt(1,2,"P1"),
```

```
                    p2=new Punkt(3,4,"P2");
        p1.zeige();System.out.println();
        p2.zeige();System.out.println();
        tausche(p1,p2);
        System.out.println("getauschte Punkte");
        p1.zeige();System.out.println();
        p2.zeige();System.out.println();
    }

    public static void tausche(Punkt p1,Punkt p2)
    {   Punkt hilf=new Punkt(0,0,"hilf");
        hilf.x=p1.x; hilf.y=p1.y;
        p1.x=p2.x;p1.y=p2.y;
        p2.x=hilf.x;p2.y=hilf.y;
    }
}
```

Die Ausgabe des Programms sieht folgendermaßen aus:

```
P1(1,2)
P2(3,4)
getauschte Punkte
P1(3,4)
P2(1,2)
```
∎

Eine Methode kann *einen* Ergebniswert über den return-Wert an den Aufrufer zurückgeben. Wenn sie mehr als einen Ergebniswert liefern soll, brauchen wir wieder die Referenzübergabe.

❑ *Beispiel 7.7.4   Ergebnisparameter*
Im folgenden Beispiel berechnet die Methode **sum_max** sowohl die Summe wie auch das Maximum zweier Zahlen.

```
class Lang
{   long x;
}

public class ErgebnisParameter
{   public static long sum_max(long a,long b,Lang max)
    {   max.x=(a>b?a:b);
        return a+b;
```

```
    }

    public static void main(String[] argv)
    {   long x=10,y=12,summe;
        Lang maximum=new Lang();
        summe=sum_max(x,y,maximum);
        System.out.println("Summe = "+summe+
                            ", Maximum = "+maximum.x);
    }
}
```

Das Programm gibt Folgendes aus:

```
Summe = 22, Maximum = 12
```
■

7.8 Das Schlüsselwort this

Die Bestimmung des Maximums zweier Punkte sollte eigentlich eine Methode der Klasse **Punkt** sein. Wenn wir diese Methode programmieren wollen, tritt ein Problem auf:

```
public class Punkt
{   int x,y;
    String Name;
// ...
    public Punkt maximum(Punkt p)
    {   if (laenge()>p.laenge())
            // <<-- return ????
        else
            return p;
    }
}
```

Diese Methode soll wie folgt aufgerufen werden können:

```
    Punkt m=p1.maximum(p2)
```

Sie soll den größeren der beiden Punkte **p1** und **p2** zurückliefern.
An der mit Fragezeichen markierten Stelle wollen wir das Objekt zurückgeben, auf das diese Methode angewendet wird. Dessen Name ist aber zum Zeitpunkt

der Klassendefinition nicht bekannt. Um trotzdem auf dieses Objekt zugreifen zu können, gibt es in Java das Schlüsselwort **this**, das eine Referenz auf das Objekt liefert, auf das die Methode angewendet wird.

Das vollständige Beispiel sieht dann wie folgt aus:

□ *Beispiel 7.8.1 Rückgabewert* **this**

```
public class Punkt
{   int x,y;
    String Name;
// ...
    public Punkt maximum(Punkt p)
    {   if (laenge()>p.laenge())
            return this;
        else
            return p;
    }
```

■

Auf verdeckte Attribue einer Klasse kann man ebenfalls mit dem Schlüsselwort **this** zugreifen.

□ *Beispiel 7.8.2 Zugriff auf verdeckte Klassenvariablen mit this*

Die Parameternamen der Konstruktoren aus Beispiel 7.5.1 sagen nichts über ihre Verwendung aus. Es ist wohl klarer, wenn bei den Konstruktoren die Parameternamen auch x und y heißen – genau wie die Attribute der Klasse. Damit kann man nicht ohne weiteres auf die zu initialisierenden Attribute zugreifen. Man sagt, sie sind im Konstruktor durch die Parameternamen verdeckt. Das folgende Beispiel zeigt die Lösung:

```
public class Punkt
{   int x,y;
    String Name;
/**
Konstruktoren
*/
    Punkt(int x,int y,String n)
    {   this.x=x; this.y=y;
        Name=n;
    }
}
```

Die rechte Seite **x** bezeichnet den formalen Parameter, die linke Seite **this.x** das Attribut **x** der Klasse. ∎

In Beispiel 7.6.4 wurde der Konstruktor der Klasse **Punkt** überladen. Dabei wurde jeweils der gesamte Code des Konstruktorrumpfs wiederholt. Einfacher – insbesondere bei komplexeren Konstruktoren – wäre es, wenn man einen anderen Konstruktor direkt aufrufen könnte. Ein Konstruktor hat aber eigentlich keinen Namen, der bei der Definition verwendete Klassenname ist für die Instanziierung von Objekten zuständig. In Java kann man den "Methodennamen" **this** für den Aufruf von Konstruktoren innerhalb anderer Konstruktoren verwenden.

$\boxed{\text{explizitKonstrAufruf}}$: (7-15)

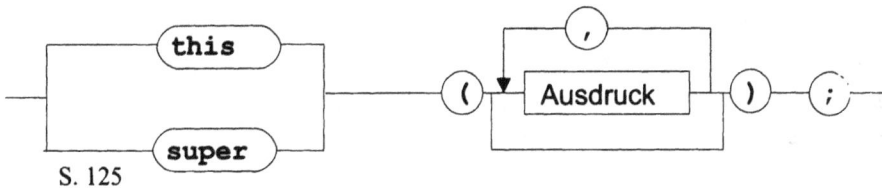

S. 125

❑ *Beispiel 7.8.3 Konstruktor* **this(..)**
Im folgenden Programm werden die Konstruktoren aus Beispiel 7.6.4 umgeschrieben.

```java
public class Punkt
{   int x,y;
    String Name;
/**
Konstruktoren
*/
    Punkt(int a,int b,String n)
    {   x=a; y=b;
        Name=n;
    }
    Punkt()
    {   this(0,0,"unbenannt");   }
    Punkt(String n)
    {   this(0,0,n);   }
    Punkt(int a,int b)
    {   this(a,b,"unbenannt");   }
}
```

Der Aufruf von **this(..)** darf nur in Konstruktoren vorkommen; er muss dann die *erste* Anweisung im Konstruktorrumpf sein (siehe Syntaxdiagramm (7-14)). ∎

7.9   Klassen- und Instanzenattribute

Jedes Objekt hat für alle in der Klasse definierten Attribute eigene Kopien, den Code für die Methoden gibt es dagegen pro Klasse nur einmal. Manchmal kann es notwendig sein, dass alle Instanzen einer Klasse ein bestimmtes Attribut gemeinsam benutzen. Für unsere Klasse **Punkt** könnten wir z. B. ein gemeinsames Attribut haben, das die Anzahl aller definierten Punkte zählt. Ein solches gemeinsames Attribut, das pro Klasse genau einen Speicherplatz belegt, wird mit dem Schlüsselwort **static** definiert. Ein statisches Attribut heißt *Klassenattribut*; es existiert pro Klasse einmal. Ein nicht-statisches Attribut heißt *Instanzenattribut*, und jede Instanz hat ihre eigene Kopie dieses Attributs.

❏ *Beispiel 7.9.1   Klassenattribut*
Wir erweitern die Klasse **Punkt** um ein Klassenattribut **PunkteAnzahl**, das bei jeder Erzeugung eines Punktes inkrementiert wird.

```
public class Punkt
{  int x,y;
   String Name;
   static int PunkteAnzahl=0;
// Konstruktoren
   Punkt(int x,int y,String n)
   {  this.x=x; this.y=y;
      PunkteAnzahl++;
      Name=n;
   }
   Punkt()
   {  this(0,0,"unbenannt");  }
   Punkt(String n)
   {  this(0,0,n);  }
   Punkt(int a,int b)
   {  this(a,b,"unbenannt");  }
// weitere Methoden wie gehabt
```

```
    public void zeige()
    {   System.out.println(Name+"("+x+","+y+
                "), Anzahl="+PunkteAnzahl);
    }
}
```

Die Initialisierung des Klassenattributs erfolgt natürlich nur einmal, und zwar wenn die Klasse zum ersten Mal vorkommt.

```
public class PunktTest
{   public static void main(String[] argv)
    {   System.out.println("PunkteAnzahl = "
                +Punkt.PunkteAnzahl); // Init.wert
        Punkt p1=new Punkt(1,2,"p1"),
              p2=new Punkt(3,3,"p2");
        p1.zeige();
        p2.zeige();
        Punkt max,
              p3=new Punkt();
        p3.zeige();
        max=p1.maximum(p2).maximum(p3);
        max.zeige("Maximaler Punkt");
        System.out.println("Es gibt jetzt "
            +p1.PunkteAnzahl +" verschiedene Punkte");
        System.out.println("Es gibt jetzt "
            +p2.PunkteAnzahl+" verschiedene Punkte");
    }
}
```

Da ein Klassenattribut bereits existiert, wenn es noch kein Objekt dieser Klasse gibt, kann man auf ein Klassenattribut über den Klassennamen zugreifen:

Klassenname.Klassenattribut

Dies wurde in der ersten Ausgabe des obigen Beispiels benutzt. Daneben kann man auch über einen Objektbezeichner auf Klassenattribute zugreifen; da es ein Klassenattribut nur einmal pro Klasse gibt, greift man – unabhängig vom verwendeten Objektbezeichner – immer auf denselben Speicherplatz zu. Die beiden letzten Ausgaben des obigen Beispiels liefern also identische Ausgaben.

7.10 Klassenmethoden

Auch Methoden kann man mit dem Modifizierer **static** kennzeichnen. Wie bei Klassenvariablen werden statische Methoden wieder über den Klassennamen aufgerufen; man braucht kein Objekt der Klasse, um diese Methode aufzurufen. Statische Methoden heißen *Klassenmethoden*; nicht-statische Methoden nennt man *Instanzenmethoden*.

❑ *Beispiel 7.10.1 Klassenmethode maximum*
Die Klasse **Punkt** wird um die Klassenmethode **maximum** erweitert, die genau wie die gleichnamige Methode aus Beispiel 7.6.1 das Maximum zweier Punkte bestimmt. Da diese Methode über den Klassennamen **Punkt** aufgerufen wird, braucht sie zwei Parameter vom Typ **Punkt**.

```
public class Punkt
{   int x,y;
    String Name;
    static int PunkteAnzahl=0;
// Konstruktor
    Punkt(int x,int y,String n)
    {   this.x=x; this.y=y;
        PunkteAnzahl++;
        Name=n;
    }
// weitere Konstruktoren und Methoden
    public void zeige()
    {   System.out.println(Name+"("+x+","+y+"),
            Anzahl="+AnzahlPunkte);
    }

    public void zeige(String txt)
    {   System.out.print(txt+": ");
        this.zeige();
    }
// Instanzenmethode maximum, wie gehabt
    public Punkt maximum(Punkt p)
    {   if (laenge()>p.laenge())
            return this;
        else
            return p;
    }
```

```
//maximum wird mit folgender Klassenmethode überladen
   public static Punkt maximum(Punkt p1,Punkt p2)
   { if (p1.laenge()>p2.laenge())
         return p1;
     else
         return p2;
   }
}
```

Die ursprüngliche Instanzenmethode **maximum** wurde zum Vergleich mit angegeben. Die Testklasse sieht folgendermaßen aus:

```
public class PunktTest
{ public static void main(String[] argv)
   { Punkt p1=new Punkt(1,2,"p1"),
           p2=new Punkt(3,3,"p2");
     Punkt max;
// Instanzenmethode
     max=p1.maximum(p2);
     max.zeige(
       "Maximaler Punkt (Instanzenmethode)");
       // zeigt den Text und die Punktkoordinaten
// Klassenmethode
     max=Punkt.maximum(p1,p2);
     max.zeige("Maximaler Punkt (Klassenmethode)");
     max=p1.maximum(p1,p2);
     max.zeige("Maximaler Punkt (Klassenmethode)");
   }
}
```

Man kann eine Klassenmethode auch über einen Instanzennamen aufrufen (wie in der vorletzten Zeile des Beispiels). Diese Schreibweise ist aber sehr verwirrend: Der Instanzenname dient nicht, wie sonst bei Instanzenmethoden, als impliziter Parameter. Deshalb sollte man den Aufruf über den Klassennamen bevorzugen.

Da Klassenmethoden immer zu einer Klasse und nie zu einer Instanz gehören, darf man in ihrem Rumpf das Schlüsselwort **this** nicht verwenden. **this** ist ja eine Referenz auf das Objekt, auf welches die (Instanzen-)Methode angewendet wird.

Jetzt können wir auch verstehen, warum die Methode **main** bei unseren bisherigen Anwendungsprogrammen immer **static** sein musste: Sie kann ohne die Existenz eines Objektes aufgerufen werden – und zwar implizit vom Java-Laufzeitsystem. Viele andere Methoden mussten auch mit dem Modifizierer **static** versehen werden, und zwar immer dann, wenn sie ohne ein Objekt aufgerufen wurden.

Mit Klassenmethoden kann man somit die eigentlichen Funktionen beschreiben, die es ja in der objektorientierten Programmierung nicht gibt. Die Java-Klasse **Math** enthält solche statischen Methoden, etwa die schon mehrfach benutzte Methode **sqrt**.

7.11 Statische Initialisierer

Instanzenattribute werden so initialisiert, wie dies im Konstruktor beschrieben ist. Wie werden nun die Klassenattribute einer Klasse initialisiert? In Beispiel 7.10.1 haben wir das Klassenattribut **PunkteAnzahl** direkt durch einen Initialisierer an der Deklarationsstelle vereinbart. Wenn nun die Initialisierung komplizierter ist, brauchen wir eine Folge von Anweisungen. Diese kann in einer speziellen Methode programmiert werden, die einfach **static** heißt und *statischer Initialisierer* genannt wird:

$\boxed{\text{staticInitialisierer}}$: (7-16)

```
──────( static )────── Block ──────
```

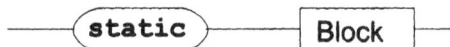

❑ *Beispiel 7.11.1 statischer Initialisierer*
```
public class Punkt
{   int x,y;
    String Name;
    static int AnzahlPunkte,MaxPunkte;
// Konstruktoren und Methoden
// statischer Initialisierer
    static
    {   AnzahlPunkte=0;
        MaxPunkte=40;
    }
}
```

Eine Klasse kann sogar mehrere statische Initialisierer haben; diese werden dann hintereinander in der aufgeschriebenen Reihenfolge ausgeführt.

Ebenso wie bei Klassenmethoden kann man in statischen Initialisierern **this** nicht verwenden.

7.12 Finalisierung eines Objekts

Anders als C++ kennt Java keinen Destruktor. Der Speicherplatz für Objekte wird dynamisch reserviert und, wenn er nicht mehr gebraucht wird, von der garbage collection des Java-Laufzeitsystems automatisch wieder freigegeben. Wann dies allerdings passiert, ist nicht festgelegt, da die garbage collection als selbständiger paralleler Prozess, genauer: als Thread, neben dem Laufzeitsystem läuft. Im Allgemeinen ist es auch nicht wichtig, wann der nicht mehr benötigte Speicherplatz freigegeben wird; es passiert spätestens dann, wenn bei einer Objekterzeugung nicht mehr genügend freier Speicher zur Verfügung steht.

Neben der Speicherplatzfreigabe muss man manchmal noch weitere Aufgaben bei der Finalisierung eines Objekts erledigen. So sollte in unserer Klasse **Punkt** beim Freigeben eines **Punkt**-Objekts auch der Zähler **PunkteAnzahl** erniedrigt werden. Andere Beispiele für solche Finalisierungsaufgaben sind die Freigabe von Netzwerkverbindungen und das Schließen von Dateien.

Java sieht vor, dass man solche Aufgaben in einer speziellen Methode **finalize()** festlegen kann. Diese Methode wird dann automatisch vor dem Aufruf der garbage collection aufgerufen.

❑ *Beispiel 7.12.1* **finalize()** *für Klasse Punkt*

```
public class Punkt
{ //    Konstruktoren

    public void finalize()
    { PunkteAnzahl--;   }
// weitere Methoden
}
```

Während es für Dateien und Netzwerkverbindungen genügt, diese zu schließen, bevor das Objekt endgültig nicht mehr existiert, sollte in unserer Klasse **Punkt** der Zähler **PunkteAnzahl** erniedrigt werden, sobald ein Punkt freigegeben wird. Da man die Methode **finalize()**, anders als den Konstruktor, wie jede andere Methode auch selbst aufrufen kann, sollten wir bei der Freigabe eines Punktes **p1** noch zusätzlich folgenden Aufruf schreiben

```
p1.finalize();
```

8 Packages

Mehrere Übersetzungeinheiten, in denen bekanntlich der Code von Klassen steht, kann man in Java zu einem Package zusammenfassen. Meistens wird man für Klassen, die gemeinsam eine Aufgabe erledigen, ein eigenes Package bilden.

8.1 Definition von Packages

Die Übersetzungseinheiten, die man in einem gemeinsamen Package zusammenfassen will, müssen alle in demselben Verzeichnis abgespeichert werden. Um eine Übersetzungseinheit zu einem Mitglied eines Packages zu machen, muss in ihrer ersten Zeile eine PackageDeklaration stehen.

| PackageDeklaration | : | (8-1) |

```
——————( package )————— | PackageName |——( ; )——————
```

| PackageName | : | (8-2) |

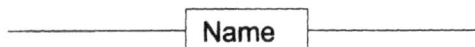

```
————————| Name |————————
```

□ *Beispiel 8.1.1   Package Math1Pack*
Im diesem Beispiel entwickeln wir ein sehr einfaches Package **Math1Pack**, das nur aus der Klasse **Fakultaet** besteht, die eine Klassenmethode **fakultaet** besitzt.

```
package Math1Pack;

public class Fakultaet
{ static public long fakultaet(long n)
```

```
{   if (n<=0)
        return 1;
    else
        return n*fakultaet(n-1);
    }
}                                                                    ■
```

Dieses Java-Programm **Fakultaet.java** muss in einem Verzeichnis namens **Math1Pack** stehen. Weitere Übersetzungeinheiten in diesem Verzeichnis, die ebenfalls mit der Anweisung

package Math1Pack;

beginnen, gehören dann auch zum Package **Math1Pack**.
Die **package**-Anweisung muss am Anfang der Übersetzungseinheit stehen. Davor darf lediglich ein Kommentar stehen. Fehlt die **package**-Anweisung, erzeugt sich Java ein unbenanntes Package mit systemspezifischen Namen.

8.2   Importieren von Packages

Möchte man in einer Klasse auf Klassen eines anderen Package zugreifen, beginnt man das Programm für diese Klasse mit einer **import**-Deklaration.

importDeklaration : (8-3)

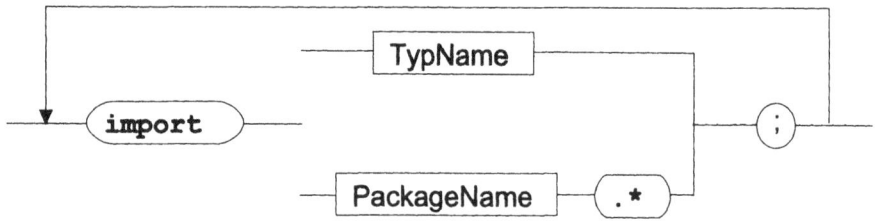

TypName : (8-4)

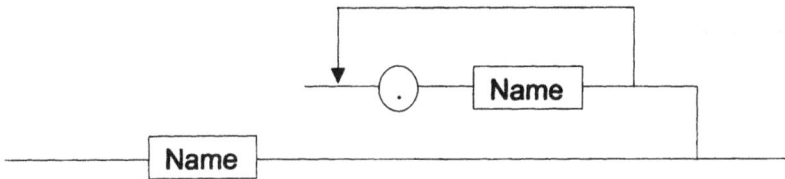

❑ *Beispiel 8.2.1 Import per Klassenname*
Das folgende Programm möchte die Methode der Klasse **Fakultaet** aufrufen.
Dazu importiert es diese Klasse wie folgt:

```java
import Math1Pack.Fakultaet;

public class FakultaetTest1
{  public static void main(String[] argv)
   {  long n=6;
      System.out.println(n+"! = "
                +Fakultaet.fakultaet(n));
   }
}
```

Wie findet der Java-Compiler nun die Klasse **Fakultaet**?
Es wurde schon gesagt, dass alle Übersetzungseinheiten, die zum Package
Math1Pack gehören, in dem Verzeichnis mit dem Namen **Math1Pack** abge-
speichert werden müssen. Der Punkt in der **import**-Anweisung trennt also den
Verzeichnis- vom Klassennamen. Der Java-Compiler sucht dann im Verzeichnis
Math1Pack nach der Klasse **Fakultaet**. Aber wo beginnt er im Verzeich-
nisbaum nach diesem Verzeichnis zu suchen?
Dies wird in der Umgebungsvariablen **CLASSPATH** festgelegt. In meinem
CLASSPATH steht u. a.

CLASSPATH=c:\;.;

Das Unterverzeichnis **Math1Pack** wird im Verzeichnis
   c: und
   dem aktuellen Arbeitsverzeichnis

gesucht, und zwar in dieser Reihenfolge. Im vorliegenden Fall habe ich in einem Unterverzeichnis **Math1Pack** des Arbeitsverzeichnisses u. a. die Klasse **Fakultaet** abgelegt.

Werden aus einem Package mehrere Klassen benötigt, so braucht man diese nicht alle anzugeben. Statt dessen kann man die untere Alternative von Syntaxdiagramm (8-3) verwenden.

❏ *Beispiel 8.2.2   Import von allen Klassen eines Packages*
Für das folgende Beispiel nehmen wir an, dass im Package **Math1Pack** u.a. die Klassen **Fakultaet** und **Punkt** enthalten sind.

```
import Math1Pack.*;

public class FakultaetTest2
{   public static void main(String[] argv)
    {   long n=6;
        System.out.println(n+"! = "
                +Fakultaet.fakultaet(n));
        Punkt p1=new Punkt(2,3,"p1");
        p1.zeige();
    }
}                                                  ■
```

In einem Programm können auch mehrere importDeklarationen verwendet werden; sie müssen alle am Anfang des Programms hinter möglichen Package-Deklarationen stehen.

Man kann auch ohne importDeklaration auf Klassen in einem Package zugreifen. Dann muss aber der qualifizierte Namen angegeben werden. Dieser beschreibt den Weg über sämtliche Verzeichnisse relativ zu einem **CLASSPATH**-Eintrag bis hin zur Klasse; die Verzeichnisnamen werden dabei systemunabhängig durch einen Punkt getrennt (das Zeichen \ ist ja DOS- bzw. Windows-spezifisch).

| qualifizierterName | :   (8-5) |

Damit kann man auf die **fakultaet** z. B. auch über die Namen

`Math1Pack.Fakultaet.fakultaet(n)`

oder

`Java-Buch.Buch-Beispiele.08_Packages.Math1Pack.Fakultaet.fakultaet(n)`

zugreifen, wobei die Klasse **Fakultaet** in einem Verzeichnis (notiert in Windows-Notation)
Java-Buch\Buch-Beispiele.\08_Packages\Math1Pack
steht, das sich relativ zu einem Anfangspfade, der in Classpath gegeben ist, befindet (hier im Beispiel also auf der Platte **C:**). Die importDeklaration dient lediglich zur Abkürzung dieser aufwendigen Schreibweise.

In einem Verzeichnis können neben Übersetzungseinheiten, die Klassen für ein Package beschreiben, weitere Unterverzeichnisse vorkommen, die ihrerseits wieder Packages enthalten. Damit kann man eine sehr komplexe Hierarchie von Packages aufbauen.

Kommt in zwei verschiedenen Packages **Pack1** und **Pack2** jeweils eine Klasse mit einem bestimmten Namen vor, etwa **meineKlasse**, so kann man auf beide zugreifen, da jeweils davor der Packagename geschrieben werden muss und diese Klassen damit "von außen" verschiedene Bezeichner besitzen.

Auf eben diese Weise ist auch sichergestellt, dass alle Klassen auf der ganzen Welt unterschiedliche Bezeichner tragen: Der Name beginnt mit der Internet-Adresse dessen, bei dem das Package liegt, gefolgt von dem vollständig qualifizierten Namen der Klasse. Wenn ich das Package **JavaPack** z. B. in mein Verzeichnis **java-tools** lege, wäre der vollständige Name der Klasse **Einlesen**:

```
 de.fh-ulm.dieterich.java-tools.JavaPack.Einlesen
| mein     | mein      |  Verzeichnis in  |  Klasse
| Institut| Name       |  meiner domain   |
```

Da die Internet-Adressen weltweit einmalig sind, hat somit jedes Package weltweit einen eindeutigen Bezeichner.

8.3 Die wichtigsten Standard-Packages von Java

Die Java-Entwicklungsumgebung JDK enthält eine Fülle von Packages, die laufend weiterentwickelt und erweitert werden. Die wichtigsten Packages:

java.lang

> enthält die wichtigsten Basisklassen wie z. B. Zahlen, Strings, Objekte, Threads usw. Dies ist das einzige Package, das von jedem Java-Programm automatisch – also ohne importDeklaration – importiert wird.

java.io

> enthält Klassen für Ein-/Ausgabeströme (siehe Kapitel 17).

java.util

> enthält weitere nützliche Klassen wie z. B. Date, Time, Bitmuster, Zufallszahlen und vieles mehr.

java.net

> enthält Klassen, die für Netzwerkanwendungen wichtig sind (siehe Kapitel 18).

java.awt

> ist das zentrale Package für grafische Anwendungen (siehe Kapitel 13). awt ist die Abkürzung für <u>a</u>bstract <u>w</u>indow <u>t</u>oolkit. Dieses Package enthält die beiden folgenden Subpackages:

java.awt.image

> stellt Klassen zur Bildmanipulation bereit.

java.awt.peer

> Mit diesem Package kann man awt-Komponenten an plattformspezifische Belange anpassen (wie z. B. Motif widgets oder Microsoft Windows controls).

javax.swing

> Dieses Package ist für die grafischen Benutzeroberflächen und Applets zuständig (siehe Kapitel 13 bis 15).

Eine genaue Beschreibung der Packages des aktuellsten JDK und der darin enthaltenen Klassen und Methoden findet man in der im WWW verfügbaren Dokumentation *Java API Documentation* [API-Doc].

9 Vererbung

In diesem Kapitel werden wir besprechen, wie man Klassen miteinander verknüpfen kann.

Die erste Verknüpfung ist die *Komposition*, bei der eine Klasse **K1** eine Komponente hat, die von einem Klassentyp **K2** ist. Man sagt, die Klasse **K1** *hat ein* Attribut vom Typ Klasse **K2**. Die Komposition wird im ersten Abschnitt behandelt.

Eines der mächtigsten Sprachmittel der objektorientierten Programmierung ist die *Vererbung*. Hier erweitert man eine bestehende Klasse **K3** zu einer neuen Klasse **K4**. Dabei erbt die Klasse **K4** zunächst alle Bestandteile, also Attribute und Methoden, von der Klasse **K3**. Zusätzlich kann man zur Klasse **K4** neue Attribute und/oder Methoden hinzufügen oder bestehende Methoden umdefinieren. Dies ist Thema des zweiten Abschnitts.

Die weiteren Abschnitte führen tiefer in die Programmierung der Vererbung ein.

9.1 Komposition von Klassen ("hat ein")

Im folgenden Beispiel wird eine Klasse `Figur` eingeführt, die den allgemeinen Aufbau einer geometrischen Figur beschreibt. Die Figur *hat einen* Punkt, der die *Rolle* des Bezugspunktes der Figur spielt. Die Rolle des Punktes wird durch die Wahl des Bezeichners für das Attribut ausgedrückt. Bei einem Kreis kann dieser Bezugspunkt der Mittelpunkt sein, bei einem Rechteck etwa die linke obere Ecke.

Ferner hat die Klasse `Figur` einige Methoden, die das *Verhalten* von Figuren beschreiben.

❑ *Beispiel 9.1.1 Klasse Figur*
Eine Figur hat außer einem Bezugspunkt (siehe Abschnitt 7.5) noch eine Farbe, die Art der Darstellung (Linie oder gefüllt), einen Namen zur Identifizierung sowie eine Information, ob die Figur sichtbar ist oder nicht. Eine Figur kann man zeigen oder verbergen, ausgeben, verschieben sowie die Form und Farbe ändern. Da die grafische Programmierung erst in Kapitel 13 behandelt wird, werden beim Ausgeben die Attributwerte als Text angezeigt.

Zur Definition der Farbe wird die Klasse **Color** aus dem Java-Package **java.awt** benutzt. In der Methode **ausgeben()** wird die Methode **ausgebenFarbe(Color farbe)** aufgerufen, welche die im Parameter angegebene Farbe als Text zurückgibt:

```
public class Figur
{  final static int LINIE=1,GEFUELLT=2;
   Punkt Bezugspunkt;
   Color Farbe;
   String Name;
   int Form;
   boolean sichtbar;

   Figur(String n,int x,int y,Color f)
   {  Bezugspunkt=new Punkt(x,y);
      Farbe=f; Form=LINIE;
      Name=n;
      sichtbar=true;
   }

   Figur()
   {  this("nichts",0,0,Color.black);   }

   public void ausgeben()
   {  System.out.print("Figur : "+Name+
                       ", Bezugspunkt: ");
      Bezugspunkt.ausgeben();
      System.out.print(", ");
      System.out.println(ausgebenFarbe(Farbe));
      System.out.print(", Form="+Form);
      if (Form==LINIE)
         System.out.print(", LINIE ");
      else
         System.out.print(", GEFUELLT ");
      System.out.println(", sichtbar = "+sichtbar);
   }

   public void zeigen()
   {  sichtbar=true;  }

   public void verbergen()
   {  sichtbar=false;   }
```

```
public void verschieben(int dx,int dy)
{   Bezugspunkt.verschieben(dx,dy);   }

public Color aendernFarbe(Color neuFarbe)
{   Color alt=Farbe;
    Farbe=neuFarbe;
    return alt;
}

public int aendernForm(int form)
{   int alteForm=Form;
    Form=form;
    return alteForm;
}
public String ausgebenFarbe(Color f)
{   if (f.equals(Color.black))
        return "schwarz";
    // usw
}
}                                                   ■
```

9.2   Erweitern einer Klasse ("ist ein")

In diesem Abschnitt werden zwei konkrete geometrische Figuren definiert: ein
Kreis und ein Rechteck. Ein Kreis *ist eine* Figur, die zusätzlich zum Bezugspunkt, den wir als Mittelpunkt des Kreises betrachten, noch einen Radius hat.
Wir werden die Klasse **Figur** zu einer Klasse **Kreis** *erweitern*. Dabei werden
die Attribute und Methoden von der Klasse **Figur** an die neue Klasse **Kreis**
vererbt. Man nennt die Technik der Erweiterung in der objektorientierten Programmierung *Vererbung*.
Man benutzt hierfür im Syntaxdiagramm (7-1) den Pfad über Super.

Super :   (9-1)

123

Die einzigen Methoden, die die Klasse **Kreis** nicht von der Klasse **Figur** erben kann, sind die Konstruktoren; diese haben ja denselben Namen wie die Klasse. Die neue Klasse **Kreis** erhält noch eine weitere Methode, die die Fläche des Kreises berechnet.

❑ *Beispiel 9.2.1 Klasse Figur auf Klasse Kreis erweitern*

```
public class Kreis extends Figur
{   int Radius;
    static final double PI=3.14159;

    Kreis(String n,int x,int y,int rad,Color farbe)
    {   Name=n;
        Bezugspunkt=new Punkt(x,y);
        sichtbar=false;
        Farbe=farbe;
        Radius=rad;
    }

    public double berechnenFlaeche()
    {   return PI*Radius*Radius;   }

    public void ausgeben()
    {   System.out.print("Radius ="+Radius+" ,");
    }
}
```

Die Methode **ausgeben()** wird in der Klasse **Kreis** neu deklariert; man sagt, diese Methode wird *überschrieben*. Verwechseln Sie nicht die beiden Begriffe Überschreiben und Überladen (siehe Abschnitt 7.6)!
Die ursprüngliche Klasse (im Beispiel **Figur**) heißt *Superklasse*, die abgeleitete Klasse (im Beispiel **Kreis**) nennt man *Subklasse.*
Man kann die Eigenschaften einer Superklasse nur erweitern und modifizieren, nicht einschränken. Man kann also nur neue Attribute und Methoden der Subklasse hinzufügen oder bestehende Methoden der Superklasse in der Subklasse überschreiben, also umdeklarieren. In der Subklasse kann man keine Attribute oder Methoden aus der Superklasse löschen!
Analog kann man aus der Klasse **Figur** die Klasse **Rechteck** ableiten; der Bezugspunkt, den **Rechteck** von **Figur** erbt, ist die linke obere Ecke. Ein zweiter Punkt, den die Klasse **Rechteck** bekommt, ist die rechte untere Ecke. Diese Klasse sollten Sie zur Übung selbst programmieren.

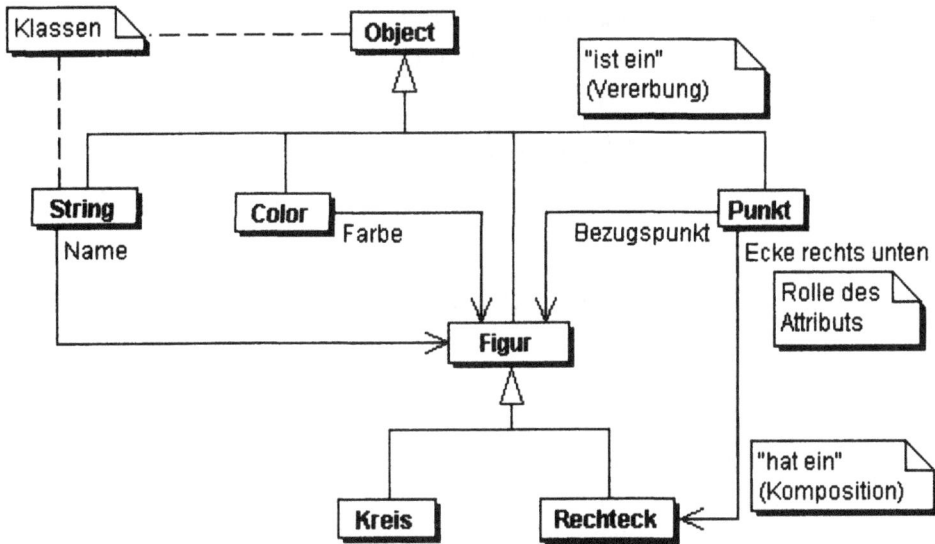

Abb. 9.1: Klassenhierarchie

In Java hat jede Klasse höchstens eine Superklasse. Genau genommen besitzt sogar jede Klasse genau eine Superklasse, da jede Klasse, die nicht explizit von einer Superklasse erbt, von der in Java defininierten Klasse **Object** erbt. Dies ist die einzige Klasse in Java, die keine Superklasse besitzt.

Der Zusammenhang der in den Beispielen verwendeten Klassen ist in Abbildung 9.1 in der in UML (Unified Modelling Language) [UML] definierten Schreibweise zusammengestellt. Die Kästchen, die wie Karteikarten aussehen, enthalten Erklärungen zur Schreibweise.

> In Java gibt es keine mehrfache Vererbung wie in C++, d. h. eine Java-Klasse kann immer nur von einer Klasse erben. Vergleichen Sie jedoch Abschnitt 9.8.

9.3 Das Schlüsselwort **super**

Bei der Ausgabe des Kreises wird im obigen Beispiel nur der Radius ausgegeben. Es wäre schön, wenn auch die restlichen Angaben der Figur ausgegeben würden. Statt nun den Code der Methode **ausgeben()** von **Figur** in den der Klasse **Kreis** zu kopieren, wäre es eleganter, diese Methode der Superklasse **Figur** in der Methode **ausgeben()** von Klasse **Kreis** aufzurufen. Hier tritt ein Problem auf: Beide Methoden heißen gleich. Um anzugeben, dass wir die

Methode **ausgeben()** aus der Superklasse meinen, verwendet man das Schlüsselwort **super** (siehe Syntaxdiagramm (7-11)).

❑ *Beispiel 9.3.1   Methode mit* **super**
Die Methode **ausgeben()** der Klasse **Kreis** wird wie folgt geändert:

```
public void ausgeben()
{  System.out.print("Radius ="+Radius+", ");
   super.ausgeben();
}
```
■

Eine ähnliche Situation trat beim Konstruktor auf; hier wurde der Code des Konstruktors von **Figur** kopiert und dann erweitert. Um den Konstruktor der Superklasse aufzurufen, verwendet man einfach den "Konstruktornamen" **super(...)** (siehe Syntaxdiagramm (7-15)). Damit können wir den Konstruktor von **Kreis** einfacher schreiben.

❑ *Beispiel 9.3.2   Konstruktor der Superklasse aufrufen*
```
Kreis(String n,int x,int y,int rad,Color farbe)
{  super(n,x,y,farbe);
   Radius=rad;
}
```
■

Der Aufruf von **super(...)** kann nur in Konstruktoren verwendet werden und muss dann die erste Anweisung im Konstruktorrumpf sein (siehe Syntaxdiagramm (7-15)).

9.4   Zuweisungskompatibilität

Kreise und Rechtecke sind Figuren. In Java kann man ein Objekt vom Typ **Kreis** und **Rechteck** einer Variablen vom Typ **Figur** zuweisen. Dagegen würde eine Zuweisung an eine Variable vom Typ **Punkt** einen Typfehler zur Folge haben.
Allgemein gilt:

> Eine Variable vom Typ einer Klasse **K** kann man jeder Variablen vom Typ einer Superklasse von **K** zuweisen.

126

Das folgende Beispiel hat zwei Variablen vom Typ **Figur**, denen abwechselnd ein Kreis und ein Rechteck zugewiesen wird.

□ *Beispiel 9.4.1   Zuweisung von Referenzvariablen*
```
public class FigurenTest
{
    public static void main(String[] argv)
    {   Figur f1,f2;
        f1=new Kreis("Kreis",10,20,8,Color.red);
        f1.ausgeben();
        f1.verschieben(3,3);
        f1.ausgeben();

        f2=new Rechteck("Rechteck",1,2,
                        new Punkt(3,4),Color.green);
        f2.ausgeben();
        f2.aendernFarbe(Color.blue);
        f2.aendernForm(Figur.GEFUELLT);
        f2.ausgeben();

        f1=new Kreis("Kreis 2",40,40,10,Color.blue);
        f1.ausgeben();

        f2=f1;
        f2.ausgeben();
    }
}
```

Am Ende des Programms zeigen **f1** und **f2** auf dasselbe Objekt!   ■

Manchmal möchte man wissen, auf welchen konkreten Objekttyp eine Referenzvariable zeigt. Diese Frage beantwortet der Operator **instanceof**.

□ *Beispiel 9.4.2*   **instanceof**
```
public class FigurenTest2
{   public static void zeigeTypVon(Figur f)
    {   if (f instanceof Kreis)
            System.out.println("Typ: Kreis");
        else
        if (f instanceof Rechteck)
```

```
           System.out.println("Typ: Rechteck");
        else
        if (f instanceof Figur)
           System.out.println("Typ: Figur");
        else
           System.out.println("Typ: unbekannt");
   }

   public static void main(String[] argv)
   {  Figur f1,f2=null;
      zeigeTypVon(f2);
      f2=new Figur();
      zeigeTypVon(f2);
      f1=new Kreis("Kreis",10,20,8,Color.red);
      f2=new Rechteck("Rechteck",1,2,
                      new Punkt(3,4),Color.green);
      zeigeTypVon(f2);
      f2=f1;
      zeigeTypVon(f2);
   }
}
```

Das Programm liefert folgende Ausgabe:

```
Typ: unbekannt
Typ: Figur
Typ: Rechteck
Typ: Kreis
```

Die Reihenfolge der Typabfrage mit **instanceof** in der Klassenmethode **zeigeTypVon** muss in der Klassenhierarchie von den untersten Subklassen in Richtung Superklasse erfolgen. Wird als erstes nach dem Typ **Figur** gefragt, wird für alle bekannten Typen jeweils "Figur" ausgegeben, da ja z. B. ein **Kreis** auch eine **Figur** ist. ■

9.5 Abstrakte Klassen

In unserem Figurenbeispiel tritt ein Problem auf: Wenn wir im Hauptprogramm von Beispiel 9.4.2 die Methode **f1.berechnenFlaeche()** aufrufen, meldet der Java-Compiler den Fehler

```
Method berechnenFlaeche() not found in class Figur.
```

Dies trifft auch zu. Die Methode **berechnenFlaeche()** ist in der Klasse **Figur** nicht deklariert, sie wurde erst in den Klassen **Kreis** und **Rechteck** eingeführt. Wir können versuchen, eine Methode **berechnenFlaeche()** in der Klasse **Figur** zu deklarieren. Aber was ist die Fläche einer (beliebigen) Figur? Erst wenn die Figur konkretisiert wird, z. B. zu einem Kreis oder einem Rechteck, kann die Formel für die Flächenberechnung programmiert werden. Die Klasse **Figur** ist noch nicht so konkret, dass man die Methode **berechnenFlaeche()** implementieren kann. Man sagt, die Klasse ist *abstrakt*.
Die Klasse **Figur** ändern wir wie folgt:

Die Klasse **Figur** wird mit dem Schlüsselwort **abstract** als abstrakte Klasse kennzeichnet .

Die Methode **berechnenFlaeche()** wird ebenfalls mit **abstract** kennzeichnet und der Rumpf durch ein Semikolon ersetzt.

❏ *Beispiel 9.5.1 Abstrakte Klasse*
```
abstract public class Figur
{  // Attribute,Konstruktoren und Methoden wie gehabt
   abstract public double berechnenFlaeche();
}                                                    ■
```

Durch die Angabe der abstrakten Methode **berechnenFlaeche()** wird festgelegt, dass die Klasse **Figur** zwar diese Methode kennt, die eigentliche Implementierung aber erst in einer ihrer Subklassen erfolgt. Eine Subklasse einer abstrakten Klasse, die nicht alle abstrakten Methoden ihrer Superklasse implementiert, enthält dann immer noch abstrakte Methoden und ist ebenfalls abstrakt. Sie muss dann auch mit dem Schlüsselwort **abstract** gekennzeichnet werden.
Die wesentliche Eigenschaft einer abstrakten Klasse ist die, dass man von ihr keine Objekte mit **new** erzeugen kann; es sind ja noch nicht alle Methoden vollständig deklariert.
In unserem Beispiel haben wir in den Subklassen **Kreis** und **Rechteck** die Methode **berechnenFlaeche()** implementiert. Jetzt können wir folgende Testklasse definieren.

❏ *Beispiel 9.5.2 Kreis und Rechteck mit Flächenberechnung*
```
public class FigurenTest
{
```

```
public static void main(String[] argv)
{  Figur f1,f2;
   f1=new Kreis("Kreis",10,20,8,Color.red);
   f1.ausgeben();
   System.out.println("Flaeche: "
          +f1.berechnenFlaeche());

   f2=new Rechteck("Rechteck",1,2,
                new Punkt(3,4),Color.green);
   f2.ausgeben();
   System.out.println("Flaeche: "
          +f2.berechnenFlaeche());
}
}
```

Dabei wird jeweils automatisch die Methode **berechnenFlaeche()** der zugehörigen konkreten Klasse aufgerufen. ■

> In Java gibt es das Schlüsselwort **virtual** nicht. Alle Methoden sind in Java prinzipiell virtuell.

9.6 Zugriffsrechte

Eine Klasse stellt ein kleines eigenständiges Programm dar, das über Methodenaufrufe ein bestimmtes Verhalten zeigen kann. Bei der Definition einer Klasse sollte man sich daher genau überlegen, was ein Benutzer dieser Klasse mit ihr alles machen will und darf. So macht es wohl wenig Sinn, dass ein Benutzer der Klasse **Rechteck** irgendeine Koordinate eines Eckpunktes ändert, wenn er das Rechteck verschieben will; die Form des Rechteckes soll ja beim Verschieben erhalten bleiben.

Zu diesem Zweck stellt Java eine komfortable Technik zur Verfügung, welche die Zugriffsrechte auf Methoden und Attribute einer Klasse regelt. Es gibt vier Stufen von Zugriffsrechten, die durch eines der Schlüsselwörter **public**, **private**, **protected** und durch kein Schlüsselwort gekennzeichnet sind.

9.6.1 Der Modifizierer **public**

Eine Methode, deren Deklaration mit **public** beginnt, kann von jeder anderen Klasse benutzt werden. Auch Klassen können mit **public** gekennzeichnet sein. Dann kann diese Klasse überall benutzt werden. In Java kann man auch Attribute als **public** vereinbaren; dann hat man von überall her lesenden und schreibenden Zugriff auf dieses Attribut. Dies widerspricht aber der Kapselung von Attributen in Klassen beim objektorientierten Programmieren, da i.a. nur der Programmierer einer Klasse genau weiß, welche legalen Werte ein Attribut annehmen kann.

Will man dem Benutzer einer Klasse erlauben, ein Attribut zu lesen bzw. seinen Wert beliebig zu verändern, sollte man hierfür öffentliche Lese- bzw. Schreibmethoden zur Verfügung stellen.

9.6.2 Der Modifizierer `private`

Attribute und Methoden, die mit `private` gekennzeichnet sind, können nur in Methoden dieser Klasse benutzt werden. Weder Subklassen noch irgendwelche anderen Klassen haben darauf Zugriff. Attribute sollten immer `private` sein. Klassen können nicht mit dem Modifizierer `private` definiert werden.

Eine Klasse, die ein Objekt ihres eigenen Klassentyps verwendet, hat ebenfalls Zugriff auf alle privaten Komponenten dieses Objekts.

❏ *Beispiel 9.6.1   Zugriff auf private Komponenten einer Instanz*
In diesem Beispiel wird die Klasse **Punkt** um die Methode **abstand(Punkt p)** erweitert, die den Abstand vom Punkt **p** berechnet. Beachten Sie, dass die Attribute **x** und **y** privat deklariert sind; trotzdem kann man in der Methode **abstand(Punkt p)** auf die privaten Attribute **x** und **y** des Objekts **p** (hier ein Parameter) zugreifen, da diese Methode zur Klasse **Punkt** gehört.

```
public class Punkt
{  private int x,y;
   private String Name;

   public Punkt(int x,int y,String n)
   {  this.x=x; this.y=y;
      Name=n;
   }

   public Punkt(String n)
   {  this(0,0,n);  }

   public double abstand(Punkt p)
   {  return Math.sqrt((x-p.x)*(x-p.x)
                      +(y-p.y)*(y-p.y));
   }
   // weitere Methoden
}
```

9.6.3 Kein Modifizierer

Wird bei einer Klasse kein Modifizierer angegeben, dann kann man diese in jeder Klasse verwenden, die im gleichen Package definiert ist. Dasselbe gilt für Attribute und Methoden. Häufig haben wir in unseren bisherigen Beispielen Attribute und Methoden ohne Modifizierer deklariert; außerdem enthielten sie keine packageDeklaration. Im Kapitel 8 wurde erklärt, dass Java diese Klassen dann in *ein* selbstdefiniertes Package legt. Damit hatten alle Klassen im aktuellen Arbeitsverzeichnis Zugriff auf alle Komponenten ohne Modifizierer.

> Die *Klassen*beziehung **friend** von C++ kann man in Java so realisieren, dass man diese Klassen in ein gemeinsames Package legt. Die *Methoden*beziehung **friend** aus C++ kann man in Java nicht nachbilden.

9.6.4 Der Modifizierer protected

Mit dem Modifizierer **protected**, zu deutsch "geschützt", ist der Zugriff innerhalb der Vererbungshierarchie definiert. Auf eine mit **protected** gekennzeichnete Komponente (Attribut, Konstruktor oder Methode) können alle Subklassen zugreifen. (So ist es in C++ definiert). In Java erhalten darüber hinaus auch alle Klassen desselben Packages Zugriff auf diese Komponenten.

9.6.5 Zusammenfassung

In der folgenden Tabelle sind die Modifizierer und die zugehörigen Zugriffsrechte noch einmal zusammengefasst.

Zugriff aus	**public**	**protected**	ohne	**private**
Klasse	ja	ja	ja	ja
Subklasse	ja	ja/nein[*]	ja/nein[**]	nein
Package	ja	ja	ja	nein
jeder Stelle	ja	nein	nein	nein

[*] **protected**-Komponenten werden an Subklassen weitervererbt und man kann auf sie zugreifen. Besitzt eine Klasse ein Attribut **A** ihres Klassentyps und ist **a** ein **protected**-Attibut, das die Klasse erbt, dann kann man auf **A.a** nur zugreifen, wenn die Klasse im selben Package liegt wir ihre Superklasse.
[**] Befindet sich die Subklasse im selben Package wie ihre Superklasse, gilt: ja; sonst: nein.

Beim Überschreiben einer Methode muss das alte Zugriffsrecht berücksichtigt werden. Eine **public**-Methode darf beim Überschreiben nicht als **private** deklariert werden. Nur Änderung des Zugriffsrechts in die allgemeinere Richtung (also nach links in der obigen Tabelle) und nach **final** sind erlaubt.

9.7 Der Modifizierer **final**

Bei Attributen haben wir den Modifizierer **final** schon kennen gelernt (siehe S. 31); so werden benannte Konstanten eingeführt, d. h. der Wert des mit **final** gekennzeichneten Attributs kann nicht mehr geändert werden.

Ähnlich lassen sich auch Methoden und Klassen mit dem Modifizierer **final** kennzeichnen.

Wird in einer Klasse eine Methode mit **final** gekennzeichnet, so kann man diese Methode in keiner Subklasse mehr überschreiben; sie wird unveränderbar an die Subklasse weitervererbt, falls sie nicht **private** ist.

Ganz entsprechend kann eine Klasse als **final** gekennzeichnet werden: Dann kann man diese Klasse nicht mehr erweitern, also keine Subklassen daraus ableiten. Jede Klasse, die Sicherheitsaspekte implementiert und deren Methoden deshalb nicht überschrieben werden dürfen, sollte eine **final**-Klasse sein. Ebenso sollten Klassen, die aus der Sicht des Programm-Designers endgültige Lösungen darstellen, mit **final** gekennzeichnet sein.

Jeden Versuch, aus einer **final**-Klasse eine Subklasse abzuleiten, beantwortet der Compiler mit einer Fehlermeldung. Selbst beim Laden einer fremden Klasse, die als Bytecode beim ausführenden Rechner ankommt, überprüft der Bytecode-Verifizierer, dass keine Subklasse von einer **final**-Klasse erweitert wird. Beispiele für **final**-Klassen aus den Standard-Packages von Java sind **java.lang.String** und **java.lang.Math**.

9.8 Interface

Interface bedeutet Schnittstelle. Durch eine Interface-Definition legt man in Java fest, *was* man mit dieser Schnittstelle machen kann; dabei ist noch völlig offen, *wie* dies realisiert wird.

Ein Interface in Java ähnelt stark einer Klasse, die ausschließlich abstrakte Methoden enthält. Statt **class** wird für ein Interface das Schlüsselwort **interface** benutzt. Außer abstrakten Methoden darf ein Interface zusätzlich noch Konstanten enthalten, aber keine Atrtribute.

Das folgende Syntaxdiagramm beschreibt den formalen Aufbau eines Interfaces:

InterfaceDeklaration : (9-2)

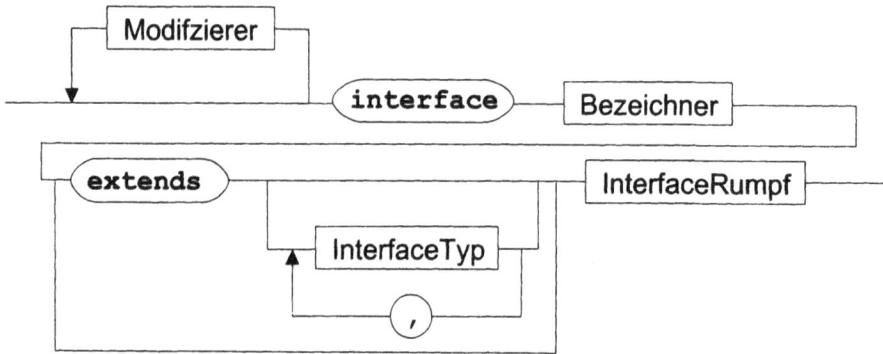

Modifzierer

interface — Bezeichner

extends InterfaceRumpf

InterfaceTyp

,

InterfaceTyp : (9-3)

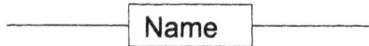

Name

InterfaceRumpf : (9-4)

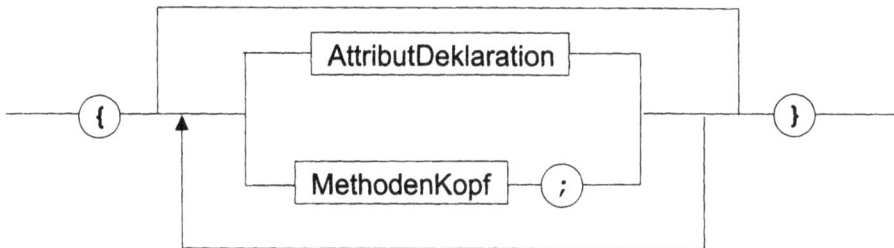

AttributDeklaration

{ }

MethodenKopf ;

Die in einem Interface angegebenen Attribute sind immer öffentliche Konstanten und müssen daher initialisiert werden. Sie haben implizit die Modifizierer **final public static**. Entsprechend sind die in einem Interface deklarierten Methoden implizit **abstract public**. Sowohl bei den Attributen wie auch bei den Methoden sollte man diese Modifizierer aber nicht verwenden. Weitere Modifizierer können weder bei den Konstanten noch bei den Methoden angegeben werden.

Entsprechend ist ein Interface immer abstrakt, ohne dass der Modifizierer **abstract** hingeschrieben wird.

☐ *Beispiel 9.8.1* **vergleichbar**
Das folgende einfache Beispiel beschreibt ein Interface **vergleichbar**, das die beiden Methoden **gleich**() und **vergleiche()** festlegt.

```
interface vergleichbar
{   /**
    *   Vergleich auf Gleichheit.
    *   @params o zu vergleichendes Objekt
    *   @return true, falls gleich; false sonst
    */
    boolean gleich(Object o);
    /**
    *   Vergleich
    *   @params o zu vergleichendes Objekt
    *   @return 0, falls gleich;
    *          <0, falls kleiner;
    *          >0 falls größer
    */
    int vergleiche(Object o);
}
```

Ein weiteres Interface definiert die konstanten Texte für "gleich", "kleiner" und "nicht" in englischer Sprache.

☐ *Beispiel 9.8.2   Englische Texte*
```
interface englisch
{   String GLEICH="equals ",
           KLEINER="less than ",
           NICHT="not ";
}
```

Die abstrakten Methoden eines Interfaces werden von einer Klasse *implementiert*, indem man im Klassenkopf das Schlüsselwort **implements** gefolgt vom Interfacenamen angibt. Nach dem folgenden Syntaxdiagramm kann eine Klasse kann also mehrere Interfaces implementieren.

Interfaces : (9-5)

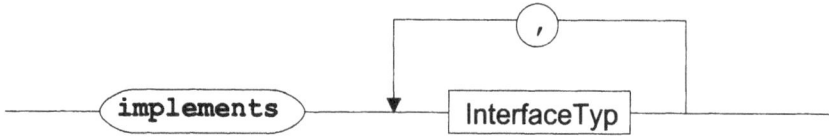

□ *Beispiel 9.8.3   Punktvergleich*
Das folgende Beispiel definiert eine Klasse, die Punkte vergleicht und die Vergleichsergebnisse in englischer Sprache ausgibt. Diese Klasse erweitert die Klasse **Punkt** und implementiert die Interfaces **vergleichbar** und **englisch**. Dabei müssen die beiden Methoden aus **vergleichbar** implementiert werden. Das Interface **englisch** enthält keine Methoden, sondern nur Konstanten, die hier direkt benutzt werden können.

```
class Punkte extends Punkt
    implements vergleichbar,englisch
{  public Punkte()
   {  }
   public Punkte(int x,int y)
   {  super(x,y,"");   }

   public boolean gleich(Object o)
   {  Punkte p=(Punkte)o;
      return ((x==p.x)&(y==p.y));
   }

   public int vergleiche(Object o)
   {  Punkte p=(Punkte)o;
      double lg,lgp;
      // Länge dieses Punktes
      lg=laenge();
      lgp=p.laenge();
      return lg==lgp?0:lg<lgp?-1:1;
   }

   void IstGleich(Punkte p)
   {  zeige();
      if (!gleich(p))
         System.out.print(NICHT);
```

```
         System.out.print(GLEICH);
         p.zeige();
    }

    void test()
    {   Punkte p1=new Punkte(2,4),
                p2=new Punkte(3,2),
                p3=new Punkte(3,2);
        IstGleich(p1);
        System.out.println();
        p1.IstGleich(p2);
        System.out.println();
        p2.IstGleich(p3);
        System.out.println();
        p1.zeige();
        if (p1.vergleiche(p2)>=0)
            System.out.print(NICHT);
        System.out.print(KLEINER);
        p2.zeige();
        System.out.println();
    }

}

public class PunkteTest
{   public static void main(String[] argv)
    {   Punkte p=new Punkte(2,4);
        p.test();
    }
}
```

Die Ausgabe sieht folgendermaßen aus:

```
(2,4) equals (2,4)
(2,4) not equals (3,2)
(3,2) equals (3,2)
(2,4) not less than (3,2)
```

Falls die obige Klasse anstelle des Interfaces **englisch** ein entsprechendes Interface **deutsch** mit den deutschen Texten implementiert, erfolgt die Ausgabe in deutscher Sprache. ∎

Interfaces werden häufig mit der Nachsilbe -*bar* oder auf Englisch mit -*able* benannt, da sie die Schnittstelle für eine bestimmte Fähigkeit beschreiben.

Wie bei Klassen kann man ein Interface erweitern und so ein Sub-Interface definieren. Dabei verwendet man wieder das Schlüsselwort **extends**. Im Gegensatz zu Klassen kann ein Interface von mehreren Interfaces erben. Damit kann man in einem Interface die Schnittstellenbeschreibung mehrerer anderer Interfaces kombinieren.

❏ *Beispiel 9.8.4   Vererbung bei Interfaces*

Das folgende Interface **englischVergleichbar** erweitert die Interfaces **englisch** und **vergleichbar** aus den vorigen Beispielen. Es enthält noch einen String für den Versionsnamen.

```
interface englischVergleichbar
         extends vergleichbar,englisch
{  String version="englischVergleichbar (V 1.0)";
}
```

Testen Sie dieses Interface mit einer leicht modifizierten Version des Beispiels 9.8.3.   ∎

10 Strings und Felder

Java enthält vordefinierte Klassen zur Behandlung von Zeichenreihen (engl.: *strings*) und Feldern (engl.: *arrays*).

Im nächsten Abschnitt wird die Klasse **String** besprochen. Objekte dieser Klasse enthalten Zeichenreihen, die man nach ihrer Initialisierung nicht mehr verändern kann. Will man Zeichenreihen während des Programmablaufs verändern, muss man die Klasse **StringBuffer** verwenden, die im zweiten Abschnitt behandelt wird.

Eine Folge von Objekten desselben Typs kann man zu Feldern zusammenfassen. Felder werden in Abschnitt 3 behandelt. Die Anzahl der Elemente eines Feldes muss bei seiner Erzeugung bekannt sein; danach kann man die Anzahl der Feld-Elemente nicht mehr verändern. Die Klasse **Vector**, die in Abschnitt 4 behandelt wird, erlaubt es, dynamisch Elemente zu entfernen oder hinzuzufügen.

10.1 Die Klassen **String**

Alle konstanten Zeichenreihen, die wir bisher in unseren Beispielen benutzt haben, sind Objekte der Klasse **String**.

Die Klasse **String** enthält etliche Konstruktoren und eine Fülle von Methoden. Ferner ist für die Klasse **String** der Operator "**+**" für das Aneinanderhängen von Zeichenreihen, die Konkatenation, definiert; diesen Operator haben wir bereits in vielen Beispielen bei der Ausgabe von Zeichenreihen verwendet.

In den folgenden Tabellen sind die wichtigsten Methoden der Klasse **String** zusammengestellt:

Die wichtigsten Konstruktoren von String
[1] `public String()`
[2] `public String(char[] feld)`
[3] `public String(char[] feld,int offs,int anzahl)`
[4] `public String(String text)`
[5] `public String(StringBuffer puffer)`

Die wichtigsten Konstruktoren von String

Konstruktor ⒈ erzeugt einen String, der keine Zeichen enthält.

Die Konstruktoren ⒉ und ⒊ erzeugen einen String, der die Buchstaben des **char**-Feldes **feld** enthält.

In ⒉ wird das ganze Feld übernommen, in ⒊ werden aus dem Feld **anzahl** Elemente ab der Position **offs** übernommen. Die Zählung beginnt bei 0.

Konstruktor ⒋ erzeugt einen String mit der angegebenen Zeichenreihe **text**.

Konstruktor ⒌ wandelt den **puffer** vom Typ **StringBuffer** in einen String um (siehe nächsten Abschnitt).

String-Methoden für Vergleiche

```
public boolean equals(Object objekt)
public boolean equalsIgnoreCase(String text)
```

Liefert **true**, falls der Parameter denselben Inhalt wie dieses Objekt hat. Die zweite Methode liefert auch dann **true**, wenn die Strings bis auf Groß-/Kleinschreibung übereinstimmen. Andernfalls liefern beide Methoden **false**.

```
public int compareTo(String text)
```

Vergleicht zwei Strings und liefert
- 0, wenn die beiden Strings gleich sind,
- <0, falls dieses Objekt lexikographisch kleiner ist als **text**,
- >0, falls dieses Objekt lexikographisch größer ist als **text**.

```
public boolean regionMatches(boolean ignoreCase,
    int toffset,String other,int ooffset,int len)
public boolean regionMatches(int toffset,
    String other,int ooffset,int len)
```

Vergleicht den Teilstring dieses Objekts ab dem Index **toffset** mit dem Teilstring von **other**, beginnend ab **ooffset** mit der Länge **len**. Sind beide gleich, wird **true** zurückgegeben, sonst **false**.

Wird in der ersten Variante der Parameter **ignoreCase** mit **true** aufgerufen, wird beim Vergleich zwischen Groß- und Kleinschreibung nicht unterschieden.

String-Methoden für Vergleiche

```
public boolean startsWith(String prefix)
public boolean startsWith(String prefix,
    int toffset)
public boolean endsWith(String suffix)
```

Liefert **true**, falls dieses Objekt (ab der Position 0 bzw. **toffset**) mit **prefix** beginnt bzw. mit **suffix** endet.

❑ *Beispiel 10.1.1* **StringDemo1**

Das folgende Programm zeigt neben verschiedenen Konstruktoraufrufen auch die Verwendung von Methoden zum Vergleichen.

```
public class StringDemo1
{ public static void main(String[] argv)
    {
    // Konstruktoraufrufe von String
    // ---------------------------
        String leererString=new String();
        String StringRef; // lediglich Referenz
        String s1=new String("Das ist ein String");
        String s2=new String("zyx");
        boolean test;

        System.out.println("leererString: \""
            +leererString+"\"");
        System.out.println("s1     : \""
            +s1+"\"");
        System.out.println("s2     : \""
            +s2+"\"");
        StringRef=s2;
        // StringRef zeigt auf selbes Objekt wie s2

        System.out.println("\"StringRef\" hat Laenge "
            +StringRef.length());

    // Vergleiche
    // ----------
        System.out.print("\""+StringRef
            +"\" kommt lexikographisch ");
```

141

```
        if (StringRef.compareTo(s1)<0)
            System.out.print("vor");
        else
            System.out.print("nach");
        System.out.println(" \""+s1+"\"");

        test=s2.equals("ZYX"); // false
        // s2="zyx" ungleich "ZYX"
        System.out.println(test);
        test=s2.equalsIgnoreCase("ZYX");
        // Groß/Kleinschreibung wird ignoriert,
        // jetzt sind also beide gleich

        test=StringRef==s2;
        // liefert true, da beide Variablen auf
        // dasselbe Objekt zeigen

        StringRef="zyx";
        test=StringRef==s2;
        // liefert false, da verschiedene Referenzen

    // Konkatenation, startsWith
    // -----------------------
        StringRef=StringRef+s1;
        test=StringRef.startsWith("zyx"); // true
    }
}
```

String-Objekte enthalten immer konstante Texte. Die vorletzte Zuweisung im Beispiel suggeriert, dass man **String**-Objekte doch ändern kann. Dies ist aber nicht der Fall. Der alte Wert von **StringRef** wird mit **s1** konkateniert; dies liefert ein *neues* Objekt vom Typ **String**, das der Referenzvariablen **StringRef** zugewiesen wird. Das alte Objekt existiert weiterhin, man hat aber keine Referenz mehr darauf. Die garbage collection kann dieses Objekt entfernen.

Zugriffsmethoden für `String`
`public char charAt(int index)`
Liefert das Zeichen an der Position **index** zurück. Das vorderste Zeichen hat die Position 0.
`public void getChars(int srcBegin,int srcEnd,` `char dst[],int dstBegin)`
Kopiert die Zeichen dieses Objekts von **srcBegin** bis einschließlich **srcEnd-1** in das **byte**- bzw. **char**-Feld **dst**, beginnend ab der Position **dstBegin**.
`public int indexOf(int ch)` `public int indexOf(int ch,int fromIndex)` `public int indexOf(String str)` `public int indexOf(String str,int fromIndex)`
Liefert den (Anfangs-)Index des *ersten* Auftretens des Buchstabens **ch** bzw. des Strings **str**, beginnend am Anfang bzw. ab Position **fromIndex**; -1, falls nicht gefunden.
`public int lastIndexOf(int ch)` `public int lastIndexOf(int ch,int fromIndex)` `public int lastIndexOf(String str)` `public int lastIndexOf(String str,int fromIndex)`
Liefert den (Anfangs-)Index des *letzten* Auftretens des Buchstabens **ch** bzw. des Strings **str**, beginnend am Anfang bzw. ab Position **fromIndex**; -1, falls nicht gefunden.
`public String substring(int beginIndex)` `public String substring(int beginIndex,` `int endIndex)`
Liefert den Teilstring dieses Objekts ab der Position **beginIndex** bis zum Ende bzw. bis einschließlich zur Position **endIndex-1**.

Das nächste Beispiel demonstriert Zugriffsmethoden auf Buchstaben und Teilzeichenreihen in Texten.

❏ *Beispiel 10.1.2* `StringDemo2`

```
class StringDemo2
{ public static void main(String[] argv)
  { String OO_Spr = "C++, Ada, "+"Java";
    String Bearbeiter=new String("Meyer");

    String aktuell = OO_Spr.substring(10,14);
    // TeilString von OO_Spr von 10 inklusive
    // bis 14 exklusive, also "Java"
    char c=aktuell.charAt(2); // 'v'
    // Buchstabe an Stelle 2 von Java(gezählt ab 0)

    int pos=OO_Spr.indexOf("Java");    // 10

    pos=OO_Spr.indexOf(',',5); // 8
    // Index des ersten Kommas ab Index 5

    boolean b=OO_Spr.regionMatches(true,10,
          "Die JAVA-Sprache",4,4);    // true
    /*
    1. Parameter: Case sensitive? false: nein
    2. Parameter: ab wo im Originalstring
    3. Parameter: Vergleichsstring
    4. Parameter: ab wo im Vergleichsstring
    5. Parameter: Vergleichslänge

    Beispielausgabe für
    OOP_Spr.regionMatches(true,10,
       "Die JAVA-Sprache",4,4);
                  1         2
    01234567890123456789 0
    C++, Ada, Java        <- OOP_Spr
              |---
    Die JAVA-Sprache      <- Vergleichsstring
        |---
    */
  }
}
```

Da **String**-Objekte unveränderliche Objekte sind, kann man über Methoden nur lesend auf **String**-Komponenten zugreifen; Schreibzugriffe sind nicht möglich. Man kann also die Methode **charAt** *nicht* dazu verwenden, einen bestimmten Buchstaben in einem String zu ändern. Will man einen Buchstaben in einem Text ändern, muss die Klasse **StringBuffer** verwendet werden, die im nächsten Abschnitt behandelt wird.

Manipulationen für `String`
`public String replace(char oldChar,char newChar)`
Ersetzt in dem String alle Auftreten von **oldChar** durch **newChar** und liefert diesen **String** zurück.
`public String toLowerCase()` `public String toUpperCase()`
Wandelt die Buchstaben im String in Kleinbuchstaben bzw. Großbuchstaben und liefert diesen **String** zurück.

❑ *Beispiel 10.1.3 Systemeigenschaften*

Mit der Methode **System.getProperties()** kann man sich Eigenschaften des Systems, auf dem das Programm läuft, anzeigen lassen. Die einzelnen Eigenschaften sind durch Kommata voneinander getrennt und durch { und } geklammert. Um die Ausgabe lesbarer zu gestalten, werden diese Kommata durch Zeilenwechsel ersetzt. Außerdem werden die geschweiften Klammern durch einen Zwischenraum ersetzt:

```
public class SystemEigenschaften
{   static String prop=
        System.getProperties().toString();

    public static void main(String[] argv)
    {   String Eigenschaften;
        Eigenschaften=prop.replace(',','\n');
        Eigenschaften=Eigenschaften.replace('{',' ');
        Eigenschaften=Eigenschaften.replace('}',' ');
        System.out.println(Eigenschaften);
    }
}
```

Der Anfang der Ausgabe sieht etwa folgendermaßen aus:

```
java.specification.name=Java Platform API Specification
awt.toolkit=sun.awt.windows.WToolkit
```

145

```
java.version=1.2.2
java.awt.graphicsenv=sun.awt.Win32GraphicsEnvironment
user.timezone=Europe/Berlin
java.specification.version=1.2
```
etc.   ■

Weitere wichtige Methoden für `String`
`public char[] toCharArray()`
Wandelt den String in ein **char**-Feld (siehe Abschnitt 10.3).
`public static String valueOf(<Typ> b)`
Für alle primitiven Datentypen, **char**-Felder und für die Klasse **Object** gibt es eine Methode **valueOf**, die den angegebenen Parameter in einen String wandelt.
`public int length()`
Liefert die Länge des Strings.
`public String trim()`
Entfernt alle "Whitespaces" (Zeichen kleiner oder gleich '\u0020') vorn und hinten aus diesem String und liefert diesen zurück.

In C/C++ bilden Strings keinen eigenen Datentyp, sondern sind **char**-Vektoren, die mit dem NUL-Byte abgeschlossen werden. In Java ist der Datentyp **String** fest in die Sprache eingebaut und nicht NUL-terminiert.

10.2   Die Klasse **StringBuffer**

Änderbare Zeichenreihen werden in Java mit der Klasse **StringBuffer** bearbeitet. In den Tabellen werden die wichtigsten Methoden vorgestellt.

Konstruktoren für `StringBuffer`
[1] `public StringBuffer()`
[2] `public StringBuffer(int length)`
[3] `public StringBuffer(String str)`
[1] und [2] liefern ein leeres `StringBuffer`-Objekt (d.h es enthält keine Zeichen) mit der Anfangskapazität 16 ([1]) bzw. `length` ([2]). [3] liefert ein `StringBuffer`-Objekt mit dem Inhalt von `str` und der Anfangskapazität, die um 16 länger ist als `str`.

Methoden für Zugriffe und Manipulationen
`public char charAt(int index)`
Liefert das Zeichen an Position `index`.
`public void getChars(int srcBegin,int srcEnd,` `                      char dst[],int dstBegin)`
Kopiert die Zeichen dieses Objekts von `srcBegin` bis einschließlich `srcEnd-1` in das `char`-Feld `dst`, beginnend ab der Position `dstBegin`.
`public StringBuffer append(<Typ> p)`
Hängt die String-Darstellung des Parameters `p` an das Objekt an und gibt den so erweiterten `StringBuffer` zurück. `<Typ>` kann ein primitiver Datentyp, ein `char`-Feld, ein `String` oder ein `Object` sein.
`public StringBuffer insert(int offset,<Typ> p)`
Fügt die String-Darstellung des Parameters `p` ab der Position `offset` ein und gibt den so erweiterten `StringBuffer` zurück. `offset` muss zwischen 0 und der Länge des Objekts liegen. `<Typ>` kann ein primitver Datentyp, ein `char`-Feld, ein `String` oder ein `Object` sein.
`public StringBuffer reverse()`
Liefert einen `StringBuffer`, in dem die Buchstaben in der umgekehrten Reihenfolge stehen.
`public void setCharAt(int index,char ch)`
Ersetzt den Buchstaben an Position `index` durch `ch`.

147

weitere Methoden
`public int capacity()`
Liefert die momentane Kapazität des Objekts.
`public void ensureCapacity(int minimumCapacity)`
Ersetzt die Kapazität des Objekts auf den größeren Wert von - `minimumCapacitiy` und - 2*(alte Kapazität)+2.
`public int length()`
Liefert die Anzahl der Zeichen des Objekts.
`public void setLength(int newLength)`
Falls die Länge kleiner als **newLength** ist, wird der Inhalt auf diese Länge abgeschnitten; andernfalls wird die Länge auf **newLength** gesetzt und gegebenenfalls Zeichen mit dem Wert `'\u0000'` angehängt.
`public String toString()`
Wandelt den Inhalt des Objekts in einen `String`.

Das folgende Beispiel realisiert das Kinderlied "Drei Chinesen mit dem Kontrabass", bei dem ein bestimmter Vokal alle Vokale des Liedes ersetzt.

❑ *Beispiel 10.2.1 Drei Chinesen*
Das Programm fordert nach der Ausgabe des Originaltextes zur Eingabe des Vokals auf, der alle anderen Vokale des Textes ersetzen soll. Diese Eingabe fragt solange nach, bis wirklich ein Vokal eingegeben wird. Dies erledigt die Methode **VokalEinlesen**.
Das zu singende Lied mit den ersetzten Vokalen wird auf dem Bildschirm angezeigt; dabei sollen große Vokale wieder als Großbuchstaben erscheinen. In der Methode **singe** wird dies durch die Methode **istGross** berücksichtigt. Beachten Sie, wie hier ein kleiner in einen großen Buchstaben gewandelt wird.

```
import JavaPack.*;

public class DreiChinesen
{ private static String Lied;
```

```
  DreiChinesen()
  { Lied= "Drei Chinesen mit dem Kontrabass\n"+
"sassen auf der Strasse und erzaehlten sich was.\n"+
"Da kam die Polizei: \"Ei was ist denn das?\"\n"+
"Drei Chinesen mit dem Kontrabass.\n";
  }
  DreiChinesen(String s)
  { Lied=s; }

  private boolean istVokal(char c)
  { c=new Character(c).toString().toLowerCase().
       charAt(0);   // c ist Kleinbuchstabe
    return ((c=='a')||(c=='e')||(c=='i')
            ||(c=='o')||(c=='u')
           );
    // short circuit zur Optimierung !!
  }

  public char VokalEinlesen()
  { char c;
    do
    { System.out.print("Geben Sie Vokal ein: ");
      System.out.flush();
      c=Einlesen.LiesChar();
    } while (!istVokal(c));
    c=new Character(c).toString().
          toLowerCase().charAt(0);
    return c;
  }

  private boolean ist_gross(char c)
  { return ((c>='A')&(c<='Z'));   }

  public String singe(char Vokal)
  { StringBuffer LiedHilf=new StringBuffer(Lied);
    for (int i=0;i<LiedHilf.length();i++)
    { char c=LiedHilf.charAt(i);
      if (istVokal(c))
         if (ist_gross(c))
            LiedHilf.setCharAt(i,
                (char)(Vokal+'A'-'a'));
         else
```

```
                    LiedHilf.setCharAt(i,Vokal);
        }
        return LiedHilf.toString();
    }

    public static void main(String[] argv)
    {   DreiChinesen lied=new DreiChinesen();
        char Vokal;
        System.out.println("Umwandlung des Liedes:");
        System.out.println(Lied);
        System.out.println();
        Vokal=lied.VokalEinlesen();
        System.out.println(
            "Das geaenderte Lied singen:");
        System.out.println();
        System.out.println(lied.singe(Vokal));
//  .. und jetzt noch ein eigenes Lied ...
    }
}
```

In der Methode **singe** werden mit der Schreib-Methode **setCharAt** die Vokale im StringBuffer **LiedHilf** geändert, der zur Rückgabe wieder in einen String gewandelt wird. ∎

Das folgende Beispiel erweitert einen Text zu einem Palindrom. Ein Palindrom ist ein Text, der vorwärts oder rückwärts gelesen das gleiche Ergebnis liefert.

❑ *Beispiel 10.2.2 Palindrom*
```
public class Palindrom
{   static String text;
    static String palindrom;

    public Palindrom()
    {   text="ein neger mit gazel";   }
    public Palindrom(String txt)
    {   text=txt;   }

    static void zeigePalindrom()
    {   System.out.println(palindrom);   }

    static void bildePalindrom()
```

```
    {   StringBuffer spiegel=new StringBuffer(text);
        spiegel=spiegel.reverse();
        StringBuffer pal=new StringBuffer();
        pal.ensureCapacity(2*text.length()+3);
        // Kapazität von pal festlegen
        // +3 wegen Trennzeichen
        // Alternativ könnte man Konstruktor verwenden:
        // ..pal=new StringBuffer(2*text.length()+3);
        pal.append(text);
        pal.append(spiegel);
        // Texte anhängen
        pal.insert(text.length(),'|');
        pal.insert(0,'|');
        pal.append('|');
        // Buchstaben einfügen an angeg. Stelle
        palindrom=pal.toString();
        // Wandlung nach String
    }

    public static void main(String[] argv)
    {   Palindrom p=new Palindrom();
        p.bildePalindrom();
        p.zeigePalindrom();
        // jetzt noch selbst einlesen
    }
}
```

Das Programm liefert folgende Ausgabe:

`|ein neger mit gazel|lezag tim regen nie|`   ■

10.3 Felder

In Java kann man eine *Folge gleichartiger Objekte* unter einem Namen zusammenfassen. Auf die einzelnen Elemente dieser Folge kann man über Indizes zugreifen. Java kennt hierzu zwei Konstrukte: die Felder und die Klasse **Vector**. Der Unterschied ist folgender: Nachdem ein Feld mit einer bestimmten Anzahl von Elementen erzeugt ist, kann man diese Anzahl nicht mehr ändern. Bei der Klasse **Vector** kann man die Anzahl der Elemente noch zur Laufzeit verändern.

In diesem Abschnitt werden Felder besprochen, der folgende Abschnitt behandelt die Klasse **Vector**.

10.3.1 Eindimensionale Felder

Felder sind ebenso wie Klassen Referenzvariablen (siehe Syntaxdiagramm (7-7)); d. h. eine Feldvariable enthält eine Referenz auf ein Feld. Ein Feld wird wie folgt vereinbart:

FeldTyp : (10-1)

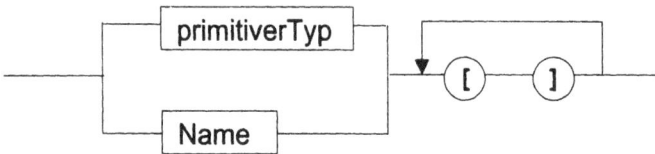

Die Deklarationen

```
int[] feld;
Punkt[] Bildpunkte;
String[] Texte;
```

vereinbaren drei Feldvariablen, die Referenzen auf Felder aufnehmen können. Die Erzeugung eines Feldobjekts erfolgt über eine **new**-Anweisung, die den folgenden Aufbau hat:

FeldErzeugung : (10-2)

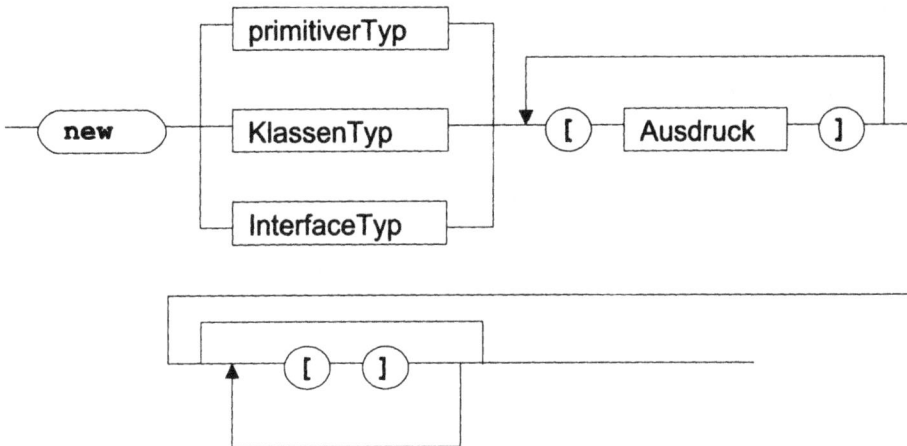

Der Ausdruck in den eckigen Klammern muss einen ganzzahligen Wert liefern. In den obigen Beispielen werden den Variablen also durch folgende Anweisungen Feldobjekte zugewiesen:

```
feld=new int[5];        // Feld mit 5 int's
Bildpunkte=new Punkt[100];// Feld mit 100 Punkten
Texte=new String[5];    // Feld mit 5 Strings
```

Die Elemente der Feldobjekte werden implizit alle mit dem Wert 0 bzw. einem zu 0 äquivalenten Wert initialisiert. Die 5 Strings in **Texte** enthalten Leerstrings.
Will man an der Deklarationsstelle die Feldelemente explizit mit anderen Werten initialisieren, verwendet man den FeldInitialisierer.

FeldInitialisierer : (10-3)

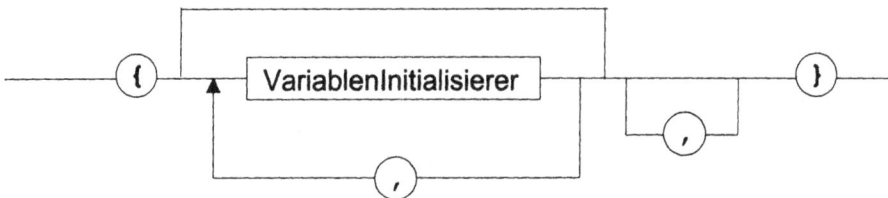

Die folgende Deklaration legt ein **int**-Feld fest, das mit den angegebenen Werten initialisiert wird:

```
int[] feld={1,2,3,4,5};
```

Die Elemente eines Feldes werden beginnend mit 0 durchnumeriert. Auf die einzelnen Feldelemente greift man über den FeldZugriff zu.

FeldZugriff :   (10-4)

Jedes Feld-Objekt kennt seine Länge; man kann diese über das Attribut **length** abfragen.

Im folgenden Beispiel wird ein nichtinitialisiertes Feld deklariert, dessen Elemente eingelesen werden. Das **char**- und das **String**-Feld werden initialisiert und dann die Inhalte der Felder ausgegeben.

❑ *Beispiel 10.3.1 Eindimensionale Felder mit und ohne Initialisierung*

```
import JavaPack.*;

public class eindimFelder
{ private static void eindim_ausgeben(Object[] o)
   { for (int i=0;i<o.length;i++)
        System.out.print(o[i]+", ");
     System.out.println();
   }

  public static void main(String[] argv)
  { int[] Feld=new int[5];
    char[] Text={'J','a','v','a'};
    String[] Texte =
       {"Java","C++","Pascal","Assembler"};

 // Feldelemente einlesen
    System.out.println(
      "Geben Sie die Feldelemente ein : ");
    for (int i=0;i<Feld.length;i++)
    { System.out.print(i+":");
      System.out.flush();
```

```
            Feld[i]=Einlesen.LiesInt();
         }
   // int-Feld ausgeben
      System.out.print("Feld: ");
      for (int i=0;i<Feld.length;i++)
         System.out.print(i+":"+Feld[i]+",");
      System.out.println();
   // char-Feld ausgeben
      for (int i=0;i<Text.length;i++)
         System.out.print(Text[i]+", ");
      System.out.println();

   // Texte ausgeben
      eindim_ausgeben(Texte);
   }
}
```

Mit der Methode **eindim_ausgeben** können nur Felder von Referenztypen ausgegeben werden, im Beispiel ist dies nur das Feld **Texte**. Die Elemente der Felder **Feld** und **Text** haben einen primitven Datentyp. Für sie gibt es keine so elegante Möglichkeit, *eine* gemeinsame Ausgabemethode zu schreiben. Man müsste für jeden primitiven Datentyp eine eigene Methode schreiben. ∎

Im folgenden Programm wird ein Feld initialisiert und danach ein Index eingelesen. Anschließend soll das durch den Index angegebene Element ausgegeben werden. Was kann dabei passieren? Der eingegebene Index könnte negativ sein oder größer als der letzte Feldindex. Die Implementierung von Feldern in Java erkennt dies und meldet einen Fehler; man sagt, es wird eine Ausnahme *ausgeworfen*. Auf solche Ausnahmen kann der Programmierer reagieren. Wie man dies macht, ist Thema von Kapitel 12.

❏ *Beispiel 10.3.2 Feldindex einlesen*
```
import JavaPack.*;

public class FeldIndex
{ public static void main(String[] argv)
   { int Feld[]={0,1,2,3,4};
     int i;
     System.out.print("Geben Sie einen Index ein:");
     System.out.flush();
     i=Einlesen.LiesInt();
```

```
        System.out.println("Feld["+i+"]="+Feld[i]);
    }
}
```

Gibt man einen Index zwischen 0 und 4 ein, wird das entsprechende Element auf dem Bildschirm angezeigt. Wird ein unzulässiger Index eingelesen, z. B. 9, so meldet Java folgende Ausnahme:

```
Geben Sie einen Index ein:9
java.lang.ArrayIndexOutOfBoundsException: 9
        at FeldIndex.main(FeldIndex.java:10)
```                                            ■

In Java wird jeder Feldzugriff zur Laufzeit auf Zulässigkeit überprüft und gegebenenfalls eine Ausnahme ausgeworfen. Dasselbe gilt auch für Elementzugriffe bei **String**, **StringBuffer** und **Vector** (siehe Abschnitt 10.4).

10.3.2 Kommandozeilen-Parameter

Beim Aufruf einer Java-Anwendung kann man dieser in der Kommandozeile Parameter mitgeben. Diese Kommandozeilen-Parameter werden dem Parameter **argv** der Methode **main(String[] argv)** übergeben. In den bisherigen Programmen wurde dieser Parameter einfach ignoriert.

❑ *Beispiel 10.3.3   Kommandozeilen-Parameter*
Das folgende Programm gibt die Kommandozeilen-Parameter auf dem Bildschirm aus.

```
import JavaPack.*;

public class Kommandozeile
{   public static void main(String[] argv)
    {   System.out.println("Parameter: ");
        for (int i=0;i<argv.length;i++)
            System.out.println(i + ": "+
                argv[i]);
    }
}
```

Der Aufruf

```
C:\>java Kommandozeile eins zwei drei vier
```

liefert folgende Ausgabe:

```
Parameter:
0: eins
1: zwei
2: drei
3: vier
```
■

Die Behandlung von Kommandozeilen-Parametern ist vom Betriebssystem abhängig. Daher sind Java-Programme, die Kommandozeilen-Parameter bearbeiten, nicht mehr völlig maschinenunabhängig.

> In C++ erhält man im 0-ten Argument den Programmnamen. In Java wird der Programmname aus Sicherheitsgründen nicht übergeben, d. h. auf den ersten Kommandozeilen-Parameter greift man über den Index 0 zu. In einem dritten Parameter von **main** kann man in C++ sämtliche Umgebungsvariablen des Systems lesen. Auch dies ist in Java aus Sicherheitsgründen nicht möglich. Ein "sicherer" Ersatz für Umgebungsvariablen sind in Java die Eigenschaften, die man mit **System.getProperties()** lesen kann (siehe Beispiel 10.1.3).

10.3.3 Rechteckige mehrdimensionale Felder

Referenzvariablen für mehrdimensionale Felder deklariert man in Java durch Angabe mehrerer Paare eckiger Klammern (siehe Schleife in Syntaxdiagramm (10-1)). Die Anzahl der Paare gibt die Dimension des Feldes an. Bei dem Feld-Zugriff muss man dann auch mehrere eckige Klammern angeben (mehrere Klammerpaare ergeben sich durch die rekursive Definition in Syntaxdiagramm (5-13) und Syntaxdiagramm (10-4)). Auch mehrdimensionale Felder können initialisiert werden.

❑ *Beispiel 10.3.4 Matrix*
Das folgende Beispiel definiert eine 3x3-Matrix **matrix1** sowie eine initialisierte 3x5-Matrix **matrix2**. Die Matrix **matrix1** wird eingelesen, danach werden beide Matrizen auf dem Bildschirm ausgegeben.

```
import JavaPack.*;
```

```
public class Matrix
{ private static void matrix_ausgeben
        (String titel,int[][]m)
    { System.out.println(titel);
      for (int i=0;i<m.length;i++)
      { for (int j=0;j<m[i].length;j++)
            System.out.print(m[i][j]+",");
        System.out.println();
      }
    }

    public static void main(String[] argv)
    { int[][] matrix1=new int[3][3],
            matrix2={{ 0, 1, 2, 3, 4},
                     {10,10,12,13,14},
                     {20,21,22,23,24}
                    };

// matrix1 einlesen
      for (int i=0;i<matrix1.length;i++)
      { for (int j=0;j<matrix1[i].length;j++)
        { System.out.print("matrix1["+i+"]["
                +j+"]: ");
          System.out.flush();
          matrix1[i][j]=Einlesen.LiesInt();
        }
      }
      matrix_ausgeben("Matrix1",matrix1);
      matrix_ausgeben("Matrix2",matrix2);
    }
}
```

10.3.4 Nicht-rechteckige mehrdimensionale Felder

Bei der FeldErzeugung muss gemäß Syntaxdiagramm (10-2) für mindestens die erste Dimension ein Ausdruck angegeben werden; die Längen der anderen Dimensionen können später festgelegt werden.

Auch bei der Initialisierung des Feldes können für jedes Element einer Dimension unterschiedlich viele Elemente initialisiert – und damit deklariert – werden.

Das folgende Beispiel deklariert eine initialisierte zweidimensionale Matrix sowie eine Dreiecksmatrix.

□ Beispiel 10.3.5 Nicht-rechteckige Felder

```
import JavaPack.*;

public class Dreiecksmatrix
{  static int [][] Dreieck;
   static private void mat_ausgeben(
              String titel,int[][]m)
   {  System.out.println(titel);
      for (int i=0;i<m.length;i++)
      {  for (int j=0;j<m[i].length;j++)
             Ausgeben.AusgabeInt(m[i][j],5);
         System.out.println();
      }
   }

   public static void main(String[] argv)
   {  int [][] zweidimFeld={{ 0, 1, 2, 3},
                            {10,11,12},
                            {20,21},
                            {30,31,32,33,34}
                           };
      int laenge;
      System.out.print(
         "Wie gross soll die Dreiecksmatrix sein? ");
      System.out.flush();
      laenge=Einlesen.LiesInt();

      // Dreieck instanziieren
      Dreieck=new int[laenge][];
      // Jetzt einzelne Zeilen instanziieren
      // mit abnehmender Laenge
      for (int i=0;i<Dreieck.length;i++)
         Dreieck[i]=new int[laenge-i];
      // Belegung der Feldelemente mit Zufallszahlen
      for (int i=0;i<Dreieck.length;i++)
         for (int j=0;j<Dreieck[i].length;j++)
         {  Dreieck[i][j]=(int)(1000*Math.random());
            if (Math.random()>=0.5)
               Dreieck[i][j]*=-1;
         }
      // Ausgabe der 2-dim Matrix
      mat_ausgeben("2-dim. Feld",zweidimFeld);
```

```
    // Ausgabe der Dreiecksmatrix
    mat_ausgeben("Dreieck",Dreieck);
  }
}
```

Das Programm liefert beispielsweise folgende Ausgabe:

```
Wie gross soll die Dreiecksmatrix sein? 4
2-dim. Feld
     0    1    2    3
    10   11   12
    20   21
    30   31   32   33   34
Dreieck
   246 -997  354  365
  -721 -950 -574
   994 -351
   928
```

In Java kann man bei der Deklaration von Feldern die eckigen Klammern wie in C/C++ auch hinter die Variable schreiben. Hier wird diese Schreibweise aber nicht verwendet, da die neue Java-Form klarer zum Ausdruck bringt, dass z. B. eine Matrix den Typ `int[][]` hat.

10.4 Die Klasse Vector

Bei Feldern muss bei der Erzeugung die Länge festgelegt werden; danach kann die Länge nicht mehr geändert werden.

Das Package **java.util** enthält eine Klasse **Vector**, deren Länge nach der Erzeugung nach Bedarf wachsen und abnehmen kann. Sie ist ähnlich aufgebaut wie die Klasse **StringBuffer**.

Die folgenden Tabellen beschreiben die wichtigsten Methoden der Klasse **Vector**.

Konstruktoren für Vector

`public Vector()`
`public Vector(int AnfKapazitaet)`
`public Vector(int AnfKapazitaet,int KapInc)`

Jeder der drei Konstruktoren erzeugt einen Vektor mit zunächst keinem Element. Intern wird bereits Speicherplatz für eine bestimmte Anzahl von Elementen bereitgestellt, angegeben durch die Kapazität. Der parameterlose Konstruktor legt die Kapazität auf 10 fest. Die beiden anderen Konstruktoren legen die Kapazität auf den durch **AnfKapazitaet** angegebenen Wert fest. Der dritte Konstruktor legt mit **KapInc** fest, um welchen Wert die Kapazität erhöht wird, wenn der Vektor verlängert werden muss.

Die Kapazität eines **Vector**-Objekts ist die Anzahl der reservierten Elemente, die Größe ist die Anzahl der benutzten Elemente.

Methoden für Kapazität und Größe
`public final int capacity()`
Liefert die Kapazität. Dies ist mindestens die Anzahl der Elemente.
`public final void ensureCapacity(int minCapacity)`
Falls die Kapaztität kleiner als **minCapacity** ist, wird sie auf diesen Wert gesetzt.
`public final int size()`
Liefert die aktuelle Größe des Vektors.
`public final void setSize(int newSize)`
Setzt die Größe des Vektors auf **newSize**; falls nötig, werden neue Elemente mit dem Wert **null** am Ende angefügt.
`public final void trimToSize()`
Setzt die Kapazität des Vektors auf die aktuelle Größe.

❑ *Beispiel   10.4.1   Vektor-Größe und -Kapazität*
Im folgenden Beispiel werden mehrere **Vector**-Objekte mit verschiedenen Kapazitäten erzeugt. Die Vektoren enthalten alle noch keine Elemente, deshalb ist ihre Größe auch jeweils 0; einzige Ausnahme: der Vektor **v1** erhält über die Methode **setSize** 333 Elemente.

```
import java.util.Vector;

public class VectorCapacity
{  public static void main(String[] argv)
   {   Vector v1=new Vector(),
              v2=new Vector(50),
              v3=new Vector(100,20),
              v4=new Vector(0);
      System.out.println("Anfangskapazitaet von v1:"
         +v1.capacity());
      System.out.println("Anfangskapazitaet von v2:"
         +v2.capacity());
      System.out.println("Anfangskapazitaet von v3:"
         +v3.capacity());
      System.out.println("Anfangskapazitaet von v4:"
         +v4.capacity());
      v4.ensureCapacity(33);
      System.out.println("nach ensureCapacity bei v4:"
         +v4.capacity());
      System.out.println("Groesse von v4:"+v4.size());
      v3.trimToSize();
      System.out.println(
         "Kapazitaet von v3 nach trimToSize:"
         +v3.capacity());
      v1.setSize(333);
    System.out.println("Groesse von v1 nach setSize:"
         +v1.size());
      v1.trimToSize();
      System.out.println(
         "Groesse von v1 nach trimToSize:"
         +v1.size());
   }
}
```

Das Programm liefert folgende Ausgabe:

```
Anfangskapazitaet von v1:10
Anfangskapazitaet von v2:50
Anfangskapazitaet von v3:100
Anfangskapazitaet von v4:0
nach ensureCapacity bei v4:33
Groesse von v4:0
Kapazitaet von v3 nach trimToSize:0
Groesse von v1 nach setSize:333
Groesse von v1 nach trimToSize:333
```
■

Methoden zum Arbeiten mit `Vector`-Elementen
`public final void addElement(Object obj)`
Fügt an das Ende des Vektors das Objekt **obj** an. Die Größe des Vektors erhöht sich dadurch um 1.
`public final void insertElementAt(Object elem,` `    int index)`
Fügt das Objekt **elem** an der Position **index** ein; **index** muss zwischen 0 und der aktuellen Größe des Vektors liegen. Die Indizes der Elemente hinter **index** werden um 1 erhöht.
`public final void setElementAt(Object obj,` `    int index)`
Überschreibt das Element an der Position **index** mit **obj**.
`public final void removeAllElements()`
Entfernt alle Elemente aus dem Vektor; die Vektor-Größe wird 0.
`public final void removeElementAt(int index)`
Entfernt das Element an der Position **index**; die Indizes hinter **index** werden um 1 erniedrigt.
`public final boolean removeElement(Object elem)`
Sucht nach dem ersten Vorkommen von **elem**. Ist es vorhanden, gibt die Methode **true** zurück, und es wird aus dem Vektor entfernt; die Indizes der dahinterliegenden Elemente werden um 1 erniedrigt. Sonst wird **false** zurückgegeben.

Methoden zum Arbeiten mit Vector-Elementen
`public final Object elementAt(int index)`
Liefert das Element an der Position `index`.
`public final int indexOf(Object elem)` `public final int indexOf(Object elem,int index)`
Liefert den Index des ersten Auftretens des Elements `elem` von Anfang bzw. ab Position `index` zurück oder -1, falls nicht vorhanden.

`public final int lastIndexOf(Object elem)`
`public final int lastIndexOf(Object elem,`
    `int index)`

Liefert den Index des letzten Auftretens im gesamten Vektor bzw. ab Position `index` des Elements `elem` zurück oder -1, falls nicht vorhanden.
`public final Object firstElement()` `public final Object lastElement()`
Liefert erstes bzw. letztes Element des Vektors.
`public final boolean contains(Object elem)`
Liefert `true`, falls `elem` im Vektor, sonst `false`.
`public final boolean isEmpty()`
Liefert `true`, falls Vektor kein Element enthält, sonst `false`.

Die obigen Methoden arbeiten alle mit dem Datentyp **Object** für Vektor-Elemente. Dies ist bekanntlich die Superklasse eines jeden Referenztyps; damit kann ein **Vector** Elemente unterschiedlicher Referenztypen haben. Andererseits muss man beim Zugriff auf die Elemente mit dem jeweiligen Typ casten.

❏ *Beispiel 10.4.2 Vektoren mit unterschiedlichen Elementen*
Im folgenden Beispiel gibt es zwei Klassen: **Kunde** und **Konto**, die in einem Vektor aufgenommen werden. Ein **Kunde** hat einen Namen, Vornamen, Wohnort usw.; ein **Konto** hat eine Kontonummer, einen Kontostand usw.
Bei der Ausgabe der Vektorelemente muss der aktuelle Datentyp mit dem Operator **instanceof** bestimmt werden, da die Klasse **Object** die Methode **ausgeben** nicht kennt.

```
import java.util.Vector;

class Konto
{   private int KontoNr,Stand; // Stand in Pfg

    public Konto(int Nr,int Stand)
    {   KontoNr=Nr; this.Stand=Stand; }

    public void ausgeben()
    {   System.out.println(KontoNr+", Kontostand: "
        +Stand);   }
}

class Kunde
{   private String Name,Vorname,Ort;

    public Kunde(String n,String v,String o)
    {   Name=n; Vorname=v; Ort=o;   }

    public void ausgeben()
    {   System.out.println(Vorname+" "+Name
          +" wohnt in "+Ort);
    }
}

public class Elemente1
{   public static void main(String[] argv)
    {   Vector v=new Vector(5,3);
        // Kunden-Elemente an v anfuegen
        v.addElement(new Kunde("Maier","Franz","Ulm"));
        v.addElement(new Kunde("Schmidt","Fritz",
              "Stuttgart"));
        v.addElement(new Kunde("Mueller","Paul",
          "Berlin"));
        System.out.println(
          "Kapazitaet nach 3 Elementen:"+v.capacity());
        v.addElement(new Kunde("Schmidt","Otto",
          "Kiel"));
        v.addElement(new Kunde("Adel","Suse","Ulm"));
        v.addElement(new Kunde("Magg","Eva","Kiel"));
        System.out.println(
```

```
          "Kapazitaet nach 6 Elementen:"+v.capacity());
      v.addElement(new Kunde("Zimmer","Edith",
        "Ulm"));
      // Konto-Elemente einfügen
      v.insertElementAt(new Konto(4711,1234),0);
      v.insertElementAt(new Konto(79033,43210),3);
      System.out.println(
          "Kapazitaet nach 9 Elementen:"+v.capacity());
      v.insertElementAt(new Konto(1248,-134209),7);

      System.out.println(
        "Alles ausgeben\n--------------");
      for (int i=0;i<v.size();i++)
      {   Object o=v.elementAt(i);
          System.out.print(i+": ");
          if (o instanceof Kunde)
              ((Kunde)o).ausgeben();
          else
              ((Konto)o).ausgeben();
      }
    }
}
```

Das Programm liefert folgende Ausgabe:

```
Kapazitaet nach 3 Elementen:5
Kapazitaet nach 6 Elementen:8
Kapazitaet nach 9 Elementen:11
Alles ausgeben
--------------
0: 4711, Kontostand: 1234
1: Franz Maier wohnt in Ulm
2: Fritz Schmidt wohnt in Stuttgart
3: 79033, Kontostand: 43210
4: Paul Mueller wohnt in Berlin
5: Otto Schmidt wohnt in Kiel
6: Suse Adel wohnt in Ulm
7: 1248, Kontostand: -134209
8: Eva Magg wohnt in Kiel
9: Edith Zimmer wohnt in Ulm
```

Beachten Sie, wie die Kapazität des Vektors in Dreierschritten wächst. ∎

Der Mechanismus der virtuellen Methoden kann im obigen Beispiel ausgenutzt werden, wenn in einer abstrakten Superklasse der beiden Klassen **Konto** und **Kunde** die abstrakte Methode **ausgeben()** deklariert ist.

❏ *Beispiel 10.4.3 Vektorelemente mit abstrakter Superklasse*
Die beiden Klassen **Kunde** und **Konto** erhalten eine gemeinsame Superklasse **Bank**. In den Vektor werden Elemente des Typs **Bank** eingefügt; dann findet Java in der Ausgabeschleife selbständig die richtige konkrete Ausgabemethode.

```
import java.util.Vector;

abstract class Bank
{   abstract public void ausgeben();  }

class Konto extends Bank
{   // wie voriges Beispiel Konto
}

class Kunde extends Bank
{   // Wie voriges Beispiel Kunde
}

public class Elemente2
{   public static void main(String[] argv)
    {   // wie voriges Beispiel bis Ausgabe
        System.out.println(
          "Alles ausgeben\n-------------");
        for (int i=0;i<v.size();i++)
        {   Bank o=(Bank)v.elementAt(i);
            System.out.print(i+": ");
            o.ausgeben();
        }
    }
}
```

Noch ein Wort zu den Suchmethoden wie **removeElement**, **indexOf**, **contains** usw. Alle diese Methoden haben einen Parameter **Object elem**. Zum Auffinden des Elements **elem** in dem Vektor rufen diese Suchmethoden die Methode **equals** auf, die in der Klasse **Object** wie folgt definiert ist:

```
public boolean equals(Object elem);
```

```
// liefert true, wenn elem eine Referenz
// auf das Objekt ist, auf das equals
// angewendet wird.
// Also: x.equals(y) genau dann true, wenn
// x und y Referenzen auf dasselbe Objekt sind
```

Diese Methode kann man in einer Anwendungsklasse überschreiben. Im folgenden Beispiel wird für die Klasse **Kunde** die Methode **equals** so definiert, dass sie nur dann **true** liefert, wenn Name, Vorname und Ort übereinstimmen.

❑ *Beispiel   10.4.4   equals für die Klasse Kunde*
Wir erweitern die Klasse **Kunde** aus dem vorhergehenden Beispiel um folgende Methode:

```
public boolean equals(Object k)
{ if (k instanceof Kunde)
   { Kunde kunde=(Kunde)k;
     return Name.equals(kunde.Name)
           &Vorname.equals(kunde.Vorname)
           &Ort.equals(kunde.Ort);
   }
   else
      return false;
}
```

Wenn jetzt im Hauptprogramm **main** die Zeilen

```
if (v.contains(new Kunde("Adel","Suse","Ulm")))
  System.out.println("Suse Adel gefunden");
else
  System.out.println("Suse Adel nicht gefunden");
if (v.removeElement
      (new Kunde("Mueller","Paul","Berlin")))
  System.out.println("Paul Mueller geloescht");
else
  System.out.println("Paul Mueller nicht geloescht");
```

angefügt werden, wird die Kundin *Adel* im Vektor **v** gefunden und der Kunde *Mueller* aus dem Vektor **v** entfernt.
Das vollständige Beispiel finden Sie in der Beispielsammlung im Verzeichnis *10_String_Feld* unter dem Dateinamen *ElementeFinden.java*.   ∎

Die folgende Methode entfernt die doppelten Elemente eines Vektors. Wird dabei die Originalmethode **equals** aus der Klasse **Object** verwendet, werden nur Elemente mit derselben Referenz entfernt. Überschreibt man dagegen die Methode **equals** wie im vorigen Beispiel, werden die Elemente mit demselben Inhalt entfernt.

❑ *Beispiel 10.4.5 Doppelte Vektor-Einträge löschen*

```
public static void loescheDuplikate(Vector v)
{  int index;
   for (int i=0;i<v.size();i++)
   {  while (true)
      {  index=v.indexOf(v.elementAt(i),i+1);
         System.out.println("index="+index);
         if (index!=-1)
            v.removeElementAt(index);
         else
            break;//kein Duplikat von i-tem Element
      }
   }
}
```
■

Die Klasse **Vector** besitzt die Methode **elements**, mit der man die Elemente in eine Aufzählung umwandeln kann. Das Interface **Enumeration** aus dem Package **java.util** enthält zwei abstrakte Methoden, mit denen man Aufzählungselemente bearbeiten kann:

```
public abstract boolean hasMoreElements();
public abstract Object nextElement();
```

Die erste Methode liefert den Booleschen Wert, ob die Aufzählung noch weitere Elemente besitzt. Die Methode **nextElement** gibt das nächste Element zurück. Die Klasse **Vector** stellt diese Methoden bereit.

weitere Methoden der Klasse `Vector`
`public final void copyInto(Object[] feld)`
Kopiert die Elemente des Vektors in das Feld `feld`.
`public final String toString()`

weitere Methoden der Klasse Vector
Wandelt den Vektor in einen **String**.
public Object clone()
Liefert eine Kopie des Objektes zurück.
public final Enumeration elements()
Wandelt die Elemente des Vektors in einen **Enumeration**-Typ und gibt diesen zurück.

❏ *Beispiel 10.4.6   Ausgabe als Aufzählungselemente*

```
import java.util.*;

class Kunde
{  // wie oben
}

public class Aufzaehlung
{  public static void main(String[] argv)
   {  Vector v=new Vector(5,3);
      Kunde p1=new Kunde("Schmidt","Otto","Kiel");
      // usw
      Enumeration alles=v.elements();
      int i=0;
      while (alles.hasMoreElements())
      {  Object o=alles.nextElement();
         System.out.print(i+":");
         ((Kunde)o).ausgeben();
         i++;
      }
   }
}
```
■

11 Wichtige Java-Klassen

In Kapitel 4 haben wir die primitiven Datentypen von Java kennengelernt. Naturgemäß können auf Variablen primitiver Datentypen keine Methoden angewendet werden. Für jeden primitiven Datentyp führt Java im Package `java.lang` eine zugehörige Klasse ein, eine sogenannnte Wrapper-Klasse. Dies wird im folgenden Abschnitt behandelt.

Für Daten beliebig großer Zahlen und beliebiger Genauigkeit definiert Java im Package `java.math` (nicht mit dem Package `java.lang.Math` verwechseln) geeignete Klassen, die im 2. Abschnitt behandelt werden.

Über Klassen, ihre Attribute und Methoden kann man sich über die Klasse `Class` informieren, die im Package `java.lang` definiert ist. In Abschnitt 3 werden wir dies an früheren Beispielen demonstrieren.

11.1 Wrapper-Klassen

Das Package `java.lang` enthält für jeden primitiven Datentyp eine sog. *Wrapper-Klasse*, die den primitiven Datentyp in eine Klasse kapselt und weitere nützliche Methoden zur Verfügung stellt.

Die folgende Tabelle gibt den Namen der Wrapper-Klasse für jeden primitiven Datentyp an.

Wrapper	*primitiv*	
Byte	byte	Klassen
Short	short	für
Integer	int	*ganzzahlige*
Long	long	Werte
Float	float	Klassen für
Double	double	*reelle* Werte
Boolean	boolean	

Wrapper	primitiv	
Character	char	

Die Wrapper-Klassen für die ganzzahligen und reellen Datentypen sind von der Klasse **Number** abgeleitet und implementieren das Interface **Comparable**, das die Methode **compareTo** enthält.

In den folgenden Tabellen sind die öffentlichen Attribute und Methoden der numerischen Wrapper-Klassen zusammengestellt. Dabei steht das Wort *Wrapper* für eine Wrapper-Klasse und das Wort *primitiv* für den in der obigen Tabelle angegebenen zugehörigen primitiven Datentyp.

Die öffentlichen Attribute der ganzzahligen und reellen Wrapper-Klassen

```
public static primitiv MAX_VALUE
public static primitiv MIN_VALUE
```

Für ganzzahlige Datentypen ist dies der größte bzw. kleinste Wert des jeweiligen primitiven Datentyps *primitiv*.

Für reelle Datentypen ist dies der größte bzw. kleinste darstellbare positive Wert des jeweiligen primitiven Datentyps *primitiv*.

```
public static Class TYPE
```

Ist das Class-Objekt, das den zugehörigen primitiven Datentyp repräsentiert (siehe Abschnitt 11.3).

Die folgende Tabelle stellt die Methoden der Klasse **Number** und des Interface **Comparable** zusammen.

Die Methoden der Klasse Number und des Interface Comparable

```
public byte byteValue()
public double doubleValue()
public float floatValue()
public int intValue()
public long longValue()
public short shortValue()
```

Gibt den Wert des angegebenen Wrapper-Objekts im jeweiligen primitiven Datentyp zurück.

Die Methoden der Klasse **Number** und des Interface **Comparable**
`public int compareTo(`*Wrapper* `anderes)` `public int compareTo(Object anderes)`
Liefert eine negative Zahl, 0 bzw. eine positive Zahl, wenn das Objekt kleiner, gleich bzw. größer als das Objekt **anderes** ist.

Die numerischen Wrapper-Klassen enthalten gleiche bzw. gleichartige Methoden, die im Folgenden zusammengestellt sind.

Wichtige Methoden der numerischen Wrapper-Klassen
`public` *Wrapper* `(`*primitv* `Zahl)` `public` *Wrapper* `(String Zahl)`
Konstruktoren für die jeweilige Wrapper-Klasse.
`public static` *Wrapper* `valueOf(String Zahl)` `public static` *Wrapper* `valueOf(String Zahl,int Basis)`
Liefert ein neues Objekt des *Wrapper*-Typs, das mit der angegebenen **Zahl** initialisiert wird. Die zweite Form dieser Methode ist nur für die ganzzahligen Wrapper-Klassen definiert; das neue Objekt des *Wrapper*-Typs wird mit der angegebenen **Zahl** initialisiert, die zur Basis **Basis** angegeben wurde. Für **Basis** sind die Werte zwischen 2 und 36 erlaubt (siehe auch Wrapper-Klasse **Character**)

`pablic static String toString(`*primitiv* `Zahl)`
`public static String toString(`*primitiv* `Zahl,int B)`
`public String toString()`

Die beiden ersten Methoden wandeln die **Zahl** in einen **String** zur angegebenen Basis **B**; ist keine Basis angegeben, wird in Dezimal gewandelt. Die dritte Methode wandelt das Objekt in einen zugehörien **String** als Dezimalzahl.

Die ganzzahligen Wrapper-Klassen besitzen noch spezielle Methoden zum Wandeln von Zahlen einer bestimmten Basis.

Weitere Methoden der ganzzahligen Wrapper-Klassen

```
public static primitiv parseWrapper(String Zahl)
public static primitiv parseWrapper(String Zahl,int B)
```

Wandelt den String in den angegebenen primitven Datentyp. Dabei wird die Basis 10 (dezimal) bzw. die angegebene Basis B verwendet. Ist Zahl keine legale Zahl zur angegebenen Basis, wird die Ausnahme **Number-FormatException** ausgeworfen.

Für die Wrapper-Klasse **Integer** heißt diese Methode **parseInt**.

```
public static String toBinaryString(primitiv Zahl)
public static String toOctalString(primitiv Zahl)
public static String toHexString(primitiv Zahl)
```

Wandelt die angegebene **Zahl** in einen String, der die Zahl binär, oktal bzw. hexadezimal darstellt.

Diese Methoden sind nur für die ganzzahligen Datentypen **int** und **long** definiert.

❑ *Beispiel 11.1.1   Demo der Wrapper-Klassen für ganze Zahlen*

```
public class LongWrapper
{  public static void main(String[] args)
   {  // die öffentlichen Attribute
      System.out.println("groesste Long-Zahl: "
            +Long.MAX_VALUE);
      System.out.println("kleinste Long-Zahl: "
            +Long.MIN_VALUE);
      System.out.println("Klasse            : "
            +Long.TYPE);
      Long lang=new Long(0x12345L);
      System.out.println("lang.byteValue()   : "
            +lang.byteValue());
      System.out.println("lang.doubleValue(): "
            +lang.doubleValue());
      System.out.println("parseLong(..)      : "
            +Long.parseLong("abcdef",16));
      System.out.println("toBinaryString(..): "
             +Long.toBinaryString(lang.longValue()));
      System.out.println("toHexString(..)    : 0X"
             +Long.toHexString(lang.longValue()));
```

}
}

Das Programm liefert folgende Ausgabe:

```
groesste Long-Zahl: 9223372036854775807
kleinste Long-Zahl: -9223372036854775808
Klasse            : long
lang.byteValue()  : 69
lang.doubleValue(): 74565.0
parseLong(..)     : 11259375
toBinaryString(..): 10010001101000101
toHexString(..)   : 0X12345
```

Die reellen Datentypen **Float** und **Double**, die nach IEEE 754 definiert ist, haben drei spezielle Werte, die in der folgenden Tabelle zusammengestellt sind.

Die öffentlichen Attribute der reellen Wrapper-Klassen
public static *primitv* NaN
Der Wert für NaN (not a number), d. h. keine legale reelle Zahl.
public static *primitv* NEGATIVE_INFINITY public static *primitv* POSITIVE_INFINITY
Der Wert für -∞ bzw +∞.

Ob ein reeller Wert unendlich ist oder keine legale Zahl, kann man mit Methoden abfragen. Daneben haben die reellen Wrapper-Klassen noch Umwandlungsfunktionen zwischen Bitmuster und Zahlentyp sowie umgekehrt.

Weitere Methoden der reellen Wrapper-Klassen
public static boolean isNaN(*primitv* Zahl) public boolean isNaN()
Liefert **true**, falls die angegebene Zahl bzw. das Wrapper-Objekt den speziellen Wert "Not a Number" haben.
public static boolean isInfinity(*primitv* Zahl) public boolean isInfinity()

Weitere Methoden der reellen Wrapper-Klassen
Liefert **true**, falls die angegebene Zahl bzw. das Wrapper-Objekt einen unendlich großen Wert haben.
`public static float intBitsToFloat(int Bits)` `public static double longBitsToDouble(long Bits)`
Wandelt die Bit-Darstellung eines Wertes gemäß IEEE 754 in einen **float**- bzw. **double**-Wert.
`public static int floatToIntBits(float Zahl)` `public static long doubleToLongBits(double Zahl)`
Wandelt einen reellen Wert vom Typ **float** bzw. **double** in die zugehörige Bit-Darstellung gemäß IEEE 754.

□ *Beispiel 11.1.2   Wrapper-Klasse für reelle Zahlen*

```
import JavaPack.*;

public class DoubleWrapper
{  public static void main(String[] args)
   {  // die öffentlichen Attribute
      System.out.println("groesste Double-Zahl: "
          +Double.MAX_VALUE);
      System.out.println("kleinste Double-Zahl: "
          +Double.MIN_VALUE);
      System.out.println("NaN Double-Zahl      : "
          +Double.NaN);
      System.out.println("negativ Unendlich   : "
          +Double.NEGATIVE_INFINITY);
      System.out.println("positiv Unendlich   : "
          +Double.POSITIVE_INFINITY);
      System.out.println("Klasse              : "
          +Double.TYPE);
      double f;
      System.out.print("Gib double-Zahl ein :");
      f=Einlesen.LiesDouble();
      Double doppelt=new Double(f);
      System.out.println("doppelt = "+doppelt);
      System.out.println("doubleToLongBits: 0x"
        +Long.toHexString(Double.doubleToLongBits(
```

```
                doppelt.doubleValue()))+"L");
       System.out.println("isInfinity() : "
           +doppelt.isInfinite());
   }
}
```

Das Programm liefert z. B. folgenden Ein-/Ausgabe-Dialog:

```
groesste Double-Zahl: 1.7976931348623157E308
kleinste Double-Zahl: 4.9E-324
NaN Double-Zahl     : NaN
negativ Unendlich   : -Infinity
positiv Unendlich   : Infinity
Klasse              : double
Gib double-Zahl ein :123.456e-78
doppelt = 1.23456E-76
doubleToLongBits: 0x302c9728258469caL
isInfinity() : false                              ∎
```

Die Klasse **Boolean** enthält neben den beiden Konstanten **TRUE** und **FALSE**
die folgenden Methoden:

Methoden der Wrapper-Klassen Boolean
`public Boolean(boolean wert)` `public Boolean(String w)`
Die beiden Konstruktoren erzeugen ein **Boolean**-Objekt, das folgenden Wert: - **true**, wenn **wert** gleich **true** ist bzw. der String **w** den Text `"true"` unabhängig von Groß-/Kleinschreibung enthält; - **false** sonst.
`public boolean booleanValue()`
Liefert den Wert des **Boolean**-Objekts als **boolean**-Wert.

❑ *Beispiel 11.1.3 Demo für Boolean-Wrapper-Klasse*
```
public class BooleanWrapper
{ public static void main(String[] args)
   { // die öffentlichen Attribute
     System.out.println("Boolean.TRUE = "
```

```
                +Boolean.TRUE);
      System.out.println("Boolean.FALSE= "
                +Boolean.FALSE);
      System.out.println("Boolean.TYPE = "
                +Boolean.TYPE);
      // Konstruktoren
      Boolean b1=new Boolean(true);
      Boolean b2=new Boolean("TRUEE");
      System.out.println("b1 : "
                +b1.booleanValue());
      System.out.println("b2 : "
                +b2.booleanValue());
   }
}
```

Das Programm liefert folgende Ausgabe:

```
Boolean.TRUE = true
Boolean.FALSE= false
Boolean.TYPE = boolean
b1 : true
b2 : false                                        ■
```

Buchstaben werden in Bezeichnern verwendet, sie können Ziffern von Zahlen sein, etwa 0 bis 9 für dezimale, weiter A bis F für hexadezimale Ziffern. Ferner gibt es Groß- und Kleinbuchstaben. Eine Ziffer oder ein Buchstabe kann der Wert für die Basis eines Zahlensystems sein; die Attribute **MIN_RADIX** und **MAX_RADIX** geben den kleinsten bzw. größten Wert für eine solche Basis an. Die Wrapper-Klasse **Character** stellt eine Fülle von Methoden bereit, die diese Eigenschaften behandeln. Hier folgt eine Auswahl der Methoden der Klasse **Character**.

Wichtige Methoden der Wrapper-Klasse Character
`public Character(char wert)`
Erzeugt ein **Character**-Objekt, das den Wert von **wert** hat.
`public static int digit(char ch,int Basis)` `public static char forDigit(int Wert,int Basis)`

Wichtige Methoden der Wrapper-Klasse `Character`

Die erste Methode liefert den ganzzahligen Wert des Buchstabens **ch** in der Basis **Basis**.

Umgekehrt liefert die zweite Methode den Buchstaben für den Ziffernwert **Wert** in der Basis **Basis**.

```
public static boolean isDigit(char c)
public static boolean isJavaIdentifierPart(char c)
... usw.
```

Gibt an, ob das als Parameter angegebene Zeichen **c** vom angegebenen Typ (hier Ziffer bzw. Teil eines Bezeichners) sein kann.
(Im folgenden Beispiel werden weitere Methoden dieser From verwendet.)

```
public static char toLowerCase(char c)
public static char toUpperCase(char c)
```

Wandelt das im Parameter angegebene Zeichen **c** in einen Klein- bzw. Großbuchstaben.
Beachten Sie, dass die deutschen Sonderzeichen (Umlaute und ß) hier nicht gewandelt werden.

❑ *Beispiel 11.1.4   Demo für Character-Wrapper-Klasse*

```
import JavaPack.*;

public class CharacterWrapper
{ public static void main(String[] args)
   { // einige Konstanten
     System.out.println("MAX_RADIX : "
               +Character.MAX_RADIX);
     // Konstruktoren

     // Test von Buchstaben
     String test;
     System.out.println(
"Gib die zu analysierende Zeichenfolge ein : ");
     test=Einlesen.LiesString();
     for (int i=0;i<test.length();i++)
        TypVon(test.charAt(i));
   }
```

```
    public static void TypVon(char c)
    {  System.out.println(c+" -------");
       if (Character.isDigit(c))
          System.out.println(" ist ein Digit");
       if (Character.isIdentifierIgnorable(c))
         System.out.println(
                 " ist IdentifierIgnorable");
       if (Character.isISOControl(c))
          System.out.println(" ist ISO-Control");
       if (Character.isJavaIdentifierPart(c))
          System.out.println(
                  " ist JavaIdentifierPart");
       if (Character.isJavaIdentifierStart(c))
          System.out.println(
                   " ist JavaIdentifierStart");
       if (Character.isLetter(c))
          System.out.println(" ist Letter");
       if (Character.isLetterOrDigit(c))
          System.out.println(" ist LetterOrDigit");
       if (Character.isLowerCase(c))
          System.out.println(" ist LowerCase");
       // usw
    }
}
```

Das Programm liefert folgende Ausgabe:

```
MAX_RADIX : 36
Gib die zu analysierende Zeichenfolge ein :
1a_
1 -------
 ist ein Digit
 ist JavaIdentifierPart
 ist LetterOrDigit
a -------
 ist JavaIdentifierPart
 ist JavaIdentifierStart
 ist Letter
 ist LetterOrDigit
 ist LowerCase
_ -------
 ist JavaIdentifierPart
```

`ist JavaIdentifierStart`   ∎

11.2 Klassen für große Zahlen

Die primitiven Datentypen haben jeweils einen begrenzten Zahlenbereich und eine begrenzte Genauigkeit, wie sie in den Tabellen von Kapitel 4 angegeben wurden. Braucht man für bestimmte Berechnungen größere Zahlenbereiche oder höhere Genauigkeiten, kann man die beiden folgenden Klassen aus dem Package **java.math** benutzen: Für ganzzahlige Werte beliebiger Genauigkeit die Klasse **BigInteger**, für reelle Werte beliebiger Ganauigkeit die Klasse **Big-Decimal**. Die Operationen werden als Methoden realisiert. Die beiden folgenden Tabellen enthalten eine Übersicht über wichtige Methoden für diese Klassen.

Einige wichtige Methoden der Klasse `BigInteger`
`public BigInterger(String Wert)` `public BigInterger(String Wert,int Basis)`
Erzeugt ein Objekt vom Typ **BigInteger** zur Basis 10 bzw, zur angegebenen Basis **Basis**.
arithmetische Operationen: [1] `public BigInteger abs()` [2] `public BigInteger add(BigInteger zweiter)` [3] `public BigInteger sub(BigInteger zweiter)` [4] `public BigInteger multiply(BigInteger zweiter)` [5] `public BigInteger divide(BigInteger zweiter)`
[1] liefert den Betrag dieses Objekts zurück. [2]-[5] liefert das Ergebnis der angegebenen Operation mit diesem Objekt und dem Objekt **zweiter** zurück.

logische Operatoren:
`public BigInteger and(BigInteger zweiter)`
`public BigInteger or(BigInteger zweiter)`
`public BigInteger xor(BigInteger zweiter)`
`public BigInteger not()`
`public BigInteger negate()`

Einige wichtige Methoden der Klasse `BigInteger`
Liefert das Ergebnis der angegebenen Operation mit diesem Objekt und dem Objekt `zweiter` zurück.

Schiebeoperatoren:
```
public BigInteger shiftLeft(int zweiter)
public BigInteger shiftRight(int zweiter)
```

Liefert das Ergebnis der angegebenen Operation mit diesem Objekt und dem Objekt `zweiter` zurück.

Weitere Operatoren:
```
[1] public BigInteger gcd(BigInteger zweiter)
[2] public BigInteger[] divideAndRemainder(
                   BigInteger zweiter)
[3] public BigInteger pow(int exponent)
```

Liefert das Ergebnis der angegebenen Operation mit diesem Objekt und dem angegebenen Parameter zurück; im Einzelnen:

[1] liefert den größten gemeinsamen Teiler,

[2] liefert ein Feld mit den beiden Ergebnissen Quotient im 0. Element und ganzzahliger Rest im 1. Element.

[3] liefert dieses Objekt hoch **exponent**.

```
public int bitLength()
```

Liefert die Anzahl der Bits, die man mindestens braucht, um die Zahl ohne Vorzeichenbit darzustellen; d. h. eine vorzeichenlose Zahl braucht genau diese Bitanzahl, eine vorzeichenbehaftete ein Bit mehr.

☐ *Beispiel 11.2.1 Große Integers*

```
import JavaPack.*;
import java.math.*;

public class BigIntegerDemo
{  public static void main(String[] args)
   {  BigInteger Zahl1,Zahl2,Ergebnis;
      BigInteger[] Teiler;
      int Basis;
      String wert;
      System.out.print("Gib 1. Zahl ein : ");
```

```
    wert=Einlesen.LiesString();
    Zahl1=new BigInteger(wert);
    zeigeBinaer(Zahl1);
    System.out.println();
    System.out.println("Erlaubte Basis: 2 bis "
        +Character.MAX_RADIX);
    System.out.print("Gib Basis ein   : ");
    Basis=Einlesen.LiesInt();
    System.out.print("Gib 2. Zahl ein : ");
    wert=Einlesen.LiesString();
    Zahl2=new BigInteger(wert,Basis);
    zeigeBinaer(Zahl2);
    Teiler=Zahl1.divideAndRemainder(Zahl2);
    //        ----------------------------------
    System.out.println(Zahl1
        +" geteilt durch "+Zahl2);
    System.out.println("Ganzer Teil : "+Teiler[0]);
    System.out.println("Rest        : "+Teiler[1]);
    Ergebnis=Zahl1.gcd(Zahl2);
    //        ----------------
    System.out.println("ggT von "+Zahl1
        +" und "+Zahl2+" ist "+Ergebnis);
    Ergebnis=Zahl1.multiply(Zahl2);
    //        --------------------
    System.out.println(Zahl1+"*"+Zahl2
        +"="+Ergebnis);
    System.out.println("Die Zahl "+Zahl1
        +" braucht\nohne Vorzeichen mindestens "
        +Zahl1.bitLength()+" Bits");
    //       ----------------
}

static void zeigeBinaer(BigInteger b)
{   System.out.print(b+" binaer ");
    zeigeBin(b,0);
    System.out.println();
}

static void zeigeBin(BigInteger b,int platz)
{   BigInteger Null=new BigInteger("0");
    BigInteger Eins=new BigInteger("1");
    if (b.intValue()==0)
```

```
            return;
        else
        {   zeigeBin(b.shiftRight(1),++platz);
            if (platz%4==0)
               System.out.print(" ");
            if (b.and(Eins).compareTo(Null)!=1)
               System.out.print("0");
            else
               System.out.print("1");
        }
    }
}
```

Das Programm liefert folgende Ausgabe:

```
Gib 1. Zahl ein : 40965
40965 binaer  1010 0000 0000 0101

Erlaubte Basis: 2 bis 36
Gib Basis ein   : 5
Gib 2. Zahl ein : 200
50 binaer 11 0010
40965 geteilt durch 50
Ganzer Teil : 819
Rest        : 15
ggT von 40965 und 50 ist 5
40965*50=2048250
Die Zahl 40965 braucht
ohne Vorzeichen mindestens 16 Bits            ■
```

Die Klasse **BigDecimal** stellt Methoden für reelle Zahlen beliebiger Größe und Genauigkeit zur Verfügung. Man kann das Rundungsverhalten festlegen; dazu gibt es 8 Rundungsmethoden, die durch folgende **static int**-Konstanten charakterisiert sind:

Rundungsmethoden der Klasse BigDecimal	
Attribut	Rundungsart
ROUND_CEILING	immer aufrunden; also: für positive Zahlen von der 0 weg, für negative Zahlen Richtung 0

Rundungsmethoden der Klasse BigDecimal	
Attribut	Rundungsart
ROUND_DOWN	immer Richtung 0
ROUND_FLOOR	immer abrunden; also: für positive Zahlen Richtung 0, für negative Zahlen von der 0 weg
ROUND_HALF_DOWN	bis einschließlich .5 Richtung 0, sonst umgekehrt
ROUND_HALF_EVEN	auf die "nächstliegenden" Nachbarn
ROUND_HALF_UP	bis ausschließlich .5 Richtung 0, ab .5 umgekehrt
ROUND_UNNECESSARY	legt fest, dass das Ergebnis ohne Rundung exakt ist; anderenfalls wird eine Ausnahme ausgeworfen
ROUND_UP	immer von der 0 weg

Das folgende Beispiel demonstriert die unterschiedlichen Möglichkeiten der Rundung.

❏ *Beispiel 11.2.2 Rundungsverhalten von **BigDecimal**-Zahlen*

```
import java.math.*;

public class BigDecimalRundung
{  public static void main(String[] args)
   {  BigDecimal zahl1,zahl2;
      zahl1=new BigDecimal("0.555");
      zahl2=new BigDecimal("-0.5550");

      System.out.println("Rundung nach "
         +"2 Dezimalstellen:");
      System.out.println("Fuer zahl1="+zahl1);
      System.out.println("ROUND_UP        : "
         +zahl1.setScale(2,
            BigDecimal.ROUND_UP));
      System.out.println("ROUND_DOWN      : "
         +zahl1.setScale(2,
```

```
                    BigDecimal.ROUND_DOWN));
          System.out.println("ROUND_HALF_DOWN: "
             +zahl1.setScale(2,
                BigDecimal.ROUND_HALF_DOWN));
          System.out.println("ROUND_HALF_UP   : "
             +zahl1.setScale(2,
                BigDecimal.ROUND_HALF_UP));
          System.out.println("ROUND_HALF_EVEN: "
             +zahl1.setScale(2,
                BigDecimal.ROUND_HALF_EVEN));
          System.out.println("ROUND_CEILING   : "
             +zahl1.setScale(2,
                BigDecimal.ROUND_CEILING));
          System.out.println("ROUND_FLOOR      : "
             +zahl1.setScale(2,
                BigDecimal.ROUND_FLOOR));
          System.out.println("Fuer zahl2="+zahl2);
          System.out.println("ROUND_UP          : "
             +zahl2.setScale(2,
                BigDecimal.ROUND_UP));
          System.out.println("ROUND_DOWN        : "
             +zahl2.setScale(2,
                BigDecimal.ROUND_DOWN));
          System.out.println("ROUND_HALF_DOWN: "
             +zahl2.setScale(2,
                BigDecimal.ROUND_HALF_DOWN));
          System.out.println("ROUND_HALF_UP   : "
             +zahl2.setScale(2,
                BigDecimal.ROUND_HALF_UP));
          System.out.println("ROUND_HALF_EVEN: "
             +zahl2.setScale(2,
                BigDecimal.ROUND_HALF_EVEN));
          System.out.println("ROUND_CEILING   : "
             +zahl2.setScale(2,
                BigDecimal.ROUND_CEILING));
          System.out.println("ROUND_FLOOR      : "
             +zahl2.setScale(2,
                BigDecimal.ROUND_FLOOR));
       }
}
```

Das Programm liefert folgende Ausgaben für die gerundeten Werte:

```
Rundung nach 2 Dezimalstellen:
Fuer zahl1=0.555
ROUND_UP          : 0.56
ROUND_DOWN        : 0.55
ROUND_HALF_DOWN: 0.55
ROUND_HALF_UP   : 0.56
ROUND_HALF_EVEN: 0.56
ROUND_CEILING  : 0.56
ROUND_FLOOR    : 0.55
Fuer zahl2=-0.5550
ROUND_UP          : -0.56
ROUND_DOWN        : -0.55
ROUND_HALF_DOWN: -0.55
ROUND_HALF_UP   : -0.56
ROUND_HALF_EVEN: -0.56
ROUND_CEILING  : -0.55
ROUND_FLOOR    : -0.56
```

Neben den Konstruktoren und arithmetischen Operatoren kennt die Klasse **BigDecimal** noch einige weitere Methoden für die Skalierung der reellen Zahl.

Wichtige Methoden der Klasse BigDecimal
[1] public BigDecimal(String Wert)
[2] public BigDecimal(double Wert)
[3] public BigDecimal(BigInteger Wert)
[4] public BigDecimal(BigInteger Wert,int Skal)

Konstruiert ein Objekt vom Typ **BigDecimal**, und zwar
[1] mit dem angegebenen String, der eine reelle Zahl ohne Exponententeil sein muss,
[2] - [3] mit dem angegebenen Wert,
[4] mit dem angegebenen Wert und **Skal** Stellen hinter dem Dezimalpunkt.

Wichtige Methoden der Klasse `BigDecimal`

arithmetische Operationen

1. `public BigDecimal abs()`
2. `public BigDecimal add(BigDecimal zweiter)`
3. `public BigDecimal subtract(BigDecimal zweiter)`
4. `public BigDecimal multiply(BigDecimal zweiter)`
5. `public BigDecimal divide(BigDecimal zweiter,`
   `        int Skal,int Rundung)`
6. `public BigDecimal divide(BigDecimal zweiter,`
   `        int Rundung)`

1 liefert den Absolutwert des Objektes.

2 - 4 liefern Summe, Differenz bzw. Produkt dieses Objekts mit `zweiter`.

5 bzw. 6 liefern den Quotienten dieses Objekts geteilt durch `zweiter`, und zwar mit der in `Skal` angegebenen Stellenzahl hinter dem Dezimalpunkt und der in `Rundung` angegebenen Rundung (vgl. vorige Tabelle).

Vergleichsoperatoren

`public BigDecimal max(BigDecimal zweiter)`
`public BigDecimal min(BigDecimal zweiter)`

Liefert das Maximum bzw. Minimum dieses Objekts und `zweiter`.

Skalierungsoperatoren

1. `public BigDecimal movePointLeft(int Anzahl)`
2. `public BigDecimal movePointRight(int Anzahl)`
3. `public BigDecimal setScale(int Skalierung)`
4. `public int scale()`

1 bzw. 2 liefern die reelle Zahl für dieses Objekt, wobei der Dezimalpunkt um `Anzahl` Stellen nach links bzw. rechts geschoben wurde.

3 liefert den Wert dieses Objekts mit der in `Skalierung` angegebenen Stellenzahl hinter dem Dezimalpunkt.

4 liefert die Anzahl der Stellen hinter dem Dezimalpunkt für dieses Objekt.

Weitere Operatoren

1. `public BigDecimal negate()`
2. `public int signum()`

Wichtige Methoden der Klasse BigDecimal
1 liefert ein Objekt, dessen Wert das Negative dieses Objektes ist.
2 liefert das Vorzeichen dieses Objekts, d. h. -1 für negative, +1 für positive Werte und 0 für den Wert Null.

Das folgende Beispiel demonstriert einige der oben angegebenen Methoden.

❏ *Beispiel 11.2.3   Große reelle Zahlen*
```java
import java.math.*;

public class BigDecimalDemo
{  public static void main(String[] args)
   {  BigDecimal zahl1=new BigDecimal(123.45E2),
               zahl2=new BigDecimal("-432.123");
      BigInteger ganz=new BigInteger("123456789");
      BigDecimal zahl3=new BigDecimal(ganz,6);
      System.out.println("zahl1 : "+zahl1);
      System.out.println("zahl2 : "+zahl2);
      System.out.println("zahl3 : "+zahl3);
      System.out.println("abs: "+zahl2.abs());
      System.out.println(zahl1+"+"+zahl2+"="
            +zahl1.add(zahl2));
      System.out.println(zahl1+"/"+zahl3+"="
            +zahl1.divide(zahl3,12,
                    BigDecimal.ROUND_DOWN));
      System.out.println("movePointLeft:"+zahl1
            +"\n   um 5 Stellen ="
            +zahl1.movePointLeft(5));
      System.out.println("Skalierung von zahl3:"
            +zahl3.scale());
   }
}
```

Das Programm liefert folgende Ausgabe:

```
zahl1 : 12345
zahl2 : -432.123
zahl3 : 123.456789
abs: 432.123
12345+-432.123=11912.877
```

189

```
12345/123.456789=99.994500909949
movePointLeft:12345
   um 5 Stellen =0.12345
Skalierung von zahl3:6
```
■

11.3 Die Java-Klasse `Class`

Diese Klasse stellt Methoden zur Verfügung, mit denen man sich zur Laufzeit des Programms über die Klassennamen, Attribute und Methoden informieren kann. Attribute lassen sich mit Methoden der Klasse **Field** analysieren, für Konstruktoren und Methoden gibt es die beiden Klassen **Constructor** und **Method**. Diese drei Klassen sind im Package **java.lang.reflect** definiert.

Die folgende Tabelle stellt einige wichtige Methoden der Klasse **Class** zusammen.

Wichtige Methoden der Klasse `Class`
① `public Constructor[] getConstructors()`   ② `public Constructor[] getDeclaredConstructors()`
Liefert ein Feld von Konstruktoren der betrachteten Klasse zurück, und zwar im Fall ① nur alle öffentlichen, im Fall ② dagegen alle vereinbarten Konstruktoren.
① `public Field[] getFields()`   ② `public Field[] getDeclaredFields()`
Liefert ein Feld der Attribute der betrachteten Klasse zurück, und zwar im Fall ① nur alle öffentlichen, im Fall ② dagegen alle vereinbarten Attribute.
① `public Method[] getMethods()`   ② `public Method[] getDeclaredMethods()`
Liefert ein Feld der Methoden der betrachteten Klasse zurück, und zwar im Fall ① nur alle öffentlichen, im Fall ② dagegen alle vereinbarten Methoden.
`public String getName()`
Liefert den vollständigen Namen der Klasse

Wichtige Methoden der Klasse `Class`
`public Class getSuperclass()`
Liefert das **`Class`**-Objekt der Superklasse dieses Objekts.

Attribute lassen sich mit Methoden der Klasse **`Field`** analysieren. Einige wichtige Methoden sind in der folgenden Tabelle zusammengestellt.

Wichtige Methoden der Klasse `Field`
`public Class getType()`
Liefert ein Klassenobjekt für dieses Attribut.
`public Class getDeclaringClass()`
Liefert das Klassenobjekt für die Klasse bzw. das Interface, in der dieses Attribut definiert ist.
`public String getName()`
Liefert den vollständigen Namen des Attributes.

Ein Konstruktor ist eine spezielle Methode ohne Rückgabewert. Zur Analsye von Methoden und Konstruktoren stellt Java die beiden Klassen **`Method`** und **`Constructor`** zur Verfügung, die beide fast dieselben Methoden besitzen. Die folgende Tabelle stellt wichtige Methoden dieser beiden Klassen zusammen.

Wichtige Methoden der Klassen `Method` und `Constructor`
`public Class getDeclaringClass()`
Liefert das Klassenobjekt für die Klasse bzw. das Interface, in der diese Methode definiert ist.
`public Class[] getParameterTypes()`
Liefert ein Feld von Klassenobjekten für die Parametertypen dieser Methode bzw. dieses Konstruktors in der Reihenfolge, in der sie vereinbart sind.
`public Class getReturnType()`
Liefert ein Klassenpobjekt für den Rückgabewert dieser Methode.

Wichtige Methoden der Klassen Method und Constructor

`public String getName()`

Liefert den vollständigen Namen der Methode bzw. des Konstruktors.

Das folgende Beispiel demonstriert die Methoden dieser Klassen.

❑ *Beispiel 11.3.1   KlassenAnalyse*
Die folgende Klasse enthält eine statische Methode **analysiereKlasse**, die
Informationen über das als Parameter übergebene Objekt ermittelt und am Bild-
schirm ausgibt.

```java
import java.lang.reflect.*;
import JavaPack.*;

public class KlassenAnalyse
{
   static void analysiereKlasse(Object o)
   { Class cl=o.getClass();
     System.out.print("Klasse: "
            +cl.getName());
     Class SuperKlasse=cl.getSuperclass();
     while (SuperKlasse!=null)
     { System.out.print(" erbt von "
             +SuperKlasse.getName());
       SuperKlasse=SuperKlasse.getSuperclass();
     }
     System.out.println();
     Field[] Attribute=cl.getDeclaredFields();
     System.out.println("Attribute:");
     for (int i=0;i<Attribute.length;i++)
        System.out.println("    "
        +Attribute[i].getType().getName()+' '
        +Attribute[i].getName());
     Constructor[] Konstruktoren=
        cl.getDeclaredConstructors();
     System.out.println("Konstruktoren:");
     for (int i=0;i<Konstruktoren.length;i++)
     { System.out.print("    "
             +Konstruktoren[i].getName()+"(");
       Class[] Parameter=
```

```
              Konstruktoren[i].getParameterTypes();
          for (int j=0;j<Parameter.length-1;j++)
            System.out.print(
              Parameter[j].getName()+",");
          if (Parameter.length>0)
            System.out.print(
              Parameter[Parameter.length-1].getName());
          System.out.println(")");
        }
        Method[] Methoden=cl.getMethods();
        System.out.println("Methoden:");
        for (int i=0;i<Methoden.length;i++)
        {  System.out.print("     "
           +Methoden[i].getReturnType().getName()
           +' '+Methoden[i].getName());
          Class[] Parameter=
              Methoden[i].getParameterTypes();
          System.out.print("(");
          for (int j=0;j<Parameter.length-1;j++)
            System.out.print(
                Parameter[j].getName()+",");
          if (Parameter.length>0)
            System.out.print(
            Parameter[Parameter.length-1].getName());
          System.out.print(")   definiert in ");
          System.out.println(
           Methoden[i].getDeclaringClass().getName());
        }
        System.out.println();
      }
}
```

Die folgende Testklasse wendet die obige Methode auf die Klassen **Figur** und **Kreis** an, wie sie in den Beispielen zu Abschnitt 9.4 definiert wurden und den in der folgenden Abbildung angegebenen Zusammenhang haben – die Java-

Klasse **Object** wird hier nicht dargestellt, obwohl einige Methoden aus dieser
Klasse geerbt werden.

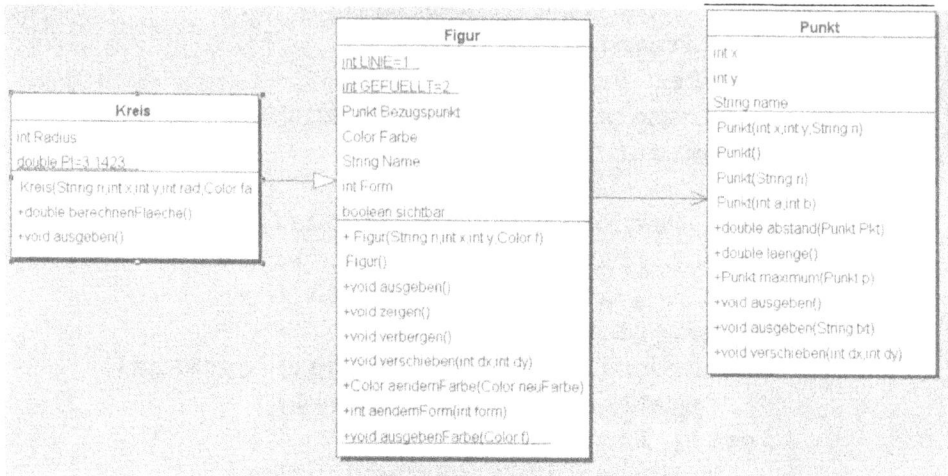

Abb. 11.1: Klassenzusammenhänge

```
public class FigurenTest
{   public static void main(String[] argv)
    {   Figur f1=new Kreis(
            "Kreis 2",40,40,10,Color.blue);
        KlassenAnalyse.analysiereKlasse(f1);

        Figur f3=new Figur();
        KlassenAnalyse.analysiereKlasse(f3);
    }
}
```

Die Analyse der beiden Objekte vom Typ **Kreis** und **Figur** liefert folgende
Ausgabe:

```
Klasse: Kreis erbt von Figur erbt von java.lang.Object
Attribute:
    int Radius
    double PI
Konstruktoren:
    Kreis(java.lang.String,int,int,int,java.awt.Color)
Methoden:
    void ausgebenFarbe(java.awt.Color) definiert in Figur
```

```
boolean equals(java.lang.Object) definiert in
    java.lang.Object
java.lang.Class getClass()  definiert in
    java.lang.Object
int hashCode()  definiert in java.lang.Object
void notify()  definiert in java.lang.Object
void notifyAll()  definiert in java.lang.Object
java.lang.String toString()  definiert in
    java.lang.Object
void wait()  definiert in java.lang.Object
void wait(long)  definiert in java.lang.Object
void wait(long,int)  definiert in java.lang.Object
java.awt.Color aendernFarbe(java.awt.Color)  definiert
    in Figur
int aendernForm(int)  definiert in Figur
void ausgeben()  definiert in Kreis
void verbergen()  definiert in Figur
void verschieben(int,int)  definiert in Figur
void zeigen()  definiert in Figur
double berechnenFlaeche()  definiert in Kreis

Klasse: Figur erbt von java.lang.Object
Attribute:
    int LINIE
    int GEFUELLT
    Punkt Bezugspunkt
    java.awt.Color Farbe
    java.lang.String Name
    int Form
    boolean sichtbar
Konstruktoren:
    Figur()
    Figur(java.lang.String,int,int,java.awt.Color)
Methoden:
    void ausgebenFarbe(java.awt.Color)  definiert in Figur
    boolean equals(java.lang.Object)  definiert in
        java.lang.Object
    java.lang.Class getClass()  definiert in
        java.lang.Object
    int hashCode()  definiert in java.lang.Object
    void notify()  definiert in java.lang.Object
    void notifyAll()  definiert in java.lang.Object
```

```
java.lang.String toString()  definiert in
   java.lang.Object
void wait()  definiert in java.lang.Object
void wait(long)  definiert in java.lang.Object
void wait(long,int)  definiert in java.lang.Object
java.awt.Color aendernFarbe(java.awt.Color)  definiert
   in Figur
int aendernForm(int)  definiert in Figur
void ausgeben()  definiert in Figur
void verbergen()  definiert in Figur
void verschieben(int,int)  definiert in Figur
void zeigen()  definiert in Figur                      ■
```

12 Ausnahmebehandlung

Eine Klasse ist ein eigenständiges Programm, das eine bestimmte Anwendung implementiert. Dabei kann sie eine fehlerhafte Benutzung bemerken. In Kapitel 10 haben wir dies am Beispiel unzulässiger Indexzugriffe gesehen. Wie auf eine solche fehlerhafte Benutzung reagiert werden soll, kann dagegen nur der Benutzer der Klasse entscheiden.

Die Ausnahmebehandlung (engl.: *exception handling*) von Java stellt komfortable Hilfsmittel zur Verfügung, um sichere und absturzfreie Programme zu erstellen.

12.1 Einfache Ausnahmebehandlung

Das Prinzip der Ausnahmebehandlung wird an folgendem einfachen Beispiel vorgestellt: Eine Klasse **MonatLesen** stellt eine Lesemethode zur Verfügung, die eine Monatsziffer einliest.

Wird eine gültige Monatszahl eingelesen, wird diese einfach zurückgegeben. Wird eine Zahl außerhalb des Bereichs von 1 bis 12 eingelesen, ist dies offensichtlich falsch, und es wird eine Ausnahme ausgeworfen. Hierbei verwenden wir die in Java definierte Ausnahmeklasse **Exception**, der man beim Konstruktor einen Text zur Beschreibung der Ausnahme mitgeben kann.

❏ *Beispiel 12.1.1 Monat einlesen*

```
import JavaPack.*;

public class MonatLesenKlasse
{  static int MonatLesen()
        throws Exception
   // "throws": die Ausnahme wird ggf. an
   // einen Aufrufer weitergereicht
   {  int monat=Einlesen.LiesInt();
      if ((monat<1)|(monat>12))
         throw new Exception("\""+monat+
            "\" ist kein Monat");
```

```
        // hier wird die Ausnahme mit einer
        // geeigneten Information ausgeworfen
      return monat;
   }
}
```

Die Methode **MonatLesen** möchte die Ausnahme an den Aufrufer weitergeben; dazu muss im Methodenkopf diese Ausnahme mit **throws** angegeben werden. ∎

Im obigen Beispiel haben wir folgende neue Sprachkonstrukte verwendet: Zum Auswerfen einer Ausnahme benutzt man die throwAnweisung.

| throwAnweisung | :   (12-1)

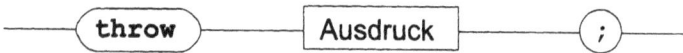

Der Ausdruck ist immer der Aufruf eines Konstruktors einer Ausnahmeklasse. Eine ausgeworfene Ausnahme muss

   entweder in einem **catch**-Block aufgefangen werden (siehe nächstes Beispiel)

   oder im Methodenkopf in einer throwsListe aufgeführt sein. Dies besagt, dass die Methode diese Ausnahme an ihren Aufrufer weiterreichen kann.

| throwsListe | :   (12-2)

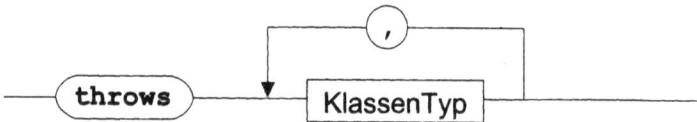

Wird bei der Methode **MonatLesen** im obigen Beispiel keine throwsListe angegeben, stellt der Compiler fest, dass hier eine Ausnahme ausgeworfen, aber weder behandelt noch weitergereicht wird, und meldet einen entsprechenden Fehler.

❏ *Beispiel 12.1.2 Anwendung von Monat einlesen*
Die folgende Anwendung verwendet die Methode **MonatLesen** der Klasse
MonatLesenKlasse und fängt gegebenenfalls die ausgeworfene Ausnahme
auf:

```
import JavaPack.*;

public class MonatEinlesen
{  public static void main(String[] argv)
   {  int monat1,monat2;
      System.out.print("1. Monat:");
      System.out.flush();
      try
      {  monat1=MonatLesenKlasse.MonatLesen();
         System.out.print("monat1="+monat1+"\n2.:");
         System.out.flush();
         monat2=MonatLesenKlasse.MonatLesen();
         System.out.println("monat2="+monat2);
      }
      catch (Exception e)
      {  System.out.println(e.getMessage());
      }
      System.out.println("Programmende");
   }
}
```

Werden zwei korrekte Werte eingegeben, wird der **try**-Block ausgeführt und
anschließend hinter dem **catch**-Block weitergemacht. Bei einer fehlerhaften
Eingabe wird die Methode **MonatEinlesen** nach dem Auswerfen der Ausnahme beendet und in den **catch**-Block verzweigt.
Wird der erste Monat falsch eingegeben, erhält man folgende Ausgabe:

```
1. Monat:14
"14" ist kein Monat
Programmende
```
∎

Dabei wurden die folgenden Sprachkonstrukte verwendet:

tryAnweisung : (12-3)

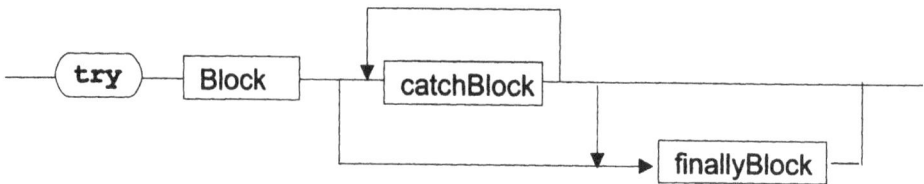

catchBlock : (12-4)

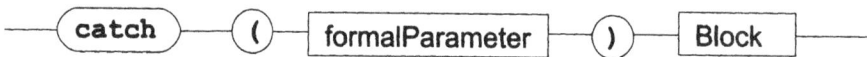

Der formale Parameter muss eine **Exception** oder eine selbstdefinierte Ausnahme sein (siehe Abschnitt 12.2.1). Der Block beschreibt, wie die Ausnahme behandelt werden soll; er heißt Ausnahmebehandler (engl.: *exception handler*).

12.2 Hierarchie von Ausnahmeklassen

12.2.1 Beispiel einer eigenen Ausnahmeklasse

In unserem Monatsbeispiel soll nun bei einer fehlerhaften Eingabe die Ausnahmebehandlung so reagieren, dass nach einer Fehlermeldung einfach ein bestimmter Monat, etwa **1** für Januar, benutzt wird.

Dazu definieren wir eine Ausnahmeklasse **MonatAusnahme** als Subklasse von **Exception**.

❑ *Beispiel 12.2.1 Ausnahmeklasse für Monatseingabe*
```
import JavaPack.*;

class MonatAusnahme extends Exception
{   private int monat;
    public MonatAusnahme()
    {   super(); }
    public MonatAusnahme(String s,int d)
    {   super(s);
        monat=d;
```

```
    }

    public int erneuterVersuch()
    {  try
       {  System.out.println("monat war falsch:"
              +monat);
          System.out.print("Neuer Versuch:");
          System.out.flush();
          monat=Einlesen.LiesInt();
          if ((monat<1)|(monat>12))
              throw new MonatAusnahme(
                  "Nochmals falsch. Es wird 1 genommen",
                  monat);
       }
       catch (MonatAusnahme d)
       {  System.out.println(d.getMessage());
          monat=1;
          // monat=erneuterVersuch(); // (**1**)
       }
       return monat;
    }
}
```

In der Methode **erneuterVersuch** wird die Ausnahme **MonatAusnahme** ausgeworfen und sofort selbst behandelt. Deshalb muss sie nicht im Methoden-kopf in der **throws**-Liste angegeben werden.
Das folgende Java-Programm liest einen Monat ein:

```
import JavaPack.*;

public class MonatEinlesen2
{  public static void main(String[] argv)
   {  int monat;
      System.out.print("Monat:");
      System.out.flush();
      try
      {  monat=MonatLesenKlasse2.MonatLesen(); }
      catch (MonatAusnahme m)
      {  System.out.println(m.getMessage());
         monat=m.erneuterVersuch();
      }
      System.out.println("monat="+monat);
```

```
        }
}
```

Die hier verwendete Klasse **MonatLesenKlasse2** unterscheidet sich von der Klasse **MonatLesenKlasse** aus dem vorigen Beispiel lediglich dadurch, dass **Exception** durch unsere Ausnahmeklasse **MonatAusnahme** ersetzt wird.

Wird in der Methode **erneuterVersuch** im **catch**-Ausdruck anstelle der ersten beiden Anweisungen die mit (**1**) markierte Zeile verwendet, wird so lange zur Eingabe aufgefordert, bis schließlich ein gültiger Monat eingelesen wird. Hierbei wird die Methode **erneuterVersuch** so lange rekursiv aufgerufen, bis ein korrekter Monat eingelesen wurde; danach werden alle begonnenen Rekursionen automatisch beendet. ■

12.2.2 Die Hierarchie der Ausnahmeklassen in Java

Jede Ausnahmeklasse, auch die von uns benutzte Klasse **Exception**, hat als Superklasse die Klasse **Throwable**, welche die Basismethoden für Ausnahmen bereitstellt.

Die Methoden der Klasse Throwable
`public Throwable()` `public Throwable(String s)`
Erzeugt ein **Throwable**-Objekt ohne bzw. mit einem Meldungstext.
`public Throwable fillInStackTrace()`
Trägt in das **Throwable**-Objekt die aktuelle Stackinformation ein.
`public String getMessage()`
Liefert die beim Konstruktor angegebene Meldung bzw. den Leerstring, wenn der parameterlose Konstruktor ausgeworfen wurde.
`public void printStackTrace()` `public void printStackTrace(PrintStream s)`
Gibt dieses Objekt auf dem Bildschirm bzw. der Ausgabe **s** aus.
`public String toString()`
Liefert eine String-Darstellung dieses Objekts.

□ *Beispiel 12.2.2 Methoden von Throwable*
Wir modifizieren das vorige Beispiel so, dass im Ausnahmebehandler einige der
oben angegebenen Methoden verwendet werden.

```
import JavaPack.*;

public class MonatEinlesen3
{  public static void main(String[] argv)
   {  int monat;
      System.out.print("Monat:");
      System.out.flush();
      try
      {  monat=MonatLesenKlasse2.MonatLesen();
      }
      catch (MonatAusnahme m)
      {  System.out.println(m.toString());
         System.out.println(
            "StackTrace wird ausgegeben");
         m.printStackTrace();
         Throwable neu=m.fillInStackTrace();
         System.out.println(
            "StackTrace \"neu\" wird ausgegeben");
         neu.printStackTrace();
         monat=m.erneuterVersuch();
      }
      System.out.println("monat="+monat);
   }
}
```

Bei einer fehlerhaften Eingabe liefert das Programm folgende Ausgabe (Erklärungen sind in kleiner Schrift eingefügt):

```
Monat:14
MonatAusnahme: "14" ist kein Monat
        Dies lieferte toString().
StackTrace wird ausgegeben
MonatAusnahme: "14" ist kein Monat
        at MonatLesen2.MonatLesen(MonatLesen2.java:26)
        at MonatEinlesen3.main(MonatEinlesen3.java:26)
        Das war die Ausgabe von printStackTrace().
StackTrace "neu" wird ausgegeben
MonatAusnahme: "14" ist kein Monat
```

```
        at MonatEinlesen3.main(MonatEinlesen3.java:32)
```
In Zeile 32 wurde `fillInStackTrace()` aufgerufen; der folgende Aufruf von `printStackTrace()` lieferte diese Ausgabe für Objekt **neu**.

monat war falsch:14

Neuer Versuch:13

Nochmals falsch. Es wird 1 genommen

Diese Ausgabe kam aus **erneuterVersuch()**.

monat=1

Das war die letzte Ausgabe des Hauptprogramms.   ∎

Viele Methoden der Java-Packages definieren ihre eigenen Ausnahmeklassen, um möglichst genau über die Art der Ausnahme informieren zu können. All diese Ausnahmeklassen sind entsprechend ihrer Aufgabe und der Art ihrer Behandlung in die in Abbildung 12.1 angegebene Klassenhierarchie eingeordnet.

In der Abbildung sind die Klassen als *geprüft* bzw. *ungeprüft* gekennzeichnet. Dies bedeutet folgendes:

Geprüfte Klassen und ihre Subklassen werden vom Compiler darauf überprüft, ob ausgeworfene Ausnahmen entweder behandelt oder weitergereicht werden, so wie wir es in unseren bisherigen Beispielen besprochen haben. Geprüfte Klassen sind **IOException** sowie **Exception** und ihre Subklassen, mit Ausnahme der Klasse **RuntimeException** und ihren Subklassen.

Ungeprüfte Ausnahmen: Zur Laufzeit eines Programms können an vielen Stellen unerwartete Ausnahmen auftreten, wie etwa die ganzzahlige Division durch 0. Streng genommen müsste man bei jeder ganzzahligen Division die in Java vordefinierte Ausnahme **ArithmeticException** behandeln oder in einer **throws**-Liste aus der Methode weiterreichen. Ähnliche Beispiele sind falsche Indizes und **null**-Referenzen. Wenn man jede solche Ausnahme streng nach den obigen Regeln behandeln müsste, würden die Programme sehr lang und unleserlich. Deshalb verfährt Java mit der Klasse **RuntimeException** und ihren Subklassen so, dass sie standardmäßig ohne Angabe in einer **throws**-Liste weitergereicht und schließlich von der virtuellen Java-Maschine behandelt werden, was dann zu einem Laufzeitfehler führt. Solche Ausnahmeklassen nennen wir ungeprüft.

Eine weitere Menge von ungeprüften Ausnahmeklasse ist die Klasse **Error** mit ihren Subklassen. Hier werden Ausnahmen behandelt, die innerhalb der virtuellen Java-Maschine auftreten können, wie z. B. Kellerüberlauf, Speicherüberlauf oder ein interner Fehler der virtuellen Maschine.

Natürlich darf man auch ungeprüfte Ausnahmen auffangen und behandeln. Die obige Festlegung für ungeprüfte Ausnahmen besagt lediglich, dass man dies nicht unbedingt tun muss.

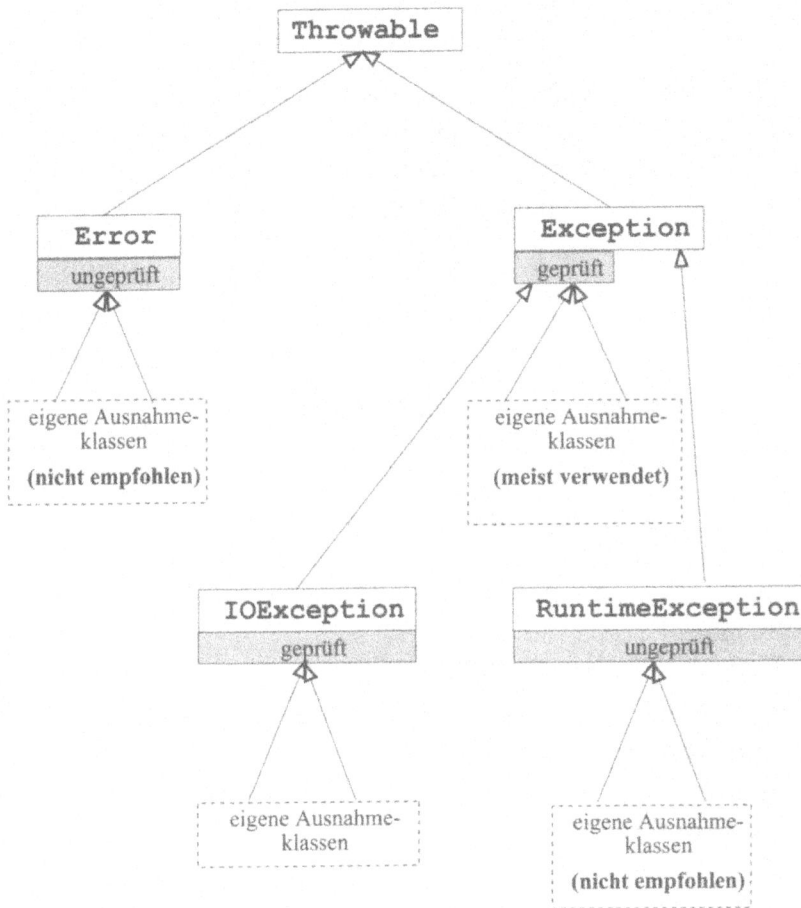

Abb. 12.1: Hierarchie von Ausnahmeklassen

In Java-Pogrammen sollten selbstdefinierte Ausnahmeklassen immer geprüft werden, d. h. Subklassen von **Exception** oder **IOException** sein.

Eine Methode, die eine geprüfte Ausnahme auswirft, behandelt diese entweder selbst oder reicht sie an den Aufrufer weiter, was in der Kopfzeile in der **throws**-Liste explizit angegeben ist. Damit gehört diese **throws**-Liste ebenso zur Schnittstellenbeschreibung einer Methode wie ihre Parameter und der Ergebnistyp.

12.3 Der `finally`-Block

Ein **try**-Block wird vorzeitig verlassen, sobald eine Ausnahme ausgeworfen wird. Meist wird im Ausnahmebehandler die aktuelle Methode beendet. Muss vorher eine Anweisungsfolge zwingend durchlaufen werden, etwa um eine teilweise geöffnete Netzwerkverbindung wieder zu schließen, verwendet man den **finally**-Block.

| finallyBlock | :   (12-5)

Hinter einem **try**-Block können keine oder mehrere **catch**-Blöcke und/oder ein **finally**-Block stehen; es muss mindestens einer dieser Blöcke vorkommen, und der **finally** -Block muss hinter allen **catch**-Blöcken stehen (siehe Syntaxdiagramm (12-3)).
Der **finally**-Block wird durchlaufen

1. nach dem "normalen" Ende des **try**-Blocks,
2. nach einer behandelten Ausnahme,
3. vor einer Ausnahme, die aus dieser Methode weitergereicht wird (nicht behandelte Ausnahme),
4. beim Beenden des **try**-Blockes über **break** oder **continue**,
5. beim Verlassen der Methode über **return**.

Das folgende Beispiel demonstriert diese verschiedenen Möglichkeiten. In der Erklärung zu diesem Beipiel wird auf die obigen Nummern verwiesen.

❑ *Beispiel 12.3.1 Durchläufe durch finally*
```
import JavaPack.*;

class E1 extends Exception
{   E1() { super(); }
    E1(String s) { super(s); }
}

class E2 extends Exception
{   E2() { super(); }
    E2(String s) { super(s); }
```

```
}

public class FinallyDurchlaeufe
{  static void finallyDurchlaeufe()
      throws E2
   {  int zaehler=0;
Schleife:
      for ( ; ; ) // unendliche Schleife
      {  int zahl;
         System.out.print("Gib Zahl ein: ");
         System.out.flush();
         zahl=Einlesen.LiesInt();
         zaehler++;
         try
         {  switch (zahl)
            {  case 1:  // behandelte Ausnahme
                     throw new E1("behandelt");
               case 2:  // nicht behandelte Ausnahme
                     throw new E2("weitergereicht");
               case 3:  continue;
               case 4:  break Schleife;
               case 5:  return;
               default: //normale Wiederholung
                     zaehler+=1000;
                     break;
            }
         }
         catch (E1 e)
         {  System.out.println(e.toString()); }
         finally
         { System.out.println("finally durchlaufen");
           System.out.println("zaehler="+zaehler
              +", zahl="+zahl);
         }
      } // Schleifenende
      System.out.println("hinter Schleife");
   }

   public static void main(String[] argv)
      throws E2
   {  finallyDurchlaeufe();   }
}
```

Bei der Eingabe des Wertes **1** wird zuerst der Ausnahmebehandler für **E1** und dann der **finally**-Block durchlaufen, danach beginnt ein neuer Schleifendurchlauf (Fall ②).

Wird der Wert **2** eingelesen, wird die nicht behandelte Ausnahme **E2** ausgeworfen; vor dem Weiterreichen dieser Ausnahme wird der **finally**-Block abgearbeitet, die Ausnahme an den Aufrufer **main** weitergereicht, der sie seinerseits der virtuellen Maschine weiterreicht. Es wird ein Laufzeitfehler ausgegeben (Fall ③).

Der Wert **3** veranlasst mit **continue** einen neuen Schleifendurchlauf; zuvor wird wieder der **finally**-Block abgearbeitet (Fall ④).

Beim Einlesen von **4** wird die Schleife verlassen, nachdem der **finally**-Block ausgeführt wurde. Danach wird noch der Text **hinter Schleife** ausgegeben (Fall ④).

Der Wert **5** verlässt die Methode, nachdem der **finally**-Block abgearbeitet wurde (Fall ⑤).

In allen anderen Fällen wird der **zaehler** um **1000** erhöht, der **finally**-Block durchlaufen und ein neuer Schleifendurchgang begonnen (Fall ①). ■

In einem **finally**-Block kann selbst wieder ein **try**-Block stehen, der Ausnahmen behandeln und weiterreichen kann. Dabei stellt sich die Frage: Wenn beide **try**-Blöcke eine Ausnahme auswerfen, welche wird dann weiterbehandelt? Java behandelt immer *die letzte ausgeworfene* Ausnahme weiter.

Das folgende Beispiel erläutert diese Situation.

❑ *Beispiel 12.3.2 Mehrere ausgeworfene Ausnahmen*

```
import JavaPack.*;

class meineAusnahme extends Exception
{   meineAusnahme()   { super(); }
    meineAusnahme(String s)
    {   super(s); }
    void Trace()
    {   System.out.println(getClass()); }
}

public class mehrfacheAusnahmen
{   public static void main(String[] argv)
        throws Exception
    {   try { FinallyTest(); }
```

```
    catch (meineAusnahme a)
    {   System.out.println(
          "meineAusnahme in main: "+a.getMessage());
    }
    finally
    {   System.out.println("finally in main");   }
}

static void FinallyTest()
throws Exception, meineAusnahme
{   int i;
    try
    {   TesteZahl();   }
    catch (meineAusnahme meine)
    {   System.out.println(meine.getMessage());
        meine.Trace();
    }
    catch (Exception allgemein)
    {   System.out.println(allgemein.toString());   }
    finally
    {   System.out.println("finally durchlaufen");
        try { TesteZahl(); }
        finally
        { System.out.println("finally in finally");}
    }
}

static void TesteZahl()
    throws Exception,meineAusnahme
{   System.out.print("Gib i ein: ");
    System.out.flush();
    int z=Einlesen.LiesInt();
    if (z==0)
        throw new Exception("Zahl ist Null");
    if (z==1)
        throw new meineAusnahme("Zahl ist 1");
    }
}
```

Die Methode **TesteZahl** liest eine ganze Zahl ein und wirft bei 0 und bei 1 eine Ausnahme aus.

Beim ersten Aufruf von **TesteZahl** in der Methode **FinallyTest** wird eventuell eine Ausnahme ausgeworfen und behandelt. Danach wird der **finally**-Block abgearbeitet, dessen **try**-Block aus einem weiteren Aufruf von **TesteZahl** besteht. Auch hier kann wieder eine der beiden Ausnahmen ausgeworfen werden, bevor der innere **finally**-Block abgearbeitet wird und zur aufrufenden Methode **main** zurückkehrt.

Wenn beide Aufrufe von **TesteZahl** keine Ausnahme ausgeworfen haben, muss in **main** auch keine Ausnahme behandelt werden.

Sonst gibt es zwei Fälle: Falls der zweite ohne Ausnahme abgearbeitet wurde, erhält **main** die Ausnahme, die der erste Aufruf von **TesteZahl** ausgeworfen hat. Andernfalls wird an **main** die Ausnahme des zweiten Aufrufs weitergegeben. Eine Ausnahme, die vielleicht vom ersten Aufruf ausgeworfen wurde, wird einfach vergessen.   ■

12.4 Das Prinzip der Ausnahmebehandlung

Zusammenfassend wird das Prinzip der Ausnahmebehandlung nochmals schematisch dargestellt. Die Ausnahmebehandlung gliedert sich in zwei oder drei Teile:

[1] Die Methodendeklaration einer Klasse erkennt eine Ausnahme, die sie in einer **throw**-Anweisung auswirft, wobei die Instanz einer Ausnahme erzeugt wird.

Diese Ausnahme wird meist an den Aufrufer weitergereicht; dazu muss im Kopf dieser Methode die Ausnahme in einem **throws**-Konstrukt angegeben sein:

```
// in einer Klasse
int Klassenmethode(....) throws Exception
{  ...
    if ( ... etwas ist passiert ...)
        throw new Exception(...);
    .. weiterer Code für Normalfall
}
```

2 A Eine Anwendermethode kann in einem bestimmten Codeteil auf das Auswerfen von Ausnahmen achten und sie gegebenenfalls behandeln. Dieser Codeteil wird durch **try** eingeleitet.

Welche Ausnahmen hierbei behandelt werden, wird in einer Liste von **catch**-Anweisungen beschrieben. Alle Ausnahmen, die im **try**-Block ausgeworfen, aber nicht behandelt werden, müssen im Methodenkopf im **throws**-Konstrukt aufgelistet sein, sonst meldet der Compiler einen Fehler.

```
// Anwendermethode
void Anwendermethode (...)
    throws Ausnahme4,Ausnahme5
    // diese hier angegebenen Ausnahmen werden
    // in dieser Methode nicht behandelt und
    // an den Aufrufer weitergereicht
{   ...
    try // es folgt Codeteil mit Ausnahmebehandlern
    {
        ..der "normale" Java-Code,
        ..der auf Ausnahmen achtet
    }
    catch (andereAusnahme a)
    {
        .. Ausnahmebehandler für andereAusnahme
    }
    catch (Exception e)
    {
        .. Ausnahmebehandler für Exception
    }
    ... weiterer Java-Code
}
```

2 B Eine Anweisungsfolge, die unabhängig vom Auftreten einer Ausnahme auf jeden Fall durchlaufen werden soll, wird in einem **finally**-Block hinter allen **catch**-Blöcken angegeben.

Beachten Sie, dass die Reihenfolge der **catch**-Blöcke wichtig ist. Es wird immer der erste passende **catch**-Block ausgeführt. Daher müssen Subklassen immer vor den Superklassen stehen, sonst wird der **catch** für die Subklasse nie erreicht.

Teil III.
Anwendungsprogramme
in Java

Übersicht

In diesem Teil werden die zentralen Klassen der Java-Packages behandelt. Das folgende Kapitel 13 legt die Grundlagen zur Gafikprogrammierung in Java. Dabei werden einige Klassen des Java-Packages `javax.swing` benutzt, welches komfortable plattform-unabhängige Klassen für die Grafikprogrammierung zur Verfügung stellt.

Die Domäne der Java-Programmierung ist die Erstellung von Applets; das sind Java-Programme, die in HTML-Seiten eines Web-Browsers ausgeführt werden. Kapitel 14 ist diesem Thema gewidmet. Grafische Benutzeroberflächen müssen auf Benutzer-Eingaben reagieren, die in Java-Programmen über Ereignisse behandelt werden. Dies wird in Kapitel 15 besprochen. In Kapitel 16 beschäftigen wir uns mit Threads; das sind parallel ablaufende Klassen. Kapitel 17 behandelt die Ein-/Ausgabe, die in Java auf dem Stromkonzept basiert. Ströme können Dateien, die Standard-Ein-/Ausgabegeräte (Tastatur und Bildschirm) sowie Netzwerk-Verbindungen sein. Das abschließende Kapitel 18 führt in die Programmierung von Java-Klassen ein, die über das Netzwerk miteinander kommunizieren. Die Details des Aufbaus einer Netzwerkverbindung wird in Java durch komfortable systemunabhängige Klassen verborgen.

13 Grundlagen der Grafikprogrammierung

In diesem Kapitel besprechen wir, wie ein Grafikprogramm aufgebaut wird und welche Hilfsmittel Java 2 hierfür zur Verfügung stellt.

Das zentrale Package für die grafische Programmierung ist das Package **javax.swing** und seine Unter-Packages. Diese Packages sind rechnerunbhängig implementiert, d. h. sie werden von der virtuellen Java-Maschine so realisiert, dass die Anwendung auf einem Windows-Rechner wie ein Windowsprogramm, auf einer Sun unter Solaris wie ein Solarisprogramm aussieht (in Java heißt dies "look and feel"). Ferner gibt es noch Methoden, mit denen man dieses "look and feel" einstellen kann. Ein Beispiel dazu befindet sich in Abschnitt 15.5.

13.1 Aufbau eines Grafikprogrammes

Das erste Beispiel ist die einfachste Form eines Grafikprogramms in Java. Dieses Programm sollte aber nicht sorglos gestartet werden!

❑ *Beispiel 13.1.1 Einfachste Grafik*
```
import javax.swing.*;

public class einfachsteGrafik
{ public static void main(String[] args)
   { JFrame f=new JFrame("einfachste Grafik");
     // Rahmen mit Titel erzeugen
     f.setSize(300,200);
     // Größe einstellen, sonst "minimal"
     f.setVisible(true);  // Rahmen anzeigen
   }
}                                               ∎
```

Dieses Programm zeigt den prinzipiellen Aufbau eines Grafikprogramms:

Zuerst erzeugt man einen Rahmen (engl. *Frame*), in den man die Grafik zeichnen will; dazu generieren wir ein Objekt **f** der Klasse **JFrame** aus dem Package **javax.swing**.

Danach legt man die Größe des Rahmens mit der Methode **setSize** fest, deren Parameter die Breite und Höhe des Rahmens in Punkten angibt.

Schließlich wird dieser Rahmen durch Aufruf der Methode **setVisible(true)** angezeigt.

Wenn Sie dieses Programm aus einem DOS-Fenster starten, werden Sie einen Rahmen sehen, der in der Titelzeile den Text **einfachste Grafik** trägt; er wurde im Konstruktor des Rahmens angegeben. Diesen Rahmen können Sie wie jedes Fenster bearbeiten: Sie können es vergrößern, verkleinern und zu einem Icon reduzieren. Auch die Menüpunkte zum Maximieren und Minimieren des Fensters funktionieren bereits. Falls Sie aber das Fenster schließen wollen, werden Sie feststellen, dass das Fenster nicht geschlossen wird; erst wenn Sie im DOS-Fenster Strg-C drücken, können Sie weiterarbeiten.

Dieses Verhalten spiegelt die Philosophie der Grafikprogrammierung unter Java wieder: Jede Benutzereingabe – wie etwa Alt+F4 zum "Fenster-Beenden" – wird als Ereignis behandelt und muss speziell bearbeitet werden.

Dazu definieren wir im nächsten Beispiel eine Subklasse von **JFrame**, die das Ereignis "Fenster-Beenden" abfängt und ausführt. Die Ereignisbehandlung wird ausführlich in Kapitel besprochen.

❏ *Beispiel 13.1.2 Grafikprogramm mit Beenden*

```
import javax.swing.*;
import java.awt.event.*;

public class Rahmen extends JFrame
{ class FensterBeenden extends WindowAdapter
  { public void windowClosing(WindowEvent e)
    { System.exit(0); }
  }

  public Rahmen()
  { addWindowListener(new FensterBeenden()); }

  public static void main(String[] argv)
  { JFrame f=new Rahmen();
    // Rahmen erzeugen
    f.setTitle("Grafik beenden z. B. mit Alt F4");
```

```
        f.setSize(350,150);      // Größe einstellen
        f.setVisible(true);
    }
}
```

Die Klasse **Rahmen** ist ein **JFrame** mit zusätzlichen Eigenschaften:

Die innere Klasse **FensterBeenden** behandelt Fensterereignisse (hier lediglich das Ereignis "Fenster-Beenden" über die Methode **windowClosing**). Die Deklaration überschreibt die gleichnamige Methode aus der Klasse **WindowAdapter**, die hier mit **System.exit(0)** das Programm beendet.

Im Konstruktor von **Rahmen** wird dieser Ereignisbehandler durch den Methodenaufruf **addWindowListener** registriert; dadurch reagiert unser Rahmen auf den Befehl "Fenster-Beenden". ∎

Nachdem wir nun einen Rahmen korrekt schließen können, widmen wir uns dem Zeichnen auf eine Malfläche. Die Klasse **JPanel** stellt eine "Mal"-Methode **paintComponent** zur Verfügung, in der wir unsere Mal-Befehle programmieren können – im folgenden Beispiel lediglich das Malen eines Textes.

In allen Beispielen dieses Kapitels wird die Klasse Rahmen des vorigen Beispiels verwendet.

❏ *Beispiel 13.1.3 Grafik malen*

```
import javax.swing.*;
import java.awt.*;

public class GrafikMalen
{   public static void main(String[] argv)
    {   JFrame frame=new Rahmen();
        // Rahmen erzeugen
        JPanel Malen=new Leinwand(); // [1]
        // Malfläche erzeugen
        frame.getContentPane().add(Malen); // [2]
        frame.setTitle("Malen in Grafik-Fenster");
        frame.setSize(350,150);    // Größe einstellen
        frame.setVisible(true);
    }
}

class Leinwand extends JPanel
```

```
{ public void paintComponent(Graphics g)
  { super.paintComponent(g);
    g.drawString("E.-W. Dieterich: Java",50,50);
  }
}
```

Die Klasse **Leinwand** überschreibt die Methode **paintComponent** der Klasse **JPanel**. Diese Methode ist das Hauptprogramm eines Grafik-Programms; in ihr werden die Malbefehle programmiert.

Nachdem in der Methode **main** ein Objekt dieser Klasse erzeugt wurde (Stelle ①), muss man dieses dem Rahmen hinzufügen (Stelle ②). Dabei liefert die Methode **getContentPane()** den sog. *Top-Level-Container*. Das ist eine Klasse, in der alle Mal-Objekte dieses Rahmens enthalten sein müssen. Die Methode **add** fügt dieses Objekt in den Container des Rahmens ein. ∎

In den obigen Beispielen sind uns bereits zwei wichtige Grafikklassen begegnet: **Graphics** aus **java.awt** und **JFrame** aus **javax.swing**.

Die Klasse **Graphics** stellt die wesentlichen Methoden zum Zeichnen zur Verfügung, etwa **drawString** zum Zeichnen eines Textes.

Jedes Fenster hat ein Koordinatensystem zur Kennzeichnung von Punkten; die x-Achse verläuft von links nach rechts, die y-Achse von oben nach unten. Die linke obere Ecke des Rahmens hat die Koordinaten **(0,0)**.

Wichtige Methoden der Klasse Graphics
`public void drawString(String str,int x,int y)`
Zeichnet den angegebenen Text **str** ab der Position **(x,y)** des Rahmens.
`public void drawLine(int x1,int y1,int x2,int y2)`
Zeichnet eine Linie von **(x1,y1)** nach **(x2,y2)**.
`public void drawRect(int x,int y,int br,int hoe)` `public void fillRect(int x,int y,int br,int hoe)`
Zeichnet ein Rechteck mit der linken oberen Ecke **(x,y)**, der Breite **br** und der Höhe **hoe**, und zwar **drawRect** zeichnet den Umriss in der vorgegebenen Farbe, **fillRect** zeichnet das mit der vorgegebenen Farbe gefüllte Rechteck.
`public void drawOval(int x,int y,int br,int hoe)` `public void fillOval(int x,int y,int br,int hoe)`

Wichtige Methoden der Klasse Graphics
Zeichnet ein Oval innerhalb des durch die Parameter definierten Rechtecks, und zwar `drawOval` zeichnet den Umriss des Ovals, `fillOval` zeichnet das mit der vorgegebenen Farbe gefüllte Oval.

Daneben gibt es noch weitere Methoden der Form **drawXXX** und **fillXXX**, wobei **XXX** jeweils eine geometrische Figur bezeichnet, etwa **Arc** für eine Ellipsenausschnitt und **Polygom** für ein Polygon.

Die Vererbungsstruktur der Klasse **JFrame** sieht folgendermaßen aus:

Object   Component   Container   Window   Frame   JFrame.

Dabei stellt **Window** ein Fenster ohne Rahmen zur Verfügung. Die Klasse **JFrame** ist ein Fenster mit Rahmen und Menüleiste.

In der folgenden Tabelle sind die Methoden zusammengestellt, die zum Arbeiten mit Frames unerlässlich sind. Im rechten Teil sind die Klassen angegeben, zu denen diese Methoden gehören.

Wichtige Methoden für die Klasse JFrame	
`JFrame()` `JFrame(String Titel)`	JFrame
Erzeugt einen Rahmen mit keinem bzw. dem angegebenen Rahmentitel.	
`public void setTitle(String titel)` `public String getTitle()`	Frame
Setzt bzw. liefert den Rahmentitel.	
`public void setSize(int br,int hoe)`	Component
Setzt die Rahmengröße auf die Breite `br` und die Höhe `hoe`.	
`public void setVisible(boolean b)`	Window
Zeigt oder verbirgt das Fenster, abhängig vom Parameter.	
`public void` `addWindowListener(WindowListener l)`	Window
Registriert den `WindowListener` l für den Rahmen.	

13.2 Eigenschaften eines Rahmens

Ein Rahmen der Klasse **JFrame** hat eine bestimmte Größe, eine Menüleiste sowie einen Rand. Die Menüleiste und den Rand wollen wir den *Saum* des Rahmens nennen. Der Saum liegt innerhalb des Rahmens; d. h. zum Zeichnen steht nur der Bereich Rahmengröße abzüglich der Saumbreiten zur Verfügung. Wie breit die einzelnen Seiten des Saums dargestellt werden, hängt vom Betriebssystem ab, auf dem das Java-Programm läuft.

Die beiden Klassen **Dimension** und **Insets** aus **java.awt** beschäftigen sich mit diesen Größen. Die Klasse **Dimension** hat u. a. zwei öffentliche Attribute **width** und **height** für die Breite bzw. Höhe des Rahmens, die durch

```
Dimension d = getSize();
```

besetzt werden. Die Klasse **Insets** besitzt die vier öffentlichen Attribute **top**, **left**, **bottom** und **right**, die die Saumbreiten der vier Seiten enthalten und die mit

```
Insets in=getInsets();
```

bestimmt werden.

Im folgenden Beispiel wird in die Mitte eines Rahmens ein **x** geschrieben, das auch nach einer Veränderung der Rahmengröße in der Mitte bleibt.

❑ *Beispiel 13.2.1 Mitte eines Rahmens markieren*

```
import javax.swing.*;
import java.awt.*;

public class MitteMarkieren
{ public static void main(String[] argv)
   { JFrame f=new Rahmen();
     f.setTitle("Mitte des Rahmens markieren");
     Leinwand Malen=new Leinwand();
     f.getContentPane().add(Malen);
     f.setSize(500,500);
     f.setVisible(true);
   }
}

class Leinwand extends JPanel
```

```
{ public void paintComponent(Graphics g)
  { super.paintComponent(g);
    Dimension d=getSize();
    Insets saum=getInsets();
    int BlattBreite=d.width-saum.right-saum.left;
    int BlattHoehe=d.height-saum.top-saum.bottom;
    g.drawString("x",BlattBreite/2+saum.left,
       BlattHoehe/2+saum.top);
  }
}
```

13.3 Figuren und Farben

Die Klasse **Graphics** stellt komfortable Methoden zum Zeichnen geometrischer Figuren dar. Im ersten Beispiel dieses Abschnitts werden Linien und zwei verschiedenfarbige Ovale in einen Rahmen gezeichnet.

Farben können mit der Methode **setColor** aus der Klasse **Graphics** eingestellt werden. Dazu verwendet man am einfachsten eine der Standardfarben, die als statische Konstanten in der Klasse **Color** definiert sind. Die Farben setzen sich aus rot-grün-blau-Anteilen zusammen, die jeweils einen Wert zwischen 0 (kein Farbanteil) und 255 (voller Farbanteil) haben können.

Farben der Klasse Color und zugehörige Methoden	
`black, blue, cyan, darkGray, gray, green, lightGray, magenta, orange, pink, red, white, yellow`	Statische Konstanten von Color
`public Color(int r,int g,int b)`	Color
Erzeugt eine undurchsichtige Farbe mit den angegebenen rot-grün-blau-Anteilen, deren Werte zwischen 0 und 255 liegen.	
`public void setColor(Color c)`	Graphics
Setzt die Farbe des Grafikkontexts auf den angegebenen Wert. Alle nachfolgenden Grafikausgaben verwenden diese Farbe.	

Farben der Klasse Color und zugehörige Methoden	
public void setBackground(Color Farbe) public Color getBackground() public void setForeground(Color Farbe) public Color getForeground()	Component

Setzt bzw. liefert die Hintergrund- bzw. Vordergrundfarbe. Die Hintergrundfarbe ist die Farbe der Zeichenfläche, die Vordergrundfarbe die Fabe, mit der gemalt wird.

❑ *Beispiel 13.3.1 Linien und Ovale*
Nachdem Sie dieses Java-Programm durchgearbeitet haben, schauen Sie sich zur Erklärung die Ausgabe in Abbildung 13.1 an.

```
import javax.swing.*;
import java.awt.*;

public class LinienUndOvale
{ public static void main(String[] argv)
  { JFrame f=new Rahmen();
    Leinwand Malen=new Leinwand();
    f.getContentPane().add(Malen);
    f.setTitle("Demo: DrawLine,drawOval,fillOval");
    f.setSize(500,250);
    f.setVisible(true);
  }
}

class Leinwand extends JPanel
{ public void paintComponent(Graphics g)
  { super.paintComponent(g);
    setBackground(Color.white);
    Insets saum=getInsets();
    int x1=saum.left+10;
    int x2=x1+100;
    int y1=saum.top+30;
    int y2=saum.top+100;
    // Linie zeichnen
    // --------------
    g.drawLine(x1,y1,x2,y2);
```

```
g.drawString("(x1,y1)",x1-5,y1-5);
g.drawString("(x2,y2)",x2-10,y2+15);
g.drawString("drawLine("+x1+","+y1+","
    +x2+","+y2+")",x1,y2+40);
// Ovale zeichnen
// --------------
x1+=150;
g.setColor(Color.red);
g.drawOval(x1,y1,100,70);
int x=x1,y=y1;
while (x+4<x1+100)
{   g.drawLine(x,y1,x+4,y1);
    g.drawLine(x,y1+70,x+4,y1+70);
    x+=10;
}
while (y+4<y1+70)
{   g.drawLine(x1,y,x1,y+4);
    g.drawLine(x1+100,y,x1+100,y+4);
    y+=10;
}
g.drawString("(x,y)",x1-8,y1-5);
g.drawString("Breite",x1+40,y1-5);
g.drawString("Hoehe",x1+105,y1+35);
g.drawString("drawOval("+x1+","+y1+",100,80)"
    ,x1,y1+110);
g.drawString(
    "allgemein: drawOval(x,y,Breite,Höhe)",
    x1-25,y1+130);
g.drawString(
    "(x,y) Punkt links oben des",
    x1-25,y1+150);
g.drawString("umschließenden Rechtecks",
    x1-25,y1+170);
x1+=150;
g.setColor(Color.blue);
g.fillOval(x1,y1,100,70);
g.drawString("fillOval("+x1+","+y1+",100,80)",
    x1,y1+110);
g.drawString("Analog für fillOval",x1,y1+170);
    }
}
```

■

Das Programm liefert folgende Ausgabe, die Farben natürlich in grau:

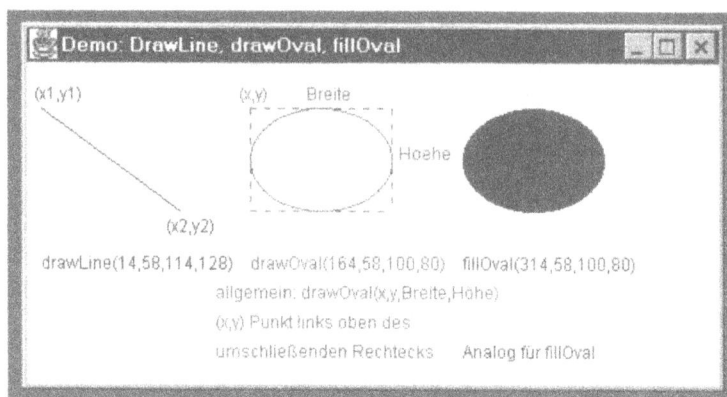

Abb. 13.1: Figuren

Im folgenden Programm wird das Zeichnen von Rechtecken demonstriert: Es wird ein Bilderrahmen in den eigentlichen Rahmen gezeichnet. Zu Beginn kann man die Breite des Bilderrahmens und seine Rasterbreite eingeben. In die Mitte dieses Rahmens wird der Text **3D-Bilderrahmen** geschrieben. Auch wenn die Rahmengröße verändert wird, bleibt der Rahmen in der angegebenen Breite und Rasterung, und der Text erscheint wieder in der Rahmenmitte. Die Länge des Textes wird hierbei geschätzt. Im nächsten Abschnitt wird besprochen, wie man die Länge eines Textes, der in einer bestimmten Schrift geschrieben wird, berechnet.

❏ *Beispiel 13.3.2 3D-Rahmen*
```
import javax.swing.*;
import java.awt.*;
import JavaPack.*;

public class Rahmen3D
{ public static void main(String[] argv)
   { int Breite,Rasterung;
     System.out.print("Rahmenbreite: ");
     System.out.flush();
     Breite=Einlesen.LiesInt();
     System.out.print("Rasterung: ");
     System.out.flush();
     Rasterung=Einlesen.LiesInt();
     System.out.println(
```

```
             "Bitte warten - Grafik wird geladen");
        JFrame f=new Rahmen();
        Leinwand Malen=
           new Leinwand(Breite,Rasterung);
        f.getContentPane().add(Malen);
        f.setTitle("3D-Rahmen, Breite:"+Breite
           +", Rasterung: "+Rasterung);
        f.setSize(500,300);
        f.setVisible(true);
     }
}


class Leinwand extends JPanel
{  private int Breite,Rasterung;
   public Leinwand(int b,int r)
   {  Breite=b;
      Rasterung=r;
   }

   public void paintComponent(Graphics g)
   {  super.paintComponent(g);
      setBackground(Color.white);
      Dimension d=getSize();
      Insets saum=getInsets();
      int ZeichenBreite=d.width-saum.right-saum.left;
      int ZeichenHoehe=d.height-saum.top-saum.bottom;
      for (int i=0;i<Breite;i+=Rasterung)
         g.drawRect(saum.left+i,saum.top+i,
            ZeichenBreite-2*i,ZeichenHoehe-2*i);
      g.drawString("3D-Bilderrahmen",
         ZeichenBreite/2-45,saum.top+ZeichenHoehe/2);
   }
}                                                       ■
```

Für die Rahmenbreite 30 und die Rasterung 3 ergibt sich folgende Ausgabe:

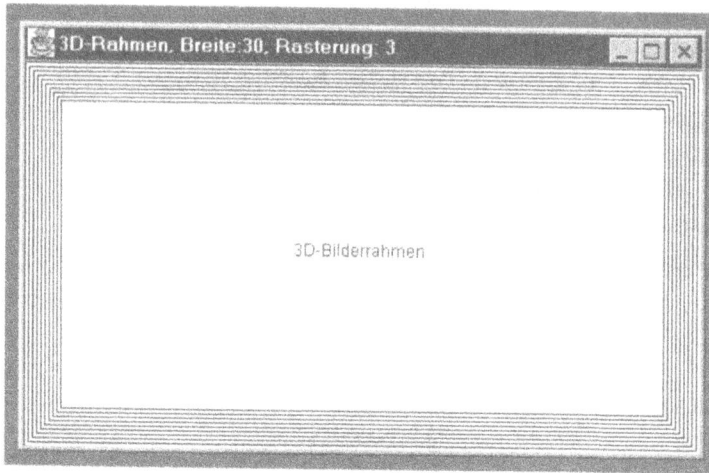

Abb. 13.2: 3D-Rahmen

Die Einstellung verschiedener Farben wird im folgenden Beispiel demonstriert. Es werden horizontale verschiedenfarbige Linien in einen Rahmen gezeichnet, wobei die rot-grün-blau-Anteile der Farben durch Zufallszahlen zwischen 0 und 255 bestimmt werden.

❑ *Beispiel 13.3.3 Farbverlauf*

```
import javax.swing.*;
import java.awt.*;

public class Farbverlauf
{  public static void main(String[] argv)
   {  JFrame f=new Rahmen();
      Leinwand Farben=new Leinwand();
      f.getContentPane().add(Farben);
      f.setTitle("Farbverlauf");
      f.setSize(500,500);
      f.setVisible(true);
   }
}

class Leinwand extends JPanel
{  public void paintComponent(Graphics g)
   {  int z=0;
```

```
    super.paintComponent(g);
    Dimension d=getSize();
    Insets saum=getInsets();
    int MalHoehe=d.height-saum.top-saum.bottom;
    for (int i=0;i<MalHoehe;i++)
    {   z+=10*i;
        int I=z*i;
        int w1=Math.abs((10*I)%256);
        int w2=Math.abs((66*I)%256);
        int w3=Math.abs((123*I)%256);
        Color c=new Color(w1,w2,w3);
        g.setColor(c);
        g.drawLine(saum.left,saum.top+i,
            d.width-saum.right,saum.top+i);
    }
  }
}
```

Zur Visualisierung der prozentualen Verhältnisse von Zahlenwerten werden häufig Tortendiagramme verwendet. Im abschließenden Beispiel dieses Abschnitts werden fünf Zahlen eingelesen. Diese werden in prozentuale Werte umgerechnet und diese Prozente als Tortendiagramm ausgegeben; dabei wird der Tortenabschnitt des ersten Wertes abgesetzt. Zur Realisierung wird die Methode **fillArc** der Klasse **Graphics** verwendet.

□ *Beispiel 13.3.4 Tortendiagramm*
```
import javax.swing.*;
import JavaPack.*;
import java.awt.*;
public class Tortendiagramm
{ public static void main(String[] argv)
    { double[] proz=new double[5];
      double[] zahl=new double[5];
      int i;
      double summe=0;
      System.out.print("Geben Sie 5 Zahlen ein. ");
      System.out.println(
          "Diese werden in Prozente umgerechnet");
      for (i=0;i<5;i++)
      { System.out.print((i+1)+": ");
        System.out.flush();
```

```
        zahl[i]=Einlesen.LiesDouble();
        summe+=zahl[i];
     }
     for (i=0;i<5;i++)
        proz[i]=zahl[i]*100/summe;
     System.out.println(
        "Bitte warten. Grafik wird geladen");

     JFrame f=new Rahmen();
     TortenPanel t=new TortenPanel(proz);
     f.getContentPane().add(t);
     f.setTitle(
       "Demo fuer Kreisausschnitte: Tortendiagramm "+
       "mit "+zahl[0]+","+zahl[1]+","+zahl[2]+
       ","+zahl[3]+","+zahl[4]+" (Swing)");
     f.setSize(500,500);
     f.setVisible(true);
   }
}

class TortenPanel extends JPanel
{  double[] Prozente;
   Color[] Torte={Color.red,Color.blue,Color.green,
                  Color.yellow,Color.gray};
   Color[] TextFarbe=
           {Color.black,Color.white,Color.black,
            Color.black,Color.black};

   public TortenPanel(double[] prozente)
   {  Prozente=prozente;      }
   public void paintComponent(Graphics g)
   {  super.paintComponent(g);
      setBackground(Color.white);
      g.drawString("Tortendiagramm",180,80);
      int x=100,y=130,i,Winkel;
      int radius=120;
      int MitteX=x+radius,MitteY=y+radius;
      int TextX,TextY,StartWinkel;
      int[] winkel=new int[5];
      double Rad;
      for (i=0;i<5;i++)
         winkel[i]=(int)Math.round(
```

```
              360*Prozente[i]/100);
   StartWinkel=-winkel[0]/2;
   // i-te Prozentzahl
   for (i=0;i<5;i++)
   {  g.setColor(Torte[i]);
      if (i==0)
         g.fillArc(x+10,y,2*radius,2*radius,
            StartWinkel,winkel[i]);
      else
         g.fillArc(x,y,2*radius,2*radius,
            StartWinkel,winkel[i]);
      g.setColor(TextFarbe[i]);
      // Berechnung der Textposition
      Winkel=StartWinkel+winkel[i]/2;
      Rad=Math.PI*Winkel/180;
      if (winkel[i]>15)
      {  TextX=(int)(MitteX+radius/2*
             Math.cos(Rad))-4;
         TextY=(int)(MitteY-radius/2*
             Math.sin(Rad))+4;
      }
      else
      {  g.setColor(Color.black);
         TextX=(int)(MitteX+(radius+25)*
             Math.cos(Rad))-4;
         TextY=(int)(MitteY-(radius+25)*
             Math.sin(Rad))+4;
      }
      g.drawString((int)Math.round(Prozente[i])+
         "%",TextX,TextY);
      StartWinkel+=winkel[i];
   }
  }
}                                              ■
```

Das Programm gibt für die in der Titelzeile angezeigten Werte folgende Grafik
aus (hier natürlich in schwarz-weiß):

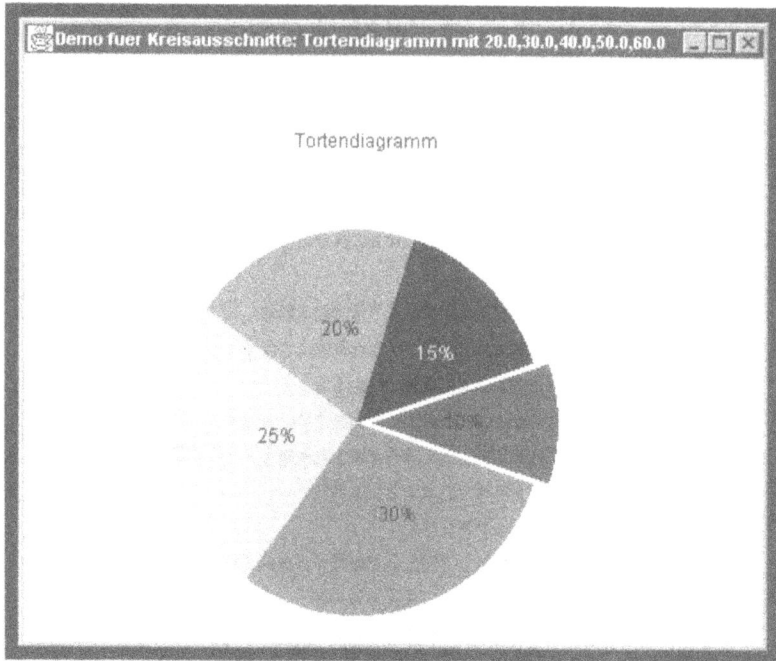

Abb. 13.3: Tortendiagramm

13.4 Texte und Schriften

Schriften werden in einen Grafikrahmen gezeichnet. Dazu gibt es im Package `java.awt` eine Klasse **Font**, die mehrere Schriften in unterschiedlichen Größen und verschiedenen Darstellungen (z. B. fett, kursiv) zur Verfügung stellt. Die meisten Schriften sind proportional, d. h. jeder Buchstabe hat seine eigene Breite. Will man Texte nebeneinander oder untereinander schreiben, muss man wissen, wie lang und wie hoch ein Text in der gewählten Schrift ist. Dabei helfen Methoden aus der Klasse **FontMetrics**, die ebenfalls im Package `java.awt` enthalten ist.

Bisher haben wir bereits Texte mit der Methode **drawString(text,x,y)** in einen Rahmen gezeichnet, wobei **x** und **y** die Position der unteren linken Ecke des Textes angibt. Der Text wird auf eine Grundlinie geschrieben; darüber hinaus hat ein Text noch Oberlängen (das ist der Abstand von der Grundlinie bis zum oberen Rand von Großbuchstaben) sowie Unterlängen (Abstand von der Grundlinie bis zum unteren Ende eines Buchstabens wie dem "g").

Die folgende Abbildung, die von Beispiel 13.4.1 ausgegeben wird, veranschaulicht die Metrik von Schriften.

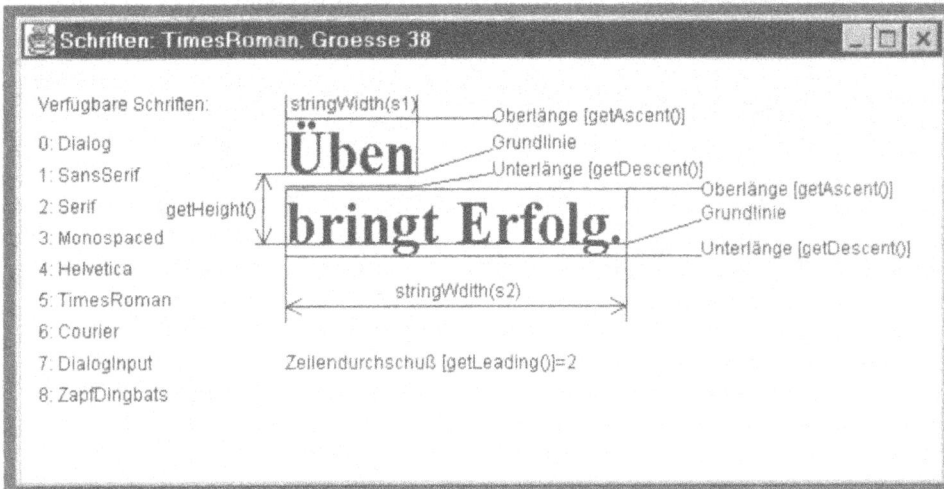

Abb. 13.4: Schriften

Die wichtigsten Methoden, die man zur Bearbeitung von Schriften benötigt, sind in der folgenden Tabelle zusammengestellt:

Wichtige Methoden für Schriften	

`public final static int BOLD`
`public final static int ITALIC`
`public final static int PLAIN`
	Konstanten in Font

Konstanten zum Festlegen des Schriftstils: fett, kursiv bzw. normal.	
`public Font(String n,int st,int gr)`	Font
Erzeugt ein neues Schrift-Objekt mit dem in **n** übergebenen Namen, dem Schriftstil **st** und der Größe **gr** in Punkten. Der Schriftstil wird durch die oben angegebenen Konstanten festgelegt; man kann die Stile auch kombinieren.	
`public static GraphicsEnvironment` `  getLocalGraphicsEnvironment()`	Graphics-Environment
Liefert die lokale Grafikumgebung.	
`public String[]` `  getAvailableFontFamilyNames()`	Graphics-Environment

231

Wichtige Methoden für Schriften	
Liefert die Namen der verfügbaren Schriften.	
`public FontMetrics getFontMetrics(Font font)`	`Component`
Bestimmt die plattformabhängige Schrift-Metrik der angegebenen Schrift.	
`public int getHeight()`	`FontMetrics`
Liefert die Standardhöhe einer Textzeile in der Schrift, die man über `get-Metrics` angibt. Die Standardhöhe ist der Abstand zweier aufeinander folgender Zeilen.	
`public int stringWidth(String str)`	`FontMetrics`
Liefert die Länge des Textes `str` in der eingestellten Schrift. Diese Länge gibt die Position an, an der das nächste Zeichen ausgegeben werden kann.	
`public int getAscent()` `public int getDescent()`	`FontMetrics`
Bestimmt die Oberlänge bzw. Unterlänge der Schrift. Die Oberlänge ist der Abstand von der Grundlinie bis zur Spitze eines Großbuchstabens. Die Unterlänge ist der Abstand von der Grundlinie bis zum unteren Rand eines Zeichens wie z. B. "g" und "y".	
`public int getLeading()`	`FontMetrics`
Liefert den Zeilendurchschuss; das ist der Abstand von der Unterlänge einer Zeile zur Oberlänge der nächsten Zeile.	

Diese Methoden werden im folgenden Beispiel benutzt. Es wird ein fester Text ausgegeben, die Schriftart und -größe kann man über Tastatureingabe wählen. Abbildung 13.4 zeigt eine mögliche Ausgabe dieses Programms.

❑ *Beispiel 13.4.1 Schriften*
Zur Ausgabe der ersten und zweiten Zeile wird fast derselbe Code benutzt. Daher wird der Code für die zweite Zeile nicht mehr wiederholt.

```
import javax.swing.*;
import java.awt.*;
```

```
import JavaPack.*;

public class Schriften extends Rahmen
{   static String []Schriften;
    static int Schrift,groesse;

    public Schriften()
    {   Schriften=
            GraphicsEnvironment.
                getLocalGraphicsEnvironment().
                getAvailableFontFamilyNames();
            // Liefert verfügbare Schriften
        for (int i=0;i<Schriften.length;i++)
          System.out.print(i+": "+Schriften[i]+"\t");
        System.out.println();
        System.out.print("Schrift auswaehlen: ");
        System.out.flush();
        Schrift=Einlesen.LiesInt();
        System.out.print("Groesse auswaehlen: ");
        System.out.flush();
        groesse=Einlesen.LiesInt();
        setTitle("Schriften: "+Schriften[Schrift]+
            ", Groesse "+groesse);
    }

    public static void main(String[] argv)
    {   System.out.println(
            "Bitte warten. Frame wird erzeugt.");
        JFrame f=new Schriften();
        SchriftPanel SchriftFläche=
            new SchriftPanel(Schriften,Schrift,groesse);
        f.getContentPane().add(SchriftFläche);

        f.setSize(660,320);
        System.out.println(
            "Bitte warten. Grafik wird geladen");
        f.setVisible(true);
    }
}

class SchriftPanel extends JPanel
{   static String []Schriften;
```

```
static int textx,Schrift,Zeile1,Zeile2,groesse;
static String s1,s2;

public SchriftPanel(String[] Fonts,
   int index,int size)
{  Schriften=Fonts;
   Schrift=index;
   groesse=size;
}

public void paintComponent(Graphics g)
{  super.paintComponent(g);
   setBackground(Color.white);
   textx=220;Zeile1=100;
   s1="Üben";s2="bringt Erfolg.";
   int starty=12;
   g.drawString("Verfügbare Schriften",
       15,starty);
   for (int i=0;i<Schriften.length;i++)
      g.drawString(i+": "+Schriften[i],
          15,starty+17+20*i);
   Font f=new Font(Schriften[Schrift],
       Font.BOLD,groesse);
   FontMetrics fm=getFontMetrics(f);
   int hoehe=fm.getHeight();
   int breite1=fm.stringWidth(s1);
   int breite2=fm.stringWidth(s2);
   int oberlaenge=fm.getAscent();
   int unterlaenge=fm.getDescent();
   int mitte=(oberlaenge+unterlaenge)/2-6;

// 1. Zeile
   g.drawLine(textx,Zeile1-oberlaenge,
       textx+breite1+50,Zeile1-oberlaenge);
   g.drawString("Oberlänge [getAscent()]",
       textx+breite1+50,Zeile1-oberlaenge+3);
   g.drawLine(textx-20,Zeile1,
       textx+breite1,Zeile1);
   g.drawLine(textx+breite1,Zeile1,
       textx+breite1+50,Zeile1-mitte);
   g.drawString("Grundlinie",
       textx+breite1+50,Zeile1-mitte);
```

```
    g.drawLine(textx,Zeile1+unterlaenge,
        textx+breite1,Zeile1+unterlaenge);
    g.drawLine(textx+breite1,Zeile1+unterlaenge,
        textx+breite1+50,Zeile1+unterlaenge-8);
    g.drawString("Unterlänge [getDescent()]",
        textx+breite1+50,Zeile1+unterlaenge-6);

// 2. Zeile
    Zeile2=Zeile1+hoehe;
    // analog für 2. Zeile

// getHeight()
// ... Pfeil zeichnen
    g.drawString("getHeight()",textx-80,
        (Zeile1+Zeile2)/2+5);

// Textlänge von s1 anzeigen
    g.drawLine(textx,Zeile1,textx,Zeile1-50);
    g.drawLine(textx+breite1,Zeile1,
        textx+breite1,Zeile1-50);
    g.drawString("stringWidth(s1)",
        textx+breite1/2-40,Zeile1-40);

    // Textlänge von s2 anzeigen  analog wie s1
    // Zeilendurchschuß anzeigen
    g.drawString(
        "Zeilendurchschuß [getLeading()]="+
        fm.getLeading(),textx,Zeile2+80);
    // Text ausgeben
    g.setFont(f);
    g.drawString(s1,textx,Zeile1);
    g.drawString(s2,textx,Zeile2);
    }
}
```

■

14 Applets

Bisher haben wir Java-Anwendungen programmiert, die von der Kommandozeile aus mit dem Java-Interpreter **java** gestartet werden.

Das wesentliche Entwurfsziel von Java war, Programme erstellen zu können, die man über das Netz abrufen und in einem Browser ablaufen lassen kann. Hierzu gibt es im Java-Package **javax.swing** eine Klasse **JApplet**. Ein Applet ist ein Java-Programm, das über eine HTML-Seite in einem Browser ausgeführt wird.

Wenn ein Applet über das Netz geladen wird, sollte ein Browser folgende Sicherheitsrestriktionen berücksichtigen:

Ein Applet kann keine Programme auf dem Gastrechner starten.

Es kann keine Datei auf dem Gastrechner lesen oder schreiben, auch keine Dateiverzeichnisse erstellen.

Es erhält keine Systemeigenschaften über den Gastrechner.

Es findet nicht die e-mail-Adresse auf dem Gastrechner heraus.

Die Sicherheitsrestriktionen des Browsers können konfiguriert werden, die Standardeinstellungen sollten aber nicht ohne Not verändert werden.

Das von Sun bereitgestellte Java-Entwicklungswerkzeug stellt u.a. ein Programm **appletViewer** zur Verfügung, mit dem man Applets anschauen kann. Ferner kann man Applets mit jedem Java-fähigen Browser betrachten.

14.1 Ein einfaches Applet und seine Umgebung

Ein Applet ist ähnlich aufgebaut wie die im letzten Kapitel behandelten Grafikprogramme. Alle grafischen Methoden sowie die in Kapitel 15 behandelten Methoden für die grafische Benutzeroberfläche können verwendet werden.

Im folgenden Beispiel wird eines der einfachsten Applets vorgestellt. Applets werden von der Klasse **JApplet** abgeleitet.

❑ *Beispiel 14.1.1   Einfachstes Applet*
Das folgende einfache Applet entspricht dem Beispiel 13.1.3:

```
import javax.swing.*;
import java.awt.*;

public class einfachstesApplet extends JApplet
{  public void init()
   {  getContentPane().add(new Leinwand());}
}

class Leinwand extends JPanel
{public void paintComponent(Graphics g)
   {  super.paintComponent(g);
      setBackground(Color.white);
      g.drawString("E.-W. Dieterich: Java",50,50);
   }
}
```

Die Methode **init** ersetzt für Applets den Konstruktor (siehe nächsten Abschnitt); hier wird einfach das Panel dem Applet hinzugefügt.

Dieses Applet wird aus einer HTML-Seite gestartet, die mindestens folgende Zeilen enthält:

```
<APPLET CODE="einfachstesApplet.class" WIDTH="200" HEIGHT="100">
</APPLET>
```

Die erste Zeile legt den Namen der zu startenden Applet-Klasse sowie die Breite und Höhe des Applet-Fensters fest.

Die zweite Zeile beendet die Applet-Definition in der HTML-Seite.

Wenn man diese beiden Zeilen in der Datei **einfachstesApplet.HTML** abspeichert, kann man das Applet z. B. mit dem Kommando

appletViewer einfachstesApplet.html

starten. Die Ausgabe sehen Sie in folgender Abbildung.

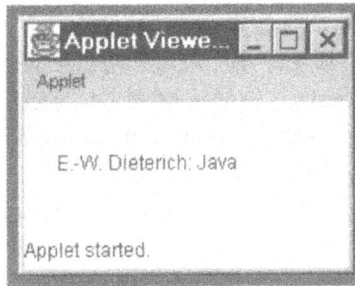

Abb. 14.1: einfachstes Applet

Im Vergleich zu unserem Grafikbeispiel 13.1.3 ist das Applet-Programm wesentlich einfacher:

Wir brauchen keine Methode **main**: Das Applet wird durch den Browser bzw. den AppletViewer gestartet, wobei die in **paintComponent** angegebenen Anweisungen ausgeführt werden.

Eine Ereignisbehandlung zum Schließen des Fensters ist nicht nötig. Man kann das Fenster des Browsers schließen.

Im weiteren Verlauf dieses Kapitels werden wir Beispiele aus dem letzten Kapitel in Applets umschreiben.

14.2 Initialisierung und Finalisierung

Wenn ein Applet gestartet wird, müssen normalerweise bestimmte Initialisierungen vorgenommen werden. Diese werden im Rumpf der Methode **init()** programmiert, die für Applets die Aufgabe des Konstruktors übernimmt. Sie wird beim Starten des Applets ausgeführt. Wird dabei etwa eine Netzwerkverbindung aufgebaut, so soll diese beim Beenden des Applets wieder freigegeben werden. Dies kann man in der Methode **destroy** erledigen, die beim Beenden des Applets aufgerufen wird.

Daneben gibt es für Applets zwei weitere Methoden zur Initialisierung bzw. Finalisierung:

Die Methode **start**() wird beim ersten Start sowie bei jedem Wiederbetreten der Applet-Seite aufgerufen.

Die Methode **stop()** wird beim Verlassen der Applet-Seite aufgerufen.

Wozu kann man diese beiden Methoden verwenden? Wenn ein Applet etwa eine Animation startet, wird das Laden und Starten der Animation am besten in **start()** implementiert. Wenn die Applet-Seite verlassen wird, braucht die Animation nicht weiterzulaufen. In der Methode **stop()** kann die Animation angehalten werden, um Rechenzeit zu sparen. Beim Wiederbetreten der Applet-Seite wird sie dann durch **start()** wieder gestartet.

Das folgende Beispiel verdeutlicht die Funktionsweise dieser Methoden.

❏ *Beispiel 14.2.1 InitStartStopDestroy*

```
import javax.swing.*;
import java.awt.*;

public class InitStartStopDestroy extends JApplet
{  private static int z1,z2;

   public void init()
   {  z1=100;  z2=0;
      getContentPane().add(
         new InitStartStopDestroyPanel());
   }

   public void start()
   {  z1++;  }

   public void stop()
   {  z2++;  }

   public void destroy()
   {  System.out.println("destroy");  }

   class InitStartStopDestroyPanel extends JPanel
   {  public void paintComponent(Graphics g)
      {  super.paintComponent(g);
         setBackground(Color.white);
         g.drawString("z1 = "+z1,50,20);
         g.drawString("z2 = "+z2,50,50);
      }
   }
}
```

Starten Sie dieses Applet mit dem AppletViewer; Sie sehen dann in der Applet-Seite die Ausgaben `z1=101` und `z2=0`. Öffnen Sie das Menü *Applet* und wählen Sie den Menüpunkt *Stop*. Jetzt ist die Applet-Seite leer. Wenn Sie dann auf den Menüpunkt *Start* anklicken, sehen Sie die Werte `102` und `1`. Dieses Spiel können Sie wiederholen; jedesmal erhöhen sich die Werte um `1`. Wenn Sie das Applet schließen, sehen Sie im DOS-Fenster die Ausgabe `destroy`. Dies zeigt, dass die Methode `destroy()` aufgerufen wurde. ∎

Die Klasse `JApplet`, von der wir bei unseren Applet-Programmen erben, enthält die Methoden `init()`, `start()`, `stop()` und `destroy()`, die einen leeren Rumpf besitzen, d. h. sie führen nichts aus. Bei Bedarf können – und sollten – diese Methoden überschrieben werden.

Fassen wir zusammen:

Beim Start eines Applets wird `init` und dann `start` aufgerufen.

Beim Beenden eines Applets wird `stop` und dann `destroy` aufgerufen.

Beim Verlassen der Applet-Seite wird `stop` aufgerufen.

Beim Wiederbetreten der Applet-Seite wird `start` aufgerufen.

14.3 Parameterübergabe an Applets

Bei einigen Grafik-Beispielen haben wir Werte über die Tastatur eingegeben, die den Ablauf des Programms beeinflussen. Im Beispiel 13.3.2 wurden zwei Werte für die Rahmenbreite und die Rasterung eingelesen.

Dieses Programm kann man leicht in ein Applet umschreiben, wobei die Anweisungen von `main` in die Methode `init` kopiert werden. Da der AppletViewer von einem DOS-Fenster aus gestartet wird, könnte man die Werte auch weiterhin über die Tastatur einlesen. Dies widerspricht aber der Natur eines Applets, das in einem Browser wie etwa HotJava oder Netscape gestartet wird, wo die DOS-Eingabe nicht mehr möglich ist.

Wie kann man jetzt Werte an das Programm übergeben? Eine Möglichkeit ist, die Werte über die grafische Benutzeroberfläche einzugeben. Dies werden wir in Kapitel behandeln.

Bei Java-Anwendungen haben wir Kommandozeilen-Parameter kennengelernt, mit denen man beim Start Werte an das Java-Programm übergeben kann (siehe Abschnitt 10.3.2). Ganz ähnlich kann man einem Applet aus der HTML-Seite Werte übergeben. Dazu brauchen wir zwei neue Sprachkonstruktionen:

1 In der HTML-Seite werden im APPLET-Teil die Parameter in folgender Form angegeben:

```
<APPLET CODE="KlassenName" WIDTH=Breite HEIGHT=Höhe>
<PARAM NAME=ParName1 VALUE=Wert1>
<PARAM NAME=ParName2 VALUE=Wert2>
</APPLET>
```

[2] Im Java-Programm wird ein Parameter der HTML-Seite mit der Methode

String getParmater(String ParName)

gelesen. Diese Methode wird mit einem in der HTML-Seite angegebenen Parameternamen aufgerufen und liefert *immer* einen String zurück. Braucht man einen anderen Datentyp, so muss man den String geeignet konvertieren. Wird der angegebene Parametername in der HTML-Seite nicht gefunden, liefert **getParameter** den Wert **null** zurück.

Das Rahmen3D-Programm aus Beispiel 13.3.2 wird so modifiziert, dass es als Applet läuft und die beiden Eingabewerte für die Rahmenbreite und die Rasterung aus der HTML-Seite liest.

❏ *Beispiel 14.3.1 Rahmen3DApplet*
Die minimale HTML-Datei für dieses Beispiel hat folgendes Aussehen:

```
<APPLET CODE="Rahmen3DApplet.class" WIDTH=500 HEIGHT=300>
<PARAM NAME=Breite VALUE="30">
<PARAM NAME=Raster VALUE="3">
</APPLET>
```

Im Java-Programm werden die beiden Eingabewerte in der Methode **init** eingelesen. Falls das Applet mit falschen oder ohne Parametertags in der HTML-Seite aufgerufen wird, soll es trotzdem funktionieren, dann allerdings mit voreingestellten Werten. Das folgende Programm berücksichtigt dies:

```
import java.awt.*;
import javax.swing.*;

public class Rahmen3DApplet extends JApplet
{   private int Breite=10,Rasterung=4;

    public void init()
    {   String par;
        if ((par=getParameter("Breite")) !=null)
```

```
          Breite=Integer.parseInt(par);
      if ((par=getParameter("Raster"))!=null)
          Rasterung=Integer.parseInt(par);
      getContentPane().add(new Rahmen3DPanel());
  }

  class Rahmen3DPanel extends JPanel
  {  public void paintComponent(Graphics g)
     {  setBackground(Color.white);
        Dimension d=getSize();
        Insets saum=getInsets();
        int ZeichenBreite=d.width-
            saum.right-saum.left;
        int ZeichenHoehe=d.height-
            saum.top-saum.bottom;
        for (int i=0;i<Breite;i+=Rasterung)
           g.drawRect(saum.left+i,saum.top+i,
              ZeichenBreite-2*i,ZeichenHoehe-2*i);
        g.drawString("3D-Bilderrahmen",
           ZeichenBreite/2-45,saum.top+
           ZeichenHoehe/2);
     // erweiterte Ausgabe
        g.drawString(
           "Breite="+getParameter("Breite")
           +", Rasterung="+getParameter("Raster"),
           ZeichenBreite/2-45,
           saum.top+ZeichenHoehe/2+15);
     }
  }
}
```

■

15 Grafische Benutzeroberflächen und Ereignisbehandlung

Zur Erstellung grafischer Benutzeroberflächen enthält Java im Package `javax.swing` leistungsfähige Klassen. In der englischsprachigen Literatur wird die grafische Benutzeroberfläche mit GUI (graphical user interface) bezeichnet. Diese gängige Bezeichnung wird auch in diesem Kapitel benutzt.

Die GUI enhält die folgenden üblichen Komponenten (die englischen Bezeichnungen der zugehörigen Java-Klasse sowie der Abschnitt, in dem sie behandelt wird, sind in Klammern angegeben):

Schaltfläche (JButton, 15.2.1)

Markierungsfeld (JCheckbox, JRadioButton, 15.2.2)

Combobox (JComboBox, 15.2.3)

Auswahlliste (JList, 15.2.4)

Textfeld (JLabel JTextfield, JTextArea, JScrollPane 15.2.5)

Menüs (JMenuBar, JMenu, JMenuItem, 15.4)

Dialogfenster (JDialog, 15.5.1)

Dateifenster (FileDialog, JFileChooser, 15.5.2).

Die Anordnung der GUI-Komponenten soll auf jedem Gastrechner, auf dem ein Applet läuft, gleichartig aussehen. Dazu stellt `java.awt` sog. Layouts zu Verfügung. Dies ist Thema von Abschnitt 15.3.

Weitere wichtige Elemente der GUI sind Menüs, die in Abschnitt 15.4 besprochen werden.

Der Einsatz der Maus wird in Abschnitt 15.6 behandelt.

Bevor auf die Einzelheiten der GUI eingegangen wird, behandelt der nächste Abschnitt an einem einfachen Beispiel das Prinzip der GUI-Programmierung.

15.1 Das Prinzip der GUI-Programmierung

Es soll eine einfache grafische Java-Anwendung entwickelt werden, die man über vier Schaltflächen bedienen kann und die folgendes Aussehen hat:

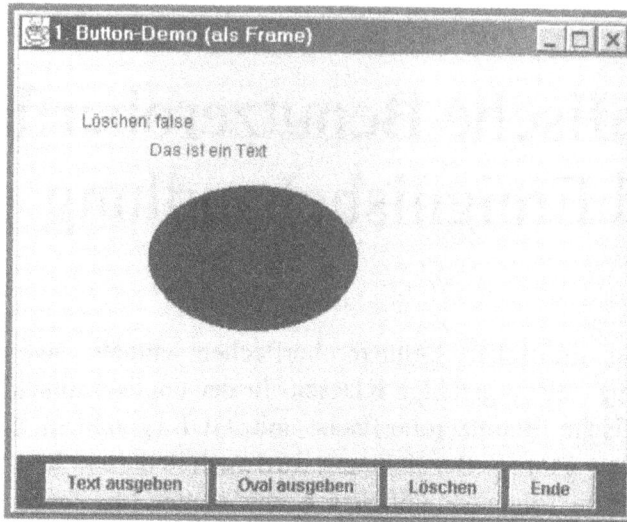

Abb. 15.1: Frame mit Schaltflächen

Mit der Schaltfläche "Text ausgeben" wird der Text "Das ist ein Text" angezeigt. Betätigt man mit der Maus die Schaltfläche "Oval ausgeben", so wird das Oval gezeichnet. Die Schaltfläche "Löschen" setzt eine boolesche Variable, die angibt, ob das alte Bild gelöscht werden soll oder nicht. Ihr aktueller Wert wird in der ersten Zeile angezeigt. Über die Schaltfläche "Ende" wird das Programm beendet.

Klickt man eine Schaltfläche mit der Maus an, soll die ihr zugeordnete *Aktion* ausgeführt werden. Das Klicken auf eine Schaltfläche löst ein Ereignis (engl. *event*) aus, auf welches das Programm reagieren soll.

Das Programm besteht aus folgenden sichtbaren Teilen: Der Rahmen enthält
  ein blaues Schaltfeld, das im "Süden" – also unten – angeordnet ist, sowie
  ein gelbes Malfeld, das in der Mitte des Rahmens steht.
  Das blaue Schaltfeld seinerseits enthält vier Schaltflächen (Buttons), die von links nach rechts angeordnet sind.

Im Folgenden wird der Aufbau des Java-Programms besprochen, bevor in Beispiel 15.1.1 der vollständige Code angegeben wird. Dort sind auch die Nummern dieser Erklärung im Kommentar angegeben.

[1] Zuerst teilen wir dem Rahmen mit, dass er auf Aktionen reagieren soll. Dazu stellt Java ein Interface **ActionListener** zur Verfügung, das unsere **JFrame**-Klasse implementiert. Dieses Interface enthält nur die Methode **actionPerformed**.

[2] Wir deklarieren vier Schaltflächen vom Typ **JButton**, die im Konstruktor der **JFrame**-Klasse erzeugt werden; dabei werden die Beschriftungen der Schaltflächen angegeben – entweder im Parameter des Konstruktors oder mit der Methode **setText**.

[3] Die Schaltflächen werden in einem Schaltfeld vom Typ **JPanel** zusammengefasst, was mit der Methode **add** erledigt wird.

[4] Jetzt muss noch festgelegt werden, welche Schaltflächen auf Aktionsereignisse reagieren sollen; hier sind es alle vier Schaltflächen. Hierzu steht in der Klasse **JButton** die Methode **addActionListener** zu Verfügung, die wir ebenfalls im Konstruktor aufrufen.

[5] Das Schaltfeld soll blau, das Malfeld gelb als Hintergrundfarbe erhalten. Danach werden die beiden Felder im Rahmen platziert: Das Schaltfeld unten (im Süden), das Malfeld in der Mitte des Rahmens.

[6] Abschließend müssen nur noch die Aktionen, die beim Anklicken der einzelnen Schaltflächen ausgeführt werden sollen, implementiert werden. Dies wird im Rumpf der Methode **actionPerformed** beschrieben, die wir ja in dieser Klasse implementieren müssen. Wie dies erfolgt, wird im Beispiel erläutert.

Das folgende Beispiel zeigt das vollständige Java-Programm. Die angegebenen Nummern beziehen sich auf obige Erläuterungen.

❏ *Beispiel 15.1.1 Frame mit GUI*
```
import javax.swing.*;
import java.awt.*;
import java.awt.event.*;

public class Button1_Frame extends Rahmen
            implements ActionListener         // (1)
{  private JButton Text,Oval,Loeschen,Ende;   // (2)
   private JPanel SchaltFeld=new JPanel();    // (3)
   private JPanel MalFeld=new JPanel();       // (5)
   private boolean loeschen;

   public Button1_Frame()
   {  loeschen=false;
      // Schaltflächen erzeugen
      // --- (2) ---
      Text=new JButton();
      Text.setText("Text ausgeben");
```

```
      Oval=new JButton("Oval ausgeben");
      Loeschen=new JButton("Löschen");
      Ende=new JButton("Ende");
      // Schaltflächen im Panel SchaltFeld einfügen
      // --- (3) ---
      SchaltFeld.add(Text);
      SchaltFeld.add(Oval);
      SchaltFeld.add(Loeschen);
      SchaltFeld.add(Ende);
      // Listener anmelden
      // --- (4) ---
      Text.addActionListener(this);
      Oval.addActionListener(this);
      Loeschen.addActionListener(this);
      Ende.addActionListener(this);
      // blaues SchaltFeld südlich ins Frame legen
      // gelbes MalFeld mitten ins Frame legen
      // im MalFeld wird gemalt
      // --- (5) ---
      SchaltFeld.setBackground(Color.blue);
      MalFeld.setBackground(Color.yellow);
      getContentPane().add(
          SchaltFeld,BorderLayout.SOUTH);
      getContentPane().add(
          MalFeld,BorderLayout.CENTER);
  }

  private void FensterLoeschen(JPanel p)
  {   Graphics g=this.getGraphics();
      if (loeschen)
      {   Rectangle r=p.getBounds();
          g.setColor(p.getBackground());
          g.fillRect(r.x,r.y,r.width,r.height);
          g.setColor(p.getForeground());
      }
  }
  // Aktionen für die Schaltflächen
  // --- (6) ---
  public void actionPerformed(ActionEvent e)
  {   String kommando=e.getActionCommand();
      Graphics g=this.getGraphics();
      FensterLoeschen(MalFeld);
```

```
    if (kommando.equals("Text ausgeben"))
        g.drawString("Das ist ein Text",100,100);
    else
    if (kommando.equals("Oval ausgeben"))
        g.fillOval(100,120,150,100);
    else
    if (kommando.equals("Löschen"))
    {   loeschen=!loeschen;
        FensterLoeschen(MalFeld);
    }
    if (kommando.equals("Ende"))
        System.exit(0);
    g.drawString("Löschen: "+
        new Boolean(loeschen).toString(),50,80);
}

public static void main(String[] argv)
{   JFrame f=new Button1_Frame();
    f.setTitle("1. Button-Demo (als Frame)");
    f.setSize(450,350);
    f.setVisible(true);
}
}
```

Die Methode **actionPerformed** wird mit einem Parameter vom Typ **actionEvent** aufgerufen, der das ausgelöste Ereignis übergibt. Die Methode **getActionCommand** liefert den Text der Beschriftung der angeklickten Schaltfläche. In der Fallunterscheidung werden die jeweiligen Aktionen programmiert.

Die private Methode **FensterLoeschen** löscht den Inhalt des Rahmens, wenn das boolesche Attribut **loeschen** den Werte **true** hat. Dabei wird der gesamte Rahmen mit der Hintergrundfarbe überschrieben, die man mit der Methode **getBackground()** erhält. ∎

15.2 Die Komponenten der GUI und ihre Ereignisse

In diesem Abschnitt werden die wichtigsten Komponenten der GUI behandelt, wie sie im Swing-Paket von Java zur Verfügung stehen.

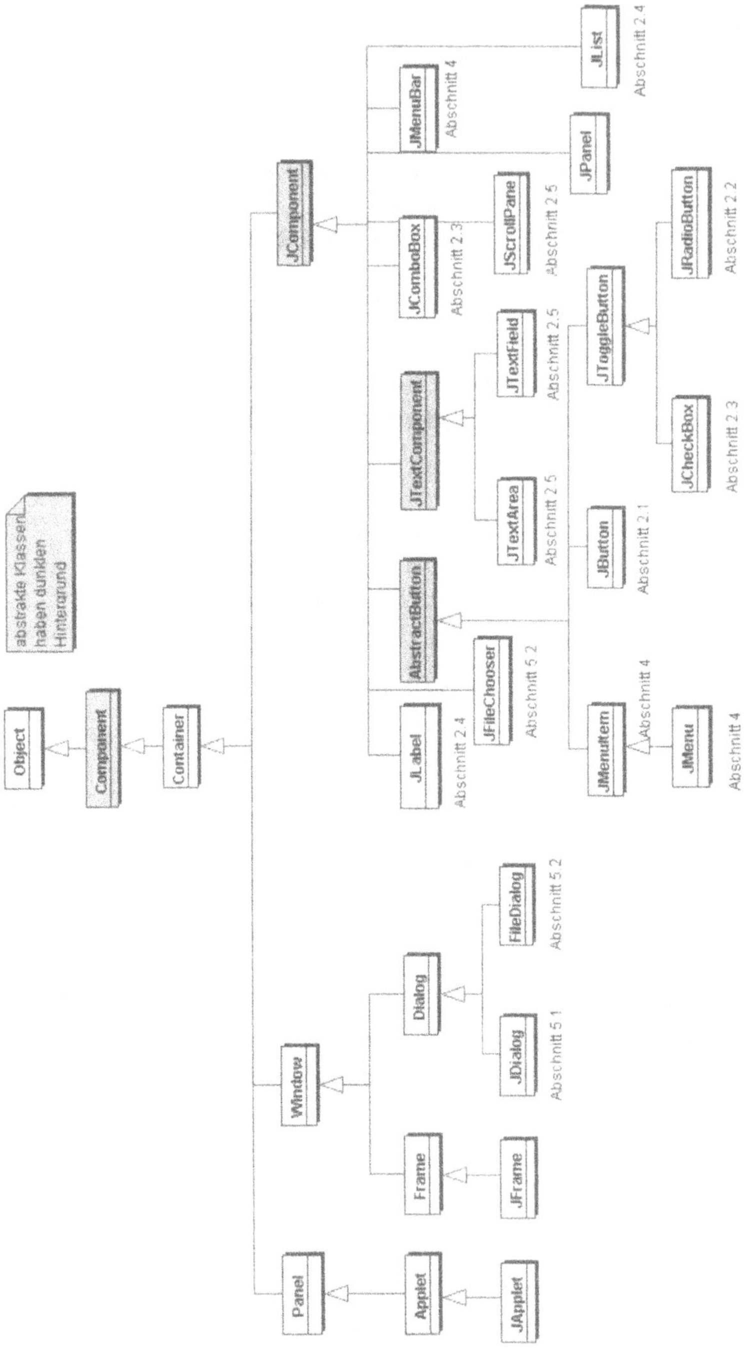

Abb. 15.2: Hierarchie der GUI-Komponenten

Abbildung 15.2 zeigt die Hierarchie der GUI-Komponenten, die in diesem Kapitel besprochen werden.

15.2.1 Schaltfläche (JButton)

Die Klasse **JButton** stellt Schaltflächen zur Verfügung, wie wir sie bereits in Beispiel 15.1.1 kennengelernt haben. Klickt man eine Schaltfläche mit der Maus an, wird ein **ActionEvent** ausgelöst, das nach der in Abschnitt 15.1 besprochenen Methode bearbeitet wird.

Schaltflächen haben zwei Zustände:

aktiv: Die Schaltfläche ist bedienbar.

passiv: Die Schaltfläche ist nicht bedienbar.

Ob eine Schaltfläche aktiv oder passiv ist, erkennt man an ihrem Aussehen. In Abbildung 15.3 ist die rechte Schaltfläche des ersten und dritten Rahmens passiv, alle anderen Schaltflächen sind aktiv.

Schaltflächen können Hinweistexte (*Tool-Tips*) enthalten und anstelle der Maus mit Tastenkürzeln bedient werden.

Im folgenden Beispiel werden die wichtigsten Methoden benutzt, die in der Tabelle im Anschluss an das Beispiel beschrieben werden.

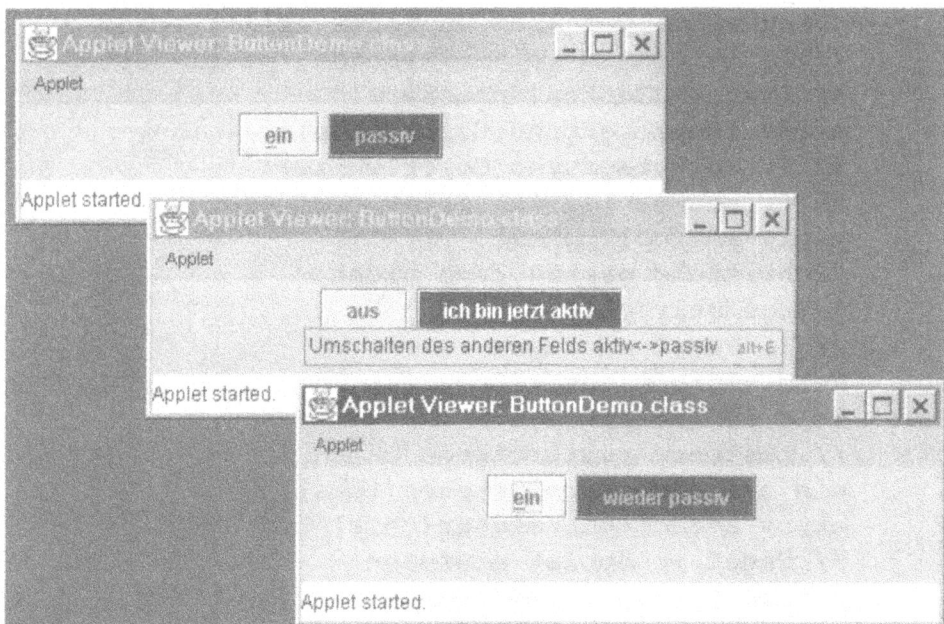

Abb. 15.3: Demo für Schaltflächen

251

❑ *Beispiel 15.2.1 ButtonDemo*
Das Programm stellt zwei Schaltflächen in einem Applet dar. Die rechte Schaltfläche ist anfangs nicht bedienbar. Mit der linken Schaltfläche kann man die
rechte aktivieren und deaktivieren. Ihre Beschriftungen und Größen ändern sich
dabei. Die linke Schaltfläche kann man auch über die Tastenkombination Alt-E
bedienen. Das mittlere Bild zeigt einen Hinweistext zur linken Schaltfläche.

```
import java.awt.*;
import java.awt.event.*;
import javax.swing.*;

public class ButtonDemo extends JApplet
      implements ActionListener
{  private JButton ein_aus,aktiv;
   private JPanel Feld=new JPanel();
   public void init()
   {  ein_aus=new JButton("ein");
      ein_aus.setBackground(Color.yellow);
      ein_aus.setForeground(Color.red);
      ein_aus.setMnemonic('E');
      ein_aus.setToolTipText(
      "Umschalten des anderen Felds aktiv<->passiv");
      // aktiv-Button initialisieren, passiv setzen
      aktiv=new JButton("passiv");
      aktiv.setBackground(Color.blue);
      aktiv.setForeground(Color.white);
      aktiv.setEnabled(false);
      aktiv.setToolTipText(
      "Schaltfeld passiv,kann nicht "
      +"angewählt werden.");
      // In Panel einfügen
      Feld.add(ein_aus);
      Feld.add(aktiv);
      // Listener registrieren
      ein_aus.addActionListener(this);
      aktiv.addActionListener(this);
      // Panel in Applet einfügen
      getContentPane().add(Feld);
   }

   public void actionPerformed(ActionEvent e)
```

```
{   String kommando=e.getActionCommand();
    if (kommando.equals("ein"))
    {   ein_aus.setText("aus");
        aktiv.setText("ich bin jetzt aktiv");
        aktiv.setToolTipText(
            "Jetzt kann man mich anwählen");
        aktiv.setEnabled(true);
    }
    else
    if (kommando.equals("aus"))
    {   ein_aus.setText("ein");
        aktiv.setText("wieder passiv");
        aktiv.setToolTipText(
            "Jetzt bin ich wieder passiv");
        aktiv.setEnabled(false);
    }
  }
}                                                         ■
```

Die verwendeten Methoden der Klasse JButton	
`public JButton()` `public JButton(String s)`	
Erzeugt eine Schaltfläche ohne Beschriftung bzw. mit der Beschriftung **s**.	
`public void setText(String s)` `public String getText()`	
Setzt die Beschriftung der Schaltfläche auf **s** bzw. liefert diese.	
`public void setEnabled(boolean b)`	`JComponent`
Setzt die Komponente in den Zustand *aktiv* (Parameter **true**) bzw. *passiv* (Parameter **false**).	
`void setMnemonic(char Kuerzel)`	`AbstractButton`
Definiert den angegebenen Buchstaben **Kuerzel** als Tastaturkürzel: Drückt man Alt-**Kuerzel**, wird diese Schaltfläche geschaltet.	
`void setToolTipText(String Hilfe)`	`JComponent`

253

Die verwendeten Methoden der Klasse `JButton`
Definiert den Hinweistext `Hilfe`. Wenn der Mauszeiger über der Schaltfläche steht, wird der Hinweistext angezeigt.

15.2.2 Markierungsfeld (`JCheckBox` und `JRadioButton`)

Ein Markierungsfeld ist eine GUI-Komponente, die man als ausgewählt oder nicht ausgewählt markieren kann. Wenn es ausgewählt ist, wird das zugehörige Markierungsfeld mit einem Häkchen markiert, sonst ist es leer. Man kann mehrere Markierungsfelder auswählen.

Soll in einer Gruppe von Markierungsfeldern immer genau eines ausgewählt sein, benutzt man Radio-Buttons.

❏ *Beispiel 15.2.2 CheckBoxDemo*

Das folgende Programm realisiert ein kleines Quiz: Es werden sechs Programmiersprachen und drei Sprachfamilien angeboten. Sie können nun mehrere Sprachen auswählen und durch Anklicken eines Radio-Buttons angeben, zu welcher Familie Ihrer Meinung nach die ausgewählten Sprachen gehören; z. B. sind C++ und Java objektorientiert. Sie bekommen eine Meldung, ob Ihr Tip richtig war oder nicht. ■

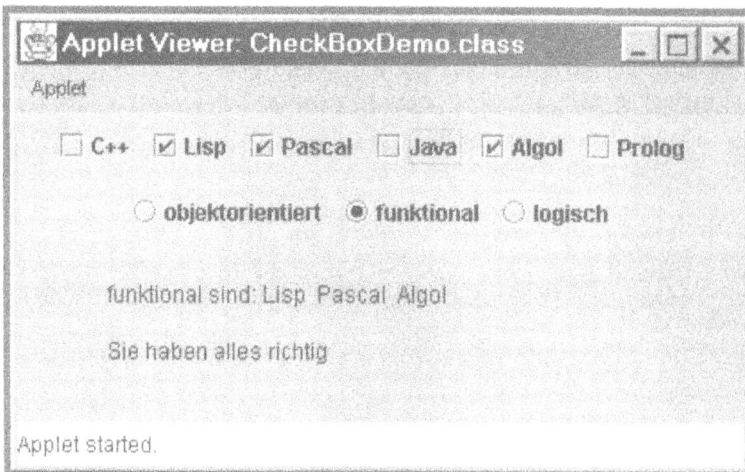

Abb. 15.4: Markierungsfelder

```
import java.awt.*;
import java.awt.event.*;
import javax.swing.*;
```

```
public class CheckBoxDemo extends JApplet
      implements ItemListener
{  private JPanel PSprachen,PFamilien,
      SchaltPanel,MalPanel;
   private JCheckBox CSprachen[];
   private JRadioButton COOP,Cfunktional,Clogisch;
   private String SSprachen,SFamilien;
   private int was_ists[][],was;
   final int OOP=0,FKT=1,LOG=2;

   public void init()
   {  SSprachen=new String();
      SFamilien=new String();
      // Sprachen-Panel
      PSprachen=new JPanel();
      CSprachen=new JCheckBox[6];
      CSprachen[0]=new JCheckBox("C++");
   // usw. für die anderen Sprachen
      for (int i=0;i<CSprachen.length;i++)
         PSprachen.add(CSprachen[i]);
   // Indizes für Sprachfamilien
      int ist[][]={{1,0,0,1,0,0},     // oop
                   {0,1,1,0,1,0},     // fkt
                   {0,0,0,0,0,1}};    // log
      was_ists=ist;
   // Familien-Klasse
      PFamilien=new JPanel();
      COOP=new JRadioButton("objektorientiert",true);
      Cfunktional =new JRadioButton("funktional",
                       false);
      Clogisch=new JRadioButton("logisch",false);
      PFamilien.add(COOP);PFamilien.add(Cfunktional);
      PFamilien.add(Clogisch);
   // Panels ins Applet
      SchaltPanel=new JPanel();
      SchaltPanel.setLayout(new BorderLayout());
      SchaltPanel.add(PFamilien,BorderLayout.SOUTH);
      SchaltPanel.add(PSprachen,BorderLayout.NORTH);
      getContentPane().add(SchaltPanel,
                          BorderLayout.NORTH);
      MalPanel=new JPanel();
      getContentPane().add(MalPanel,
```

```
                              BorderLayout.CENTER);
  // Listener delegieren
    for (int i=0;i<CSprachen.length;i++)
       CSprachen[i].addItemListener(this);
    COOP.addItemListener(this);
    Cfunktional.addItemListener(this);
    Clogisch.addItemListener(this);
}

public void itemStateChanged(ItemEvent e)
{   String gewaehlt="";
    if (e.getItem() instanceof JRadioButton)
       gewaehlt=((JRadioButton)
                         (e.getItem())).getText();
    if (gewaehlt.equals("objektorientiert"))
    {SFamilien="objektorientiert sind: ";was=OOP; }
    else
    if (gewaehlt.equals("funktional"))
    {   SFamilien= "funktional sind: ";was=FKT;   }
    else
    if (gewaehlt.equals("logisch"))
    {   SFamilien="logisch sind: ";was=LOG;   }
  // Ausgabe aufbereiten
    SSprachen="";
    boolean gut=true;
    for (int i=0;i<CSprachen.length;i++)
    {   if (CSprachen[i].isSelected())
        {   if (was_ists[was][i]!=1)   gut=false;
            SSprachen+=CSprachen[i].getText()+"   ";
        }
    }
  // Ergebnis ausgeben
    Graphics g=getGraphics();
    FensterLoeschen(MalPanel);
    g.drawString(SFamilien+SSprachen,50,100);
    if (gut)
       g.drawString("Sie haben alles richtig",
            50,130);
    else
       g.drawString("Sie haben falsch geraten",
            50,130);
}
```

```
    private void FensterLoeschen(JPanel p)
    // wie gehabt
}                                                    ∎
```

Markierungsfelder können auf das Ereignis **ItemEvent** reagieren. Unser Applet implementiert dann das Interface **ItemListener**; seine einzige Methode ist

public void itemStateChanged(ItemEvent e)

in der die Reaktionen auf solche Ereignisse programmiert werden. Entsprechend müssen alle Objekte, die auf **ItemEvent**s reagieren sollen, mit der Methode

public void addItemListener(ItemListener i)

angemeldet werden. Die weiteren im Beispiel verwendeten Methoden werden in der folgenden Tabelle erläutert:

Die verwendeten Methoden des Beispiels `CheckBoxDemo`	
`public JCheckbox(String s)`	`JCheckBox`
Erzeugt ein Markierungsfeld mit der Beschriftung **s**.	
`public JRadioButton(String s, boolean gewaehlt)`	`JRadioButton`
Erzeugt ein Radio-Button mit der Beschriftung **s**; im Parameter **gewaehlt** gibt man an, ob der Radio-Button beim Start angewählt ist.	
`public boolean isSelected()`	`AbstractButton`
Gibt an, ob das Markierungsfeld ausgewählt ist.	
`public String getText()`	`AbstractButton`
Liefert die Beschriftung des Markierungsfelds.	
`public Object getItem()`	`ItemEvent`
Liefert das durch das Ereignis ausgelöste Objekt.	

15.2.3 Combobox (JComboBox)

In einer Combobox kann man aus einer pop-up-Liste einen Begriff auswählen. Man öffnet die Liste durch Anklicken des Pfeils. Durch Doppelklicken auf einen Eintrag wird dieser ausgewählt. Eine Combobox kann auch editierbar sein.

Im folgenden Beispiel wird eine Liste von Programmiersprachen aufgelistet und der ausgewählte Eintrag ausgegeben. Die Combobox des Beispiels ist editierbar, d. h. man kann irgendeinen Begriff eingeben, der dann ausgewählt wird.

❏ *Beispiel 15.2.3 ComboBoxDemo*

Abbildung 15.5 ist die Ausgabe des folgenden Programms. Sie zeigt das aufgeklappte Auswahlfenster mit einem Rollbalken; im Eingabefenster wurde ein eigener Text eingegeben und ausgewählt. Dies ist möglich, da die ComboBox als editierbar definiert wurde.

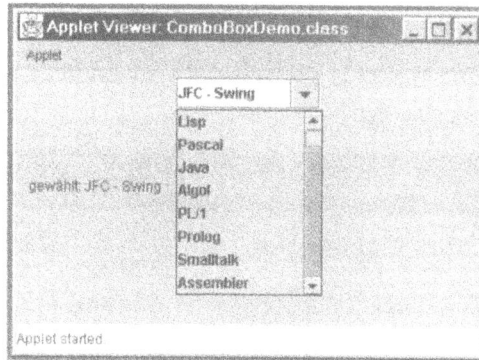

Abb. 15.5: ComboBox

```java
import java.awt.*;
import java.awt.event.*;
import javax.swing.*;

public class ComboBoxDemo extends JApplet
    implements ItemListener
{   private String[] Sprachen={"C++","Lisp",// usw.
                                };
    private JComboBox Liste;
    private JPanel Auswahl,Malen,Fläche;

    public void init()
    {   Liste=new JComboBox(Sprachen);
```

```
    // ComboBox enthält Einträge von "Sprachen"
    Liste.setSelectedIndex(3);
    // 3. Eintrag vorgewählt
    Liste.addItemListener(this);
    Liste.setEditable(true);
    // ComboBox editierbar setzen
    Auswahl=new JPanel();
    Auswahl.add(Liste);
    Malen=new JPanel();
    Fläche=new JPanel();
    Fläche.setLayout(new BorderLayout());
    Fläche.add(Auswahl,BorderLayout.NORTH);
    Fläche.add(Malen,BorderLayout.CENTER);
    getContentPane().add(Fläche);
  }

  public void itemStateChanged(ItemEvent e)
  {  Graphics g=this.getGraphics();
     FensterLoeschen(Malen);
     g.drawString("gewählt: "
        +Liste.getSelectedItem(),10,100);
  }

  private void FensterLoeschen(JPanel p)
  // wie gehabt
}
```

Die Methode **getSelectedItem** liefert die Beschriftung des gewählten Eintrags. Die anderen verwendeten Methoden sind im Programmtext erklärt. ∎

15.2.4 Auswahllisten (JList)

Eine Auswahlliste vom Typ **JList** ordnet eine Menge von Objekten in einer Liste an, in der man ein oder mehrere Objekte auswählen kann. Ein separates *Listenmodell* stellt den Inhalt der Liste dar. Das folgende Beispiel zeigt eine Liste von Programmiersprachen, die beim Anwählen in einem Textfeld angezeigt werden.

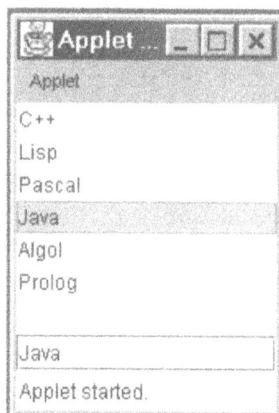

Abb. 15.6: Auswahlliste

❑ *Beispiel 15.2.4 ListDemo*

```
import java.awt.*;
import javax.swing.*;
import javax.swing.event.*;

public class ListDemo extends JApplet
    implements ListSelectionListener
{   private JList LSprachen;
    private DefaultListModel ListenModell;
    private JTextField gewählt;

    public void init()
    {   // ListModel implementiert einen Vector,
        // der den ListSelectionListener
        // über Änderungen informiert
        ListenModell=new DefaultListModel();
        ListenModell.addElement("C++");
        ListenModell.addElement("Lisp");
        ListenModell.addElement("Lisp");
        ListenModell.addElement("Pascal");
        ListenModell.addElement("Java");
        ListenModell.addElement("Algol");
        ListenModell.addElement("Prolog");

        // Liste erzeugen
        LSprachen=new JList(ListenModell);
```

```
    LSprachen.setSelectionMode(
        ListSelectionModel.
                MULTIPLE_INTERVAL_SELECTION);
    LSprachen.addListSelectionListener(this);

    // Textfeld für ausgewählte Sprachen
    gewählt=new JTextField();
    gewählt.setText("noch nichts gewählt");

    // Anordnung der Elemente
    Container contentPane=getContentPane();
    contentPane.setLayout(new BorderLayout());
    contentPane.add(LSprachen,BorderLayout.CENTER);
    contentPane.add(gewählt,BorderLayout.SOUTH);
  }

  public void valueChanged(ListSelectionEvent e)
  {  Object[] Namen;
     String Inhalt="";
     Namen=LSprachen.getSelectedValues();
     for (int i=0;i<Namen.length;i++)
        Inhalt+=Namen[i]+"   ";
     gewählt.setText(Inhalt);
  }
}                                                   ■
```

Die hierbei verwendeten Klassen und Methoden werden in der folgenden Tabelle zusammengestellt.

Die verwendeten Klassen und Methoden des Beispiels ListDemo	
public DefaultListModel()	DefaultListModel
Die Klasse DefaultListModel nimmt wie ein Vektor Elemente auf, die mit einer Auswahlliste verknüpft wird. Auf jede Änderung in diesem DefaultListModel reagiert der zugehörige ListSelectionListener.	
public void addElement(Object o)	DefaultListModel
Fügt das angegebene Objekt hinten an dieses Listenmodell an.	

Die verwendeten Klassen und Methoden des Beispiels `ListDemo`	
`public JList(ListModel Modell)`	`JList`
Erzeugt eine Auswahlliste, die die Elemente des im Parameter angegebenen Listenmodells anzeigt und darauf reagieren kann.	
`public void setSelectionMode` `(int Auswahlart)`	`JList`
Legt die Auswahlart wie folgt über Konstanten der Klasse `JList` fest: `SINGLE_SELECTION`: ein Index `SINGLE_INTERVAL_SELECTION`: ein zusammenhängendes Intervall `MULTIPLE_INTERVAL_SELECTION`: etwas Beliebiges kann ausgewählt werden (also mehrere Werte und/oder Intervalle).	
`public Object[]` `getSelectedValues()`	`JList`
Liefert das Feld der in der Auswahlliste ausgewählten Objekte.	

15.2.5 Texte (`JLabel`, `JTextField`, `JTextArea`, `JScrollPane`)

Das Swing-Package stellt zur Darstellung von Texten drei Klassen zur Verfügung:

Die Klasse **JLabel** kann einen festen einzeiligen Text wie z. B. Beschreibungen des Applets anzeigen.

Die Klassen **JTextField** und **JTextArea** bieten darüber hinaus noch die Möglichkeit, den Text zu editieren. Eine **JTextArea** kann auch mehrzeilig sein; sie besitzt selbst keine Rollbalken.

❏ *Beispiel 15.2.5   Text-Objekte*

Das folgende Beispiel demonstriert die Verwendung der drei Textklassen. In einer Eingabezeile vom Typ **JTextField** wird ein Text eingegeben; beim Beenden mit der Return-Taste wird dieser Text in einem Ausgabefenster vom Typ **JTextArea** angezeigt. Die nächste Eingabe erscheint in der nächsten Zeile im Ausgabefenster, in dem nicht editiert werden kann.

```
import java.awt.*;
import java.awt.event.*;
import javax.swing.*;
```

```java
public class TextObjekte extends JApplet
    implements ActionListener
{   private JPanel oben,unten;
    private JLabel Text,Überschrift;
    private JTextField Eingabe;
    private JTextArea Ausgabe;
    private String Anzeige="";
    private int Zeile=1;

    public void init()
    {   Text=new JLabel("Bitte Text eingeben:");
        Eingabe=new JTextField();
        oben=new JPanel();
        oben.setLayout(new BorderLayout());
        oben.add(Text,BorderLayout.NORTH);
        oben.add(Eingabe,BorderLayout.SOUTH);

        Überschrift=new JLabel("Das wurde eingegeben");
        Ausgabe=new JTextArea();
        Ausgabe.setBackground(Color.yellow);
        Ausgabe.setEditable(false);
            // <<== (1)
        unten=new JPanel();
        unten.setLayout(new BorderLayout());
        unten.add(Überschrift,BorderLayout.NORTH);
        unten.add(Ausgabe,BorderLayout.CENTER);
            // <<== (2)
        getContentPane().setLayout(new BorderLayout());
        getContentPane().add(oben,BorderLayout.NORTH);
        getContentPane().add(unten,
            BorderLayout.CENTER);

        Eingabe.addActionListener(this);
    }

    public void actionPerformed(ActionEvent e)
    {   if (Zeile<10)
            Anzeige+='0';
        Anzeige+=(Zeile++)+" : "+
            Eingabe.getText()+'\n';
        Ausgabe.setText(Anzeige);
        Eingabe.setText("");
```

```
      }
}
```

Die folgende Abbildung zeigt eine Ausgabe des obigen Programms.

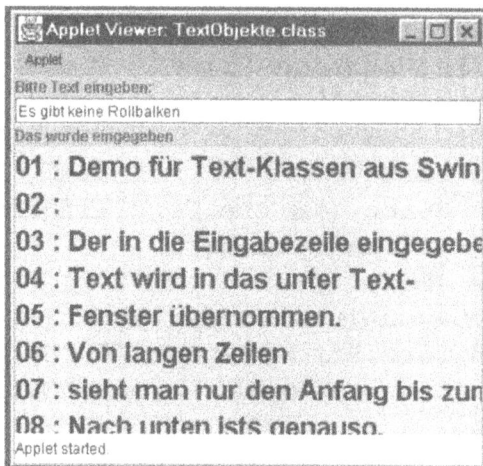

Abb. 15.7: Textfenster

Wie man sieht, wird von den langen Zeilen nur der Anfang angezeigt; ebenso sind auch nur die ersten Zeilen sichtbar. Das Textfenster vom Typ **JTextArea** besitzt nicht automatisch Rollbalken. Man kann sie jedoch leicht hinzufügen, wie wir in den beiden folgenden Beispielen sehen werden.

Im obigen Programm wurden folgende Klassen und Methoden verwendet:

Wichtige Methoden der Textkomponenten	
`public JLabel(String text,` `    Icon Bild,int horAusrichtung)`	JLabel
Erzeugt ein Anzeigefeld mit dem angegebenen Text und/oder Bild. Der dritte Parameter gibt die horizontale Ausrichtung mit Hilfe der Konstanten aus `SwingConstants` an: `LEFT, CENTER, RIGHT, LEADING` oder `TRAILING` (siehe nächstes Beispiel). Jeder der Parameter kann auch fehlen. Dann wird der Text bzw. das Icon zentriert angegeben.	
`public JTextField(String s,int br)`	JTextField

Wichtige Methoden der Textkomponenten	
Erzeugt ein Textfeld mit der Beschriftung **s**, in dem **br** Zeichen (in Standardschrift) angezeigt werden können. Jeder der beiden Parameter kann auch fehlen.	
`public JTextArea(String t,int s,` `    int z)`	JTextArea
Erzeugt ein Textfenster mit **s** Spalten, **z** Zeilen und dem Inhalt **t** . Der erste und/oder die beiden letzten Parameter können auch fehlen.	
`public String getText()` `public void setText(String s)`	JTextComponent
Liefert bzw. setzt den Text der Textkomponente.	
`public void setEditable(boolean b)` `public boolean isEditable()`	JTextComponent
Die erste Methode legt den Editiermodus fest: **true** heißt editierbar, **false** nur lesbar. Die zweite Methode liefert den Editiermodus.	

Zum Anzeigen von Komponenten – speziell auch Texten – stellt das Swing-Paket einen Container namens **JScrollPane** zur Verfügung, der bei Bedarf horizontale und vertikale Rollbalken am Fensterrand anbringt, um die zu zeigende Komponente im Fenster zu verschieben.
Im folgenden Beispiel werden wir ein Textfenster vom Typ **JTextArea** mit Hilfe von **JScrollPane** zu einem rollbaren Textfenster machen. Dabei brauchen wir lediglich den in folgender Tabelle angegebenen Konstruktor.

Konstruktor der Klasse JScrollPane
`public JSrollPane(Component Ansicht)`
Erzeugt eine **JScrollPane**, das den Inhalt der Komponenten Ansicht anzeigt. Wenn diese Ansicht mehr als die Breite bzw. Höhe benötigt, wird ein horizontaler bzw. vertikaler Rollbalken angezeigt.

❑ *Beispiel 15.2.6 TextFensterApplet*
Das folgende Applet zeigt einen größeren Text in einem rollbaren Fenster. Die wesentliche Anweisung hierfür ist grau unterlegt.

```
import javax.swing.*;
import java.awt.*;

public class TextFensterApplet extends JApplet
{   public void init()
    {   JTextArea TextFenster =
            new JTextArea("Dieterich: Java\n"
                // usw.
            );
        TextFenster.setFont(new Font(
            "Helvetica",Font.BOLD,33));
        JScrollPane RollFenster =
            new JScrollPane(TextFenster);
        setContentPane(RollFenster);
    }
}                                                           ■
```

Das obige Programm liefert folgende Ausgabe:

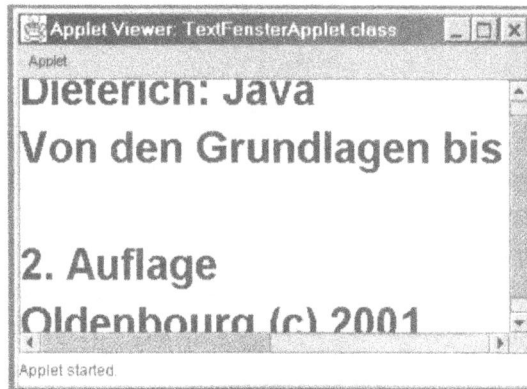

Abb. 15.8: Text mit Rollbalken

Mit dieser Klasse können wir das Beispiel 15.2.5 ganz einfach mit einem rollenbaren Textfenster versehen.

❏ *Beispiel   15.2.7   Rollbares editierbares Fenster*
Die im Beispiel 15.2.5 mit (1) und (2) markierten Strellen werden wie folgt geändert:

```
      // <<== (1)
/*************************************/
JScrollPane Rollen=new JScrollPane(Ausgabe);
/*************************************/
unten=new JPanel();
unten.setLayout(new BorderLayout());
unten.add(Überschrift,BorderLayout.NORTH);
/*************************************/
//    unten.add(Ausgabe,BorderLayout.CENTER);
      // <<== (2)
unten.add(Rollen,BorderLayout.CENTER);
/*************************************/          ■
```

Danach liefert das Programm folgende Ausgabe:

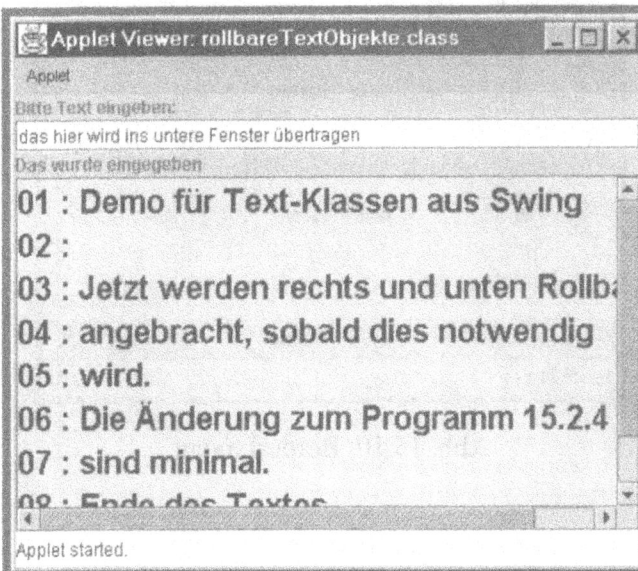

Abb. 15.9: Rollbares Textfenster

15.3 Layouts

Komponenten vom Typ **Component** werden in einem **Container** – also z. B. in einem Rahmen oder Applet – platziert. Die Anordnung der Komponenten soll auf jeder Plattform und bei jeder Bildschirmauflösung gleichartig sein. Um dies zu erreichen, stellt Java eine Palette von Layouts zur Verfügung, die die

Art der Anordnung festlegen, nicht jedoch die genauen Positionen, wie dies etwa bei grafischen Anwendungen unter Windows geschieht. Dies stellt sicher, dass auch bei Änderung der Fenstergröße das Erscheinungsbild gleich bleibt.

Die Komponenten können auch mit absoluten Angaben positioniert werden. Man sollte sich dabei aber bewusst sein, dass man dann abhängig von der Platt-form und der gewählten Bildschirmauflösung wird. Dieser Fall wird hier nicht behandelt.

In diesem Abschnitt werden die verfügbaren Layouts und ihre Benutzung vorge-stellt. Wird für einen **Container** kein Layout explizit festlegt, verwendet er ein voreingestelltes: Ein **Panel** und seine Subklassen verwenden dann das **FlowLayout**, ein **Window** und seine Subklassen das **BorderLayout**.

15.3.1 BorderLayout

Dieses Layout platziert seine Komponenten an den vier Rändern und in der Mit-te des Containers. Die folgende Abbildung veranschaulicht dies.

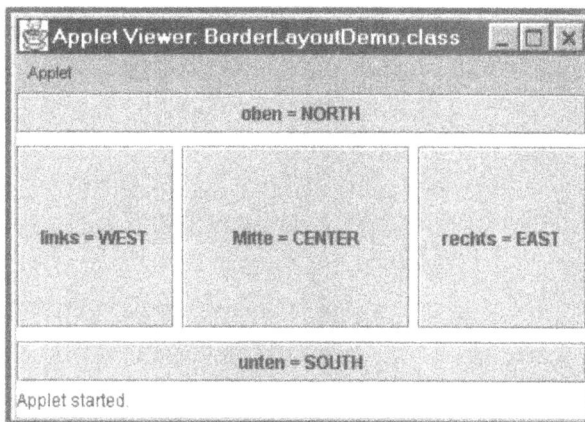

Abb. 15.10: BorderLayout

❑ *Beispiel 15.3.1 BorderLayoutDemo*
Hier folgt der Programmtext für die obige Abbildung:

```
import java.awt.*;
import javax.swing.*;

public class BorderLayoutDemo extends JApplet
{  public void init()
   {  Container c=getContentPane();
      c.setLayout(new BorderLayout(5,8));
      c.setBackground(Color.white);
```

```
    // Containerhintergrund weiß
    c.add(new JButton("oben = NORTH"),
        BorderLayout.NORTH);
    c.add(new JButton("rechts = EAST"),
        BorderLayout.EAST);
    c.add(new JButton("unten = SOUTH"),
        BorderLayout.SOUTH);
    c.add(new JButton("links = WEST"),
        BorderLayout.WEST);
    c.add(new JButton("Mitte = CENTER"),
        BorderLayout.CENTER);
    }
}
```

■

Es wurden folgende Methoden verwendet:

Die Methoden der Klasse `BorderLayout`
`public BorderLayout()` `public BorderLayout(int hor,int vert)`
Erzeugt ein **BorderLayout**. Die optionalen Parameter geben den horizontalen bzw. vertikalen Abstand zwischen den Komponenten an. Fehlen sie, ist der Abstand 0.

`public int getVgap()`
`public void setVgap(int vert)`
`public int getHgap()`
`public void setHgap(int vert)`

Liefert bzw. setzt den vertikalen / horizontalen Abstand der Komponenten.

15.3.2 FlowLayout

Dieses Layout ordnet die Komponenten der Reihe nach von links nach rechts an. Reicht der Platz für eine Komponente nicht mehr aus, wird eine neue Zeile begonnen. In der folgenden Abbildung sind zwei Situationen desselben Programms dargestellt:

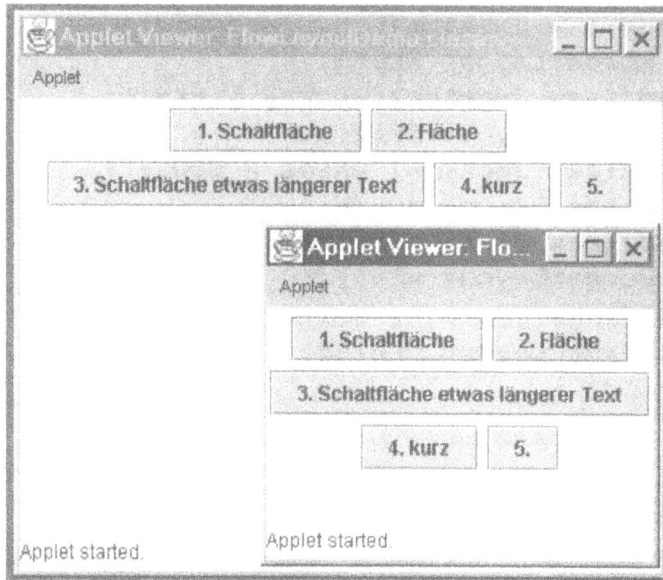

Abb. 15.11: FlowLayout

❏ *Beispiel 15.3.2 FlowLayout*
Das Java-Programm hierzu sieht folgendermaßen aus.

```
import java.awt.*;
import javax.swing.*;

public class FlowLayoutDemo extends JApplet
{  public void init()
   {  Container c=getContentPane();
      c.setLayout(new FlowLayout());
      c.setBackground(Color.white);
      c.add(new JButton("1. Schaltfläche"));
      c.add(new JButton("2. Fläche"));
      c.add(new JButton(
         "3. Schaltfläche etwas längerer Text"));
      c.add(new JButton("4. kurz"));
      c.add(new JButton("5."));
   }
}
```

Auch hier folgen wieder die wichtigsten Methoden:

Die Methoden der Klasse FlowLayout

```
public FlowLayout()
public FlowLayout(int ausrichtng)
public FlowLayout(int ausrichtng,int hor,int vert)
```

Erzeugt ein **FlowLayout**.

Der Parameter **ausrichtng** gibt die Ausrichtung an, angegeben durch die Konstanten **FlowLayout.LEFT**, **FlowLayout.RIGHT**, **FlowLayout.CENTER**; fehlt er, gilt: zentriert.

Die Parameter **hor** und **vert** geben den horizontalen bzw. vertikalen Abstand zwischen den Komponenten an. Fehlen sie, ist der Abstand 5.

getVgap,setVgap,getHgap,setHgap wie in **Borderlayout**

15.3.3 GridLayout

Im Gitterlayout (engl. **GridLayout**) werden die Komponenten in einem Gitter gleich großer Rechtecke angeordnet. Jede Komponente nimmt genau ein Rechteck ein.
Abbildung 15.12 zeigt eine übliche Telefontastatur. Der Abstand zwischen den Tasten ist 7.

Abb. 15.12: GridLayout

Wenn Sie das Fenster des Applets vergrößern, werden auch die Tasten entsprechend größer; das Fenster wird immer in 3 mal 4 gleich große Rechtecke aufgeteilt, und die Komponenten nehmen jeweils den maximalen Platz in Anspruch.

☐ *Beispiel 15.3.3* **TelefonTastatur**

```
import java.awt.*;
import javax.swing.*;

public class TelefonTastatur extends JApplet
{   JPanel Tastatur;
    public void init()
    {   Tastatur=new JPanel();
        Tastatur.setLayout(new GridLayout(4,3,7,7));
        for (int i=1;i<=9;i++)
            Tastatur.add(new JButton(""+(char)('0'+i)));
        Tastatur.setBackground(Color.white);
        Tastatur.add(new JButton("*"));
        Tastatur.add(new JButton("0"));
        Tastatur.add(new JButton("#"));

        Container c=getContentPane();
        c.setBackground(Color.white);
        c.setLayout(new BorderLayout());
        c.add(Tastatur,BorderLayout.CENTER);
        JLabel Überschrift=new JLabel(
            "Telefontastatur");
        Überschrift.setFont(new Font(
            "Helvetica",Font.PLAIN,22));
        c.add(Überschrift,BorderLayout.NORTH);
    }
}
```

■

```
                Wichtige Methoden der Klasse GridLayout

public GridLayout()
public GridLayout(int zei,int sp)
public GridLayout(int zei,int sp,int hor,int vert)
```

Die parameterlose Variante erzeugt ein **GridLayout**, bei dem alle Komponenten nebeneinander liegen.

Die Parameter **zei** und **sp** geben die Anzahl der Zeilen und Spalten des Gitters an.

Die Parameter **hor** und **vert** geben den horizontalen und vertikalen Abstand der Komponenten an. Fehlen sie, ist er jeweils 0.

```
public int getRows()
public void setRows(int zei)
public int getColumns()
public void setColumns(int sp)
```

Liefert bzw. setzt die Anzahl der Zeilen bzw. Spalten.

```
getVgap,setVgap,getHgap,setHgap wie in Borderlayout.
```

15.3.4 GridBagLayout

Das komfortabelste Layout ist das **GridBagLayout**. Diesem liegt wieder ein Gitterraster mit folgenden Erweiterungen zugrunde:

Die Gitterspalten und -zeilen können verschieden groß sein.

Die Komponenten können einen rechteckigen Bereich belegen, der in der Breite und Höhe mehrere Gittereinheiten umfasst.

Jede Komponente kann ihr eigenes Layout haben, das angibt, wie sie in ihrem Gitterbereich dargestellt wird.

Die Komponenten können im Gitter gezielt gesetzt werden.

Das folgende Beispiel veranschaulicht diesen Layout-Typ.

Am oberen und linken Rand wird das Koordinatensystem für die restlichen Elemente angezeigt. Die Koordinaten (x,y) eines Elements bezeichnen den Zeilen- und Spaltenindex, wobei das Element ganz links oben – also das mit der Beschriftung "y|x" – die Position (0,0) hat.

Der Abstand zwischen allen Elementen ist an allen vier Seiten auf 3 gesetzt.

Die Schaltflächen in der Zeile 1 sind kleiner und im Gitter unterschiedlich platziert. Alle anderen Schaltflächen füllen jeweils das gesamte Gitterfeld aus.

Das **GridBagLayout** stellt eine Methode **location** zur Verfügung, die die Koordinaten des Gitterelements liefert, in dem ein gegebener Punkt liegt. Die Schaltfläche in der untersten Zeile zeigt an, dass der Punkt (120,150) im Gitterelement [1,3] liegt; das ist die Schaltfläche mit der Beschriftung "Knopf 5".

Jedes Gitterelement kann eine eigene Darstellungsform haben; dazu wird jedem Element in einem **GridBagLayout** ein Objekt mitgegeben, das diese Layout-Festlegungen beschreibt. Dieses Objekt vom Typ **GridBagConstraints** hat folgende öffentlichen Attribute:

Größe: **gridwidth, gridheight**

legen die Anzahl der Gitterzeilen bzw. Gitterspalten fest, die das Element einnimmt. Die Voreinstellung ist jeweils 1.

Sollen sämtliche Zellen bis zum Zeilen- bzw. Spaltenende verwendet werden, besetzt man **gridwidth** bzw. **gridheight** mit der Konstanten **GridBag-Constraints.REMAINDER**. Der voreingestellte Wert mit der Bedeutung "nimm das nächste Feld" ist **GridBagConstraints.RELATIVE**.

Lage im Raster: **gridx, gridy**

legen die Gitterkoordinaten des linken oberen Elements fest, an denen das Element platziert wird.

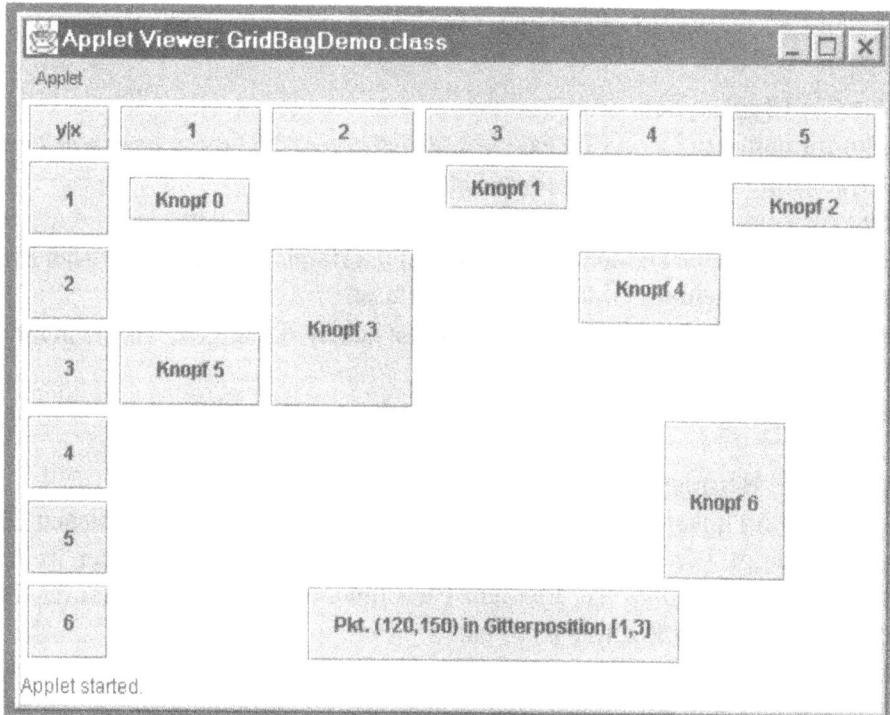

Abb. 15.13: GridBagLayout

Der voreingestellte Wert mit der Bedeutung "nimm das nächste Feld" ist auch hier wieder **GridBagConstraints.RELATIVE**.

Darstellungsgröße: `fill`

wird benutzt, um die Größe des Elements im Feld festzulegen. Java sieht folgende Möglichkeiten vor:

GridBagConstraints.NONE: Größe unverändert (Voreinstellung),

GridBagConstraints.HORIZONTAL: Breite anpassen, Höhe unverändert,

GridBagConstraints.VERTICAL: Höhe anpassen, Breite unverändert,

GridBagConstraints.BOTH: Größe auf Feldgröße erweitern.

Rand vom Element zum Gitter: `ipadx`, `ipady`

legt den Abstand innerhalb der Komponenten vom Inhalt zum Rand fest.

Positionierung im Gitter: `anchor`

legt fest, an welcher Stelle im Gitterfeld das Element platziert wird; und zwar in der Mitte, an einem Rand oder in einer Ecke. Die zugehörigen Konstanten sind **GridBagConstraints.CENTER**, **GridBagConstraints.NORTH**, **GridBagConstraints.NORTHEAST** sowie die restlichen Himmelsrichtungen.

relative Zeilen- und Spaltengrößen: `weightx`, `weighty`

legt die relativen Spaltenbreiten und Zeilenhöhen fest. Haben sie den Wert 0 (die Voreinstellung), werden die minimalen Größen benutzt und das Objekt erscheint in der Mitte des Containers. Wird für ein Element **weightx** auf denWert 1, für ein zweites auf 2 gesetzt, bedeutet dies, dass das zweite Element etwa doppelt so breit ist wie das erste, auch wenn die Fenstergröße verändert wird.

Abstände: `insets`

legt die Abstände der Elemente voneinander fest. Dieses Attribut ist vom Typ **Insets**, dessen Konstruktor vier Parameter für die Abstände an den jeweiligen Seiten hat:

```
public Insets(int oben,int links,
       int unten,int rechts)
```

Das folgende Programm baut die obige Abbildung auf. Die zentrale Methode ist dabei **neuesFeld**, der in den Parametern Folgendes übergeben wird:

Panel p: in welches Panel einfügen?

Component komp: welche Komponente einfügen?

GridBagLayout l: mit welchem Layout?

GridBagConstraints c: mit welchen Vorgaben?

int x, int y, int breite, int hoehe: welche Position und Ausdehnung in Gittereinheiten?

In der Methode **init** werden zuvor die Komponenten der Vorgabe **gbc** vom Typ **GridBagConstraints** besetzt.

❏ *Beispiel 15.3.4 GridBagDemo*
```
import java.awt.*;
import javax.swing.*;

public class GridBagDemo extends JApplet
{   private JButton k[]=new JButton[8];
    private GridBagLayout gbl;

    private void neuesFeld(Container p,
                           JComponent komp,
                           GridBagLayout l,
                           GridBagConstraints c,
                           int x,int y,
                           int breite,int hoehe)
//komp in p mit layout l und Vorgaben c
//an Position (x,y) mit Größe (breite,hoehe) einfügen
    {   c.gridx=x; c.gridy=y;
        c.gridwidth=breite;c.gridheight=hoehe;
        l.setConstraints(komp,c);
        // für komp die Vorgaben c setzen
        p.add(komp);   // Komponente hinzufügen
    }

    public void init()
    {   Container c=getContentPane();
        c.setBackground(Color.white);
        for (int i=0;i<k.length;i++)
            k[i]=new JButton("Knopf "+(char)('0'+i));
        gbl=new GridBagLayout();
    // Zeilen und Spalten werden automatisch bestimmt
        c.setLayout(gbl);
        GridBagConstraints gbc=
            new GridBagConstraints();
        // Layout-Vorgaben für Komponenten
        // --- Größen auffüllen ---
        gbc.fill=GridBagConstraints.BOTH;
        // Abstand zwischen den Komponenten
        gbc.insets=new Insets(3,3,3,3);
        // KoordinatenSystem eintragen
```

```
    gbc.weightx=gbc.weighty=1;
    neuesFeld(c,
        new JButton("y|x"),gbl,gbc,0,0,1,1);
    gbc.weightx=1;gbc.weighty=10;
    for (int i=1;i<7;i++)
        neuesFeld(c,new JButton(""+(char)('0'+i)),
            gbl,gbc,0,i,1,1);
    gbc.weightx=10;gbc.weighty=1;
    for (int i=1;i<6;i++)
        neuesFeld(c,new JButton(""+(char)('0'+i)),
            gbl,gbc,i,0,1,1);
    // 1. Zeile
    gbc.fill=GridBagConstraints.NONE;
    neuesFeld(c,k[0],gbl,gbc,1,1,1,1);
    gbc.anchor=GridBagConstraints.NORTHEAST;
    neuesFeld(c,k[1],gbl,gbc,3,1,1,1);
    gbc.anchor=GridBagConstraints.CENTER;
    gbc.fill=GridBagConstraints.HORIZONTAL;
    neuesFeld(c,k[2],gbl,gbc,5,1,1,1);
    // 2. Zeile
    gbc.fill=GridBagConstraints.BOTH;
    neuesFeld(c,k[3],gbl,gbc,2,2,1,2);
    neuesFeld(c,k[4],gbl,gbc,4,2,1,1);
    // 3. Zeile
    neuesFeld(c,k[5],gbl,gbc,1,3,1,1);
    // 4. Zeile
    gbc.fill=GridBagConstraints.VERTICAL;
    neuesFeld(c,k[6],gbl,gbc,4,4,2,2);
    // 6. Zeile
    neuesFeld(c,k[7],gbl,gbc,2,6,3,1);
}

// Position eines Punktes im Gitter bestimmen
// nachdem Applet aufgebaut ist
public void start()
{   Point p=gbl.location(120,150);
    k[7].setText("Pkt. (120,150) in "
        +"Gitterposition ["+p.x+","+p.y+"]");
}
}
```

Wichtige Methoden der Klasse `GridBagLayout`
`public GridBagLayout()`
Legt ein Objekt vom Typ `GridBagLayout` an.
`public GridBagConstraints getConstraints` `(Component komp)`
Liefert die Layout-Festlegungen für die angegebene Komponente **komp**.
`public void setConstraints (Component komp,` `GridBagConstraints c)`
Definiert als Layout-Festlegungen für die Komponente **komp** die `Grid-` `BagConstraints c`.
`public Point location(int x,int y)`
Liefert die Koordinaten des Gitterelements, in dem der Punkt (`x,y`) liegt. `Point` hat als öffentliche Attribute die Komponenten **x** und **y**.

15.3.5 CardLayout

Das **CardLayout** ist nach dem Prinzip einer Kartei aufgebaut: Es enthält mehrere Karteikarten, von denen jeweils nur eine sichtbar ist. Es stellt Methoden zur Verfügung, über die man die einzelnen Karteikarten auswählen kann. Zum gezielten Auswählen einer Karte verwendet man am besten ein Auswahlfenster; ferner kann man die erste, die nächste, die vorige oder die letzte Karte wählen.

Im folgenden Beispiel programmieren wir eine Benutzeroberfläche, mit der man eines der bisherigen Applet-Beispiele gezielt auswählen und starten kann. Es zeigt folgende Auswahlmöglichkeiten:

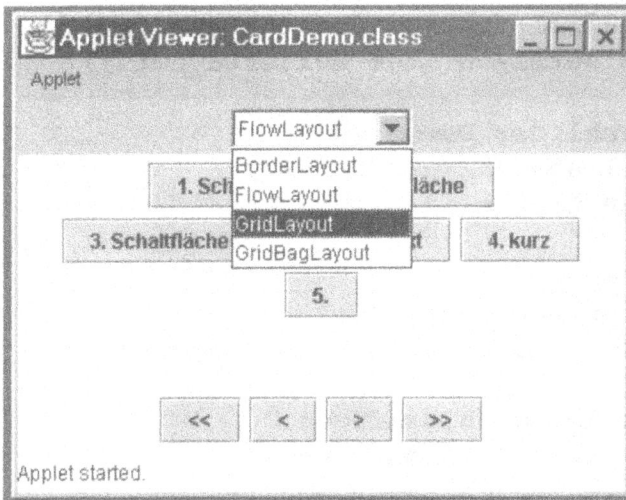

Abb. 15.14: CardLayout

Über das aufgeklappte Auswahlfenster oben in der Mitte kann man gezielt eines der Demo-Programme wählen. Am unteren Rand des Fensters befinden sich vier Schaltflächen zur Navigation durch die Karten: Man kann zur ersten, vorigen, nächsten bzw. letzten Karte springen. Dabei gilt: Die Karte "vor" der ersten ist die letzte Karte; entsprechend ist die Karte "hinter" der letzten Karte die erste.

☐ *Beispiel 15.3.5   CardDemo*

```java
import javax.swing.*;
import java.awt.*;
import java.awt.event.*;

public class CardDemo extends JApplet
      implements ItemListener, ActionListener
{   private JPanel karten;
    private Choice c;

    private void neue_Karte(String text,JApplet komp)
    {   JPanel p=new JPanel(new BorderLayout());
        p.add(komp);     // Komponente in Panel
        karten.add(komp,text); // zu Karten hinzu
        c.addItem(text);   // in Auswahlliste
        komp.init();       // Komponente starten
    }
```

```
public void init()
{  Container cont=getContentPane();
   cont.setLayout(new BorderLayout());

// Auswahl der Demos
   Panel auswahl=new Panel();
   c=new Choice();

// Karten
   karten=new JPanel();
   karten.setLayout(new CardLayout());

// neue Karten hinzufügen
   neue_Karte("BorderLayout",
      new BorderLayoutDemo());
   // usw. für andere Anwendungen
// Auswahl einfügen
   auswahl.add(c);
   cont.add(auswahl,BorderLayout.NORTH);
   c.addItemListener(this);
// Karten einfügen
   cont.add(karten,BorderLayout.CENTER);

// Schaltknöpfe zum Navigieren
   JPanel p=new JPanel();
   p.setBackground(Color.white);
   JButton Schalter=new JButton("<<");// erste
   p.add(Schalter);
   // usw. für die 3 anderen Schaltfelder

   cont.add(p,BorderLayout.SOUTH);
}

public void itemStateChanged(ItemEvent e)
{  ((CardLayout)karten.getLayout()).
      show(karten,(String)(e.getItem())));
}

public void actionPerformed(ActionEvent e)
{  String kommando=e.getActionCommand();
   if (kommando.equals("<<"))         // erste
      ((CardLayout)karten.getLayout()).first(
```

```
            karten);
      else if (kommando.equals("<"))      // vorige
         ((CardLayout)karten.getLayout()).previous(
            karten);
      else if (kommando.equals(">"))      // nächste
         ((CardLayout)karten.getLayout()).next(
            karten);
      else // if (kommando.equals(">>"))// letzte
         ((CardLayout)karten.getLayout()).last(
            karten);
   }
}
```

Das Prinzip des **CardLayout**s sieht man in der Methode **neue_Karte**, welche die bisherigen Applets als neue Karte einfügt:

Zunächst erzeugen wir ein Panel **p** für das Applet.

Dann fügen wir dieses Applet mit dem im Parameter angegebenen **text** dem Panel **karten** hinzu; diesem Panel wird in **init** das Layout **CardLayout** zugeordnet.

Derselbe **text** wird in das Auswahlfenster eingetragen.

Schließlich wird das Applet über die Methode **init** gestartet.

Die Auswahl einer Karte erfolgt in der Methode **itemStateChanged**, die vom Auswahlfenster aktiviert wird. Die Methode **show** von **CardLayout** hat zwei Parameter: Den **Container karten** mit dem **CardLayout** sowie den Text, der der Karte zugeordnet ist.

Die Schaltflächen zur Navigation werden in der Methode **actionPerformed** aufgefangen. Die Methoden **first**, **previous**, **next** bzw. **last** aktivieren die jeweils entsprechende Karte. ∎

Es folgt die vollständige Beschreibung dieser Methoden:

Wichtige Methoden der Klasse `CardLayout`	
`public CardLayout()` `public CardLayout(int hor,int vert)`	
Erzeugt ein Objekt vom Typ `CardLayout`. Die beiden optionalen Parameter `hor` bzw. `vert` definieren den linken und rechten bzw. oberen und unteren Rand der Karten zum Container.	
`public void add(Component komp,` `    Object obj)`	Container
Fügt die angegebene Komponente `komp` an das Ende des Containers. Der Parameter `obj` muss hier ein String sein.	
`public void show(Container cont,String text)`	
Springt zu der Komponente von `cont`, die mit `text` zum Layout hinzuge-fügt wurde. Gibt es keine solche Komponente, ist der Aufruf der Methode ohne Wirkung.	

`public void first(Container cont)`
`public void previous(Container cont)`
`public void next(Container cont)`
`public void last(Container cont)`	

Springt zur ersten, vorigen, nächsten bzw. letzten Karte des Containers `cont`. Die Karten werden zyklisch betrachtet, d. h. "vor" der ersten kommt die letzte und "hinter" der letzten die erste Karte.	

15.4 Menüs

Das Menü ist die am meisten verbreitete Benutzeroberfläche. Es besteht aus einer Menüleiste am oberen Rand eines Fensters, die Menüpunkte enthält. Klickt man mit der Maus auf einen Menüpunkt, klappt ein Unterfenster auf, in dem Menüeinträge angeboten werden. Nach dem Anklicken eines Menüeintrags wird entweder direkt eine Aktion ausgeführt oder ein Untermenü geöffnet. Das Swing-Package stellt hierzu geeignete Klassen und Methoden bereit.

Die Klassen **JMenuBar** stellt eine Menüleiste zur Verfügung. Java beschränkt die Verwendung von **JMenuBar**: Eine Menüleiste kann nur in ein **Window** – also speziell auch in einen **JFrame** – eingebunden werden.

Ein Menüpunkt wird durch die Klasse **JMenu** erzeugt; mit der Methode **add** wird er in die Menüleiste eingehängt. Mit der Klasse **JMenuItem** erzeugt man einen Menüeintrag, der wieder mit der Methode **add** einem Menüpunkt zugeordnet wird. Beim Anklicken eines Menüeintrags wird ein **ActionEvent** erzeugt. Um auf dieses reagieren zu können, muss der **ActionListener** registriert werden.

Beim Aufbau eines Menüs geht man wie folgt vor:

1. Eine Menüleiste **MenueLeiste** vom Typ **JMenuBar** erzeugen.
2. Diese wird durch die Methode **setJMenuBar (MenueLeiste)** in den Frame gehängt.
3. Einen Menüpunkt **MPunkt** vom Typ **JMenu** erzeugen und mit **MenueLeiste.add(MPunkt)** in die Menüleiste aufnehmen.
4. Einen Menüeintrag **MEintrag** vom Typ **JMenuItem** erzeugen und mit **MPunkt.add(MEintrag)** in den zugehörigen Menüpunkt eintragen.
5. Die Punkte 3 bzw. 4 werden für jeden Menüeintrag bzw. Menüpunkt wiederholt.
6. Die Menüeinträge mit **addActionListener** beim **ActionListener** registrieren.
7. Schließlich programmiert man in der Methode **actionPerformed** für jeden Menüeintrag die zugehörige Aktion.

Das nächste Beispiel realisiert das unten gezeigte Menü:

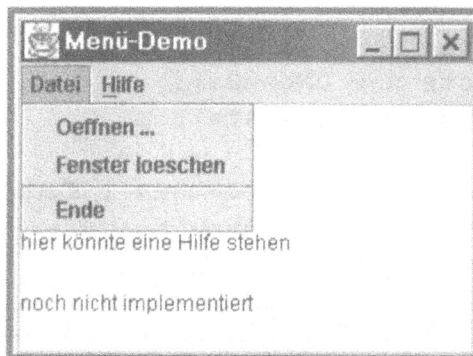

Abb. 15.15: Einfaches Menü

□ *Beispiel 15.4.1* **MenueDemo**
```
import java.awt.*;
import java.awt.event.*;
import javax.swing.*;
```

```
import JavaPack.*;

public class MenueDemo extends JFrame
        implements ActionListener
{   private JTextArea ausgabe;
    private JMenuBar MenueLeiste;
    private JMenu mDatei,mHilfe;
    private JMenuItem miOeffnen,miLoeschen,
       miEnde,miHilfe;
    // Texte für Menüpunkte
    private String[] MText={"Oeffnen ...",
       "Fenster loeschen","Ende","Hilfe"};
    // Indizes dazu
    private final int IOeffnen=0,
    ILoeschen=1,IEnde=2,
    IHilfe=3;

    public MenueDemo()
    {   Container c=getContentPane();
        addWindowListener(new FensterBeenden());
        c.setLayout(new BorderLayout());
        ausgabe=new JTextArea(10,30);
        ausgabe.setEditable(false);
        c.add(ausgabe,BorderLayout.CENTER);

    // MenüLeiste
       MenueLeiste=new JMenuBar();
       setJMenuBar(MenueLeiste);

    // Menü Datei: Öffnen, Löschen | Ende
    // ----------------------------------
       mDatei=new JMenu("Datei");
       MenueLeiste.add(mDatei);
       miOeffnen=MenueEintrag(mDatei,MText[IOeffnen]);
       miLoeschen=MenueEintrag(mDatei,
         MText[ILoeschen]);
       mDatei.addSeparator();
       miEnde=MenueEintrag(mDatei,MText[IEnde]);

    // Hilfe: Hilfe
    // ------------
       mHilfe=new JMenu("Hilfe");
```

```
    mHilfe.setMnemonic(KeyEvent.VK_H);
    MenueLeiste.add(mHilfe);
    miHilfe=MenueEintrag(mHilfe,MText[IHilfe]);
    miHilfe.setMnemonic(KeyEvent.VK_H);
    miHilfe.setToolTipText("Das ist eine Hilfe");

// ActionListener für alle Menüs registrieren
// -----------------------------------------------
    miOeffnen.addActionListener(this);
    miLoeschen.addActionListener(this);
    miEnde.addActionListener(this);
    miHilfe.addActionListener(this);
}

public void actionPerformed(ActionEvent e)
{   String kommando=e.getActionCommand();
    //((JMenuItem)(e.getSource())).getText(); ///
    System.out.println("Kommando: "+kommando);
    if (kommando.equals(MText[IOeffnen]))
    {
        ausgabe.append(
            "noch nicht implementiert\n");
        System.out.println(
            "IOeffnen noch nicht implementiert");
    }
    else if (kommando.equals(MText[ILoeschen]))
        ausgabe.setText("");
    else if (kommando.equals(MText[IEnde]))
            System.exit(0);
    else if (kommando.equals(MText[IHilfe]))
            ausgabe.append(
            "\nhier könnte eine Hilfe stehen\n\n");
    else
    ; // Platz für weitere Menu-Einträge
}

public static void main(String[] argv)
{   MenueDemo demo=new MenueDemo();
    demo.setTitle("Menü-Demo");
    demo.setSize(400,300);
    demo.setVisible(true);
}
```

```
    private JMenuItem MenueEintrag(JMenu wohin,
        String text)
{   JMenuItem mi=new JMenuItem(text);
    wohin.add(mi);
    return mi;
}
}
```

In der Methode **actionPerformed** wird nach der Beschriftung des zugehörigen Menüeintrags gesucht. Diese Beschriftung wurde beim Konstruktor festgelegt. Es empfiehlt sich, diese Beschriftung in einem String-Vektor zu halten. Dadurch vermeidet man Tippfehler in dieser Methode; außerdem kann man die Beschriftung leicht ändern, etwa in eine andere Sprache.

Das aufgeklappte Menü in der Abbildung zu diesem Beispiel enthält eine Trennlinie vor dem letzten Eintrag. Diese erzeugt man mit der Methode **addSeparator**. ■

In ein **JMenu** werden **JMenuItem**s aufgenommen. Da ein **JMenu** ein **JMenuItem** ist, kann man ein Untermenü einfach dadurch aufbauen, dass man ein **JMenu** in ein anderes **JMenu** aufnimmt. In der folgenden Abbildung wird in das **JMenu** *Hilfe* das **JMenu** *Weitere* aufgenommen.

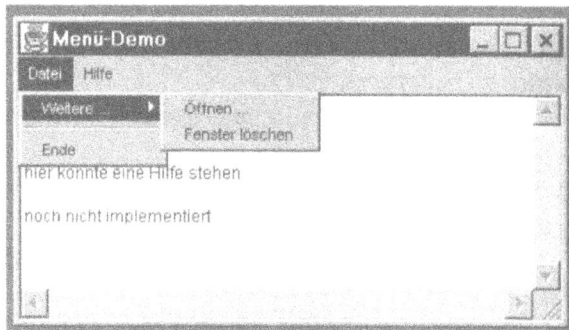

Abb. 15.16: Menü mit Untermenü

❑ *Beispiel 15.4.2 Untermenue*
Das Programm hierzu erhält man aus dem vorigen Beispiel durch folgende Änderungen:

```
    mWeitere=new JMenu(MText[IWeitere]);
```

```
    mDatei.add(mWeitere);
    miOeffnen=MenueEintrag(
        mWeitere,MText[IOeffnen]);
    miLoeschen=MenueEintrag(mWeitere,
      MText[ILoeschen]);
```

Außer den zugehörigen Deklarationen müssen die Einträge des Untermenüs noch am **ActionListener** registriert werden.   ∎

Java kennt noch Menüpunkte, die man so anwählen kann, wie wir es bei der Klasse **Checkbox** in Abschnitt 15.2.2 bereits kennengelernt haben. Solche Menüpunkte werden durch die Klasse **CheckboxMenuItem** erzeugt. Zuständig für die Ereignisse, die durch Markierungsmenüs ausgegeben werden, ist der **ItemListener**, den man mit der Methode **addItemListener** registriert. Im folgenden Beispiel wird das Quiz aus Abschnitt 15.2.2 in Menüform programmiert, der sich wie folgt darstellt:

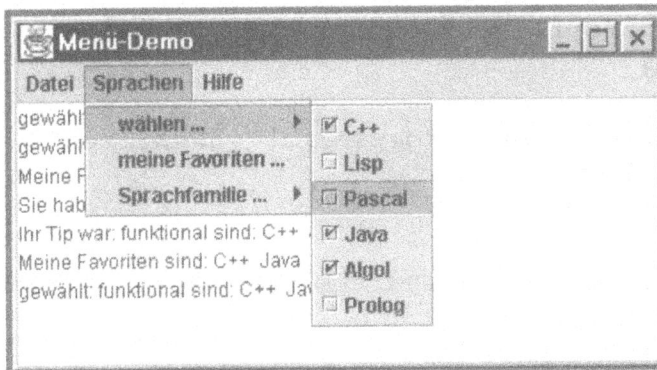

Abb. 15.17: Markierungsmenü

❏ *Beispiel 15.4.3   Markierungsmenüs*
Es werden nur die Programmzeilen angegeben, die für diesen Menüaufbau relevant sind. Den Code für die Auswertung des Tipps über die Sprachfamilien finden Sie in Beispiel 15.2.2. Das vollständige Programm befindet sich in der Beispielsammlung.

```
public class MarkierungsMenue extends JFrame
        implements ActionListener,ItemListener
{ // ...
    private JCheckboxMenuItem cmiSprachen[];
```

```
public MarkierungsMenue()
{
// Untermenü zu "wählen": div. Sprachen
// ------------------------------------------
   cmiSprachen=new JCheckboxMenuItem[6];
   cmiSprachen[0]=ChMenuePunkt(mWaehlen,"C++");
   cmiSprachen[1]=ChMenuePunkt(mWaehlen,"Lisp");
// usw.
   for (int i=0;i<cmiSprachen.length;i++)
      cmiSprachen[i].addItemListener(this);


public void itemStateChanged(ItemEvent e)
{// Ausgabe aufbereiten
   SSprachen="";
   gut=true;
   for (int i=0;i<cmiSprachen.length;i++)
   { if(cmiSprachen[i].getState())//Checkbox "an"
      { if ( was_ists[was][i]!=1)  gut=false;
        SSprachen+=cmiSprachen[i].getLabel()+"  ";
      }
   }
   ausgabe.append("gewählt: "+SFamilien
     +SSprachen+"\n");
}


private JCheckboxMenuItem ChMenuePunkt(Menu wohin,
      String text)
{ JCheckboxMenuItem mi=
     new JCheckboxMenuItem(text);
   wohin.add(mi);
   return mi;
}
}
```

15.5 Dialogfenster

15.5.1 Dialogfenster (JDialog)

Dialogfenster sind Fenster, die abhängig von einem anderen Fenster geöffnet werden können. Wird das andere Fenster geschlossen oder auf ein Icon reduziert, so wird dies auch mit dem Dialogfenster gemacht. Wird das Icon wieder vergrößert, wird auch das Dialogfenster wieder angezeigt. In Dialogfenstern können einfache Benutzerdialoge abgewickelt werden, etwa eine Ja-Nein-Bestätigung. Manchmal ist es notwendig, dass eine solche Bestätigung zwingend für eine Weiterarbeit ist. Das Dialogfenster ist dann *modal*; erst wenn das Dialogfenster beendet wird, kann man im anderen Fenster weiterarbeiten.

Die Klasse **JDialog** ist eine Subklasse von **Window** und kann deshalb nicht in einem Applet verwendet werden – außer das Applet erzeugt sich selbst ein **Window**, in dem das Dialogfenster läuft.

Das folgende Beispiel öffnet für den Menüpunkt *Über ...* ein Dialogfenster, das modal ist: Erst die Bestätigung der Schaltfläche *gelesen* erlaubt ein Weiterarbeiten im Hauptfenster.

Die folgende Abbildung zeigt das Hauptfenster und das Dialogfenster.

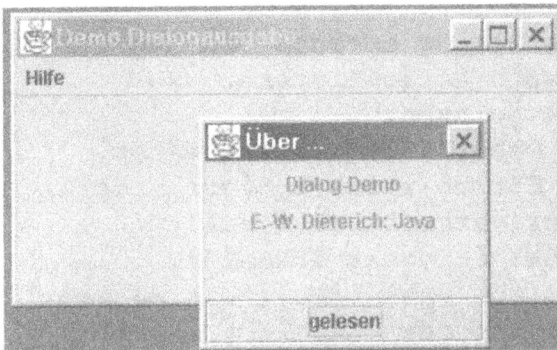

Abb. 15.18: Dialogfenster

❑ *Beispiel 15.5.1 DialogDemo*
Der folgende Programmtext enthält nur die Programmstellen, die das Dialogfenster betreffen. Das restliche Programm ist analog den vorigen Beispielen aufgebaut und befindet sich vollständig in der Beispielsammlung.

```java
import java.awt.*;
import java.awt.event.*;
import javax.swing.*;

public class DialogDemo extends JFrame
      implements ActionListener
{  // ...
   private UeberDialog dialog;

   public DialogDemo()
   {  // ...
```

```
    }

    public void actionPerformed(ActionEvent e)
    {   String kommando=e.getActionCommand();
        if (kommando.equals(MText[IUeber]))
        {   if (dialog==null)
                dialog=new UeberDialog(this,
                    MText[IUeber],true);
            dialog.setVisible(true);
        }
        else
        // weitere Menü-Einträge
    }

    class UeberDialog extends JDialog
        implements ActionListener
    {   JButton gelesen;
        public UeberDialog(JFrame vater,
                String titel,boolean modal)
        {   super(vater,titel,modal);
            JPanel info=new JPanel();
            info.add(new JLabel("Dialog-Demo"));
            info.add(new JLabel(
                "E.-W. Dieterich: Java"));
            add(info,BorderLayout.CENTER);
            gelesen=new JButton("gelesen");
            add(gelesen,BorderLayout.SOUTH);
            gelesen.addActionListener(this);
            setSize(150,150);
        }

        public void actionPerformed(ActionEvent e)
        {   Object quelle=e.getSource();
            if (quelle==gelesen)
            {   setVisible(false);
                dispose();
            }
        }
    }
}
```

Die Methode **actionPerformed** der Hauptklasse reagiert auf den Menüeintrag *Über* ..., indem es das Dialogfenster **UeberDialog** anzeigt und, falls es noch nicht existiert, vorher erzeugt. Das Dialogfenster **UeberDialog** wird im dritten Parameter des Konstruktors als modal festgelegt. Es reagiert in seiner Methode **performedAction** auf die Schaltfläche *gelesen* und wird damit beendet. Das Hauptfenster ist vorher nicht bedienbar. Versuchen Sie einmal, das Dialogfenster als nicht-modal zu erzeugen; dann kann man das Hauptfenster immer bedienen. ■

In der folgenden Tabelle sind außer dem im Beispiel verwendeten Konstruktor weitere wichtige Methoden der Klasse **JDialog** zusammengestellt:

Wichtige Methoden der Klasse JDialog

`public JDialog(Frame Besitzer,String titel,`
`    boolean modal)`
`public JDialog(JDialog Besitzer,String titel,`
`    boolean modal)`

Erzeugt ein Dialogfenster; der Eigentümer, also das Hauptfenster, ist **Besitzer**, **titel** legt den Titel fest und **modal** legt fest, ob das Dialogfenster modal ist. Die Parameter **titel** und/oder **modal** können fehlen. Fehlt **titel**, hat das Dialogfenster einen leeren Titel; fehlt **modal**, ist es nicht-modal.
`public boolean isModal()` `public void setModal(boolean modal)`
isModal() gibt an, ob das Dialogfenster modal ist. Der Parameter in **setModal(modal)** legt fest, ob das Dialogfenster modal ist.

15.5.2 Dateifenster (`FileDialog` und `JFileChooser`)

Bei der Auswahl einer Datei aus der vom Betriebssystem angebotenen Dateiliste spielt sich ein ziemlich aufwendiger Dialog ab. Auch das Layout dieses Dateifensters ist recht komplex. Das **awt**-Package enthält hierfür die Klasse **FileDialog**, die das übliche Dateifenster des Betriebssystems zur Verfügung stellt. Ein solches Fenster hat nicht nur dasselbe Aussehen wie das übliche Dateifenster, sondern beinhaltet auch seine ganze Funktionalität wie Datei löschen, Datei verschieben, Ordner anlegen usw. Im Swing-Package baut sich Java sein eigenes Dateifenster mit der Klasse **JFileChooser**; diese Klasse unterstützt das "Look-and-Feel", welches das typische Aussehen auf den unterschiedlichen

Plattformen nachbildet. Der **JFileChooser** ist (noch) nicht so komfortabel wie die Klasse **FileDialog**, die direkt auf der Schnittstelle des jeweiligen Betriebssystems aufsetzt. In den beiden folgenden Beispielen werden diese beiden Klassen sowie die Methoden des "Look-and-Feel" von Swing vorgestellt.

Da wir die Dateibehandlung noch nicht besprochen haben, wird in den beiden folgenden Beispielen die Auswahl einer Datei lediglich im Textfenster des Frames angezeigt. Die **awt**-Klasse **FileDialog** des nächsten Beispiels liefert folgende Ausgabe:

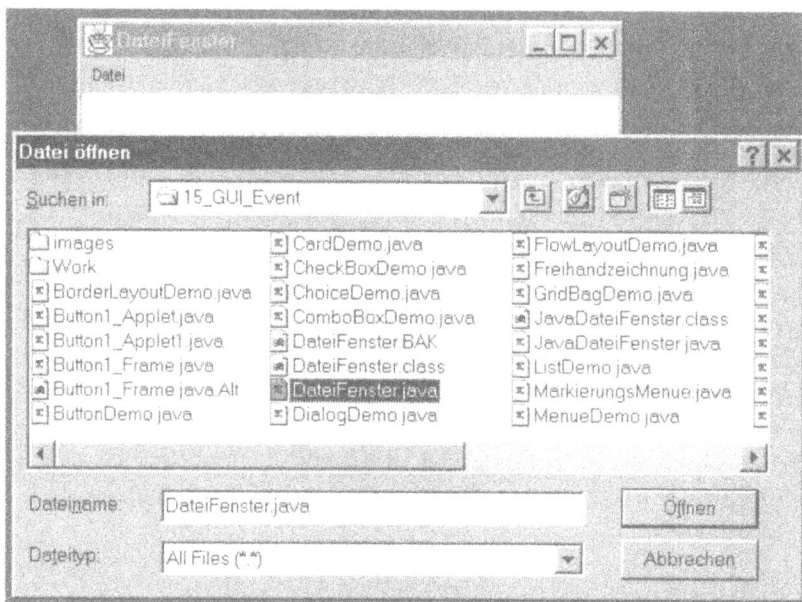

Abb. 15.19: Dateifenster

❑ *Beispiel 15.5.2 DateiFenster (Demo für* **FileDialog***)*

```
import java.awt.*;
import java.awt.event.*;
import JavaPack.*;

public class DateiFenster extends Frame
   implements ActionListener
{  private final String DateiOeffnen  =
       "Datei öffnen...";
   private final String DateiSpeichern=
       "Datei speichern...";
   public DateiFenster()
   {  addWindowListener(new FensterBeenden());
```

```
    //Menüleiste setzen
    MenuBar mb = new MenuBar();
    setMenuBar(mb);
    Menu m = new Menu("Datei");
    mb.add(m);
    m.add(new MenuItem(DateiOeffnen));
    m.add(new MenuItem(DateiSpeichern));
    m.addActionListener(this);
  }

  public void actionPerformed(ActionEvent e)
  { String kommando=e.getActionCommand();
    if (kommando.equals(DateiOeffnen))
    {   FileDialog fd = new FileDialog(this,
            "Datei öffnen");
      fd.setDirectory("C:\\Daten\\Java-Buch");
    // öffnet DateiFenster mit diesem Verzeichnis
      fd.setVisible(true);
      System.out.println(
          "gewaehlte Datei: "+fd.getFile());
      // so bekommt man den Dateinamen
    }
    if (kommando.equals(DateiSpeichern))
    {   FileDialog fd = new FileDialog(this,
            "Datei speichern",FileDialog.SAVE);
      fd.setVisible(true);
      System.out.println(
          "gewaehlte Datei: "+fd.getFile());
      // so bekommt man den Dateinamen
    }
  }

  public static void main(String argv[])
  {   DateiFenster dateifenster = new DateiFenster();
    dateifenster.setTitle("DateiFenster");
    dateifenster.pack();
    dateifenster.setSize(200,300);
    dateifenster.setVisible(true);
  }
}
```

Die folgende Tabelle erklärt wieder die verwendeten Methoden der Klasse **FileDialog**.

Wichtige Methoden der Klasse `FileDialog`

`public FileDialog(Frame Besitzer)`
`public FileDialog(Frame Besitzer,String Titel)`
`public FileDialog(Frame Besitzer,String Titel,`
`   int Art)`

Erzeugt ein Dateifenster; der Eigentümer, also das Hauptfenster, ist **Besitzer**; **Titel** legt den Titel fest und **Art** ist einer der beiden Klassenkonstanten `FileDialog.LOAD`: Dateifenster zum Öffnen `FileDialog.SAVE`: Dateifenster zum Speichern. Fehlt **Titel**, hat das Dateifenster einen leeren Titel; fehlt **Art**, wird es zum Öffnen erzeugt.
`public void setFile(String Datei)` `String getFile()`
Legt **Datei** als voreingestellten Dateinamen fest bzw. liefert den gewählten Dateinamen.
`public void setDirectory(String Verzeichnis)` `public String getDirectory()`
Setzt bzw. liefert den Namen des Verzeichnisses für dieses Dateifenster.
`public void setMode(int Art)` `public int getMode()`
Setzt bzw. liefert die Art des Dateifensters mit den beim Konstruktor angegebenen Klassenkonstanten **LOAD** und **SAVE**.

Die Klasse **JFileChooser** realisiert eine ähnliche Klasse, die von Java selbst implementiert wird und das sognannte "Look-and-Feel" unterstützt. Im nächsten Beispiel kann man beim Start die gewünschte Plattform wählen. Die folgende Abbildung zeigt jeweils eine Beispielausgabe für Windows und Motif, die das nächste Beispiel liefert.

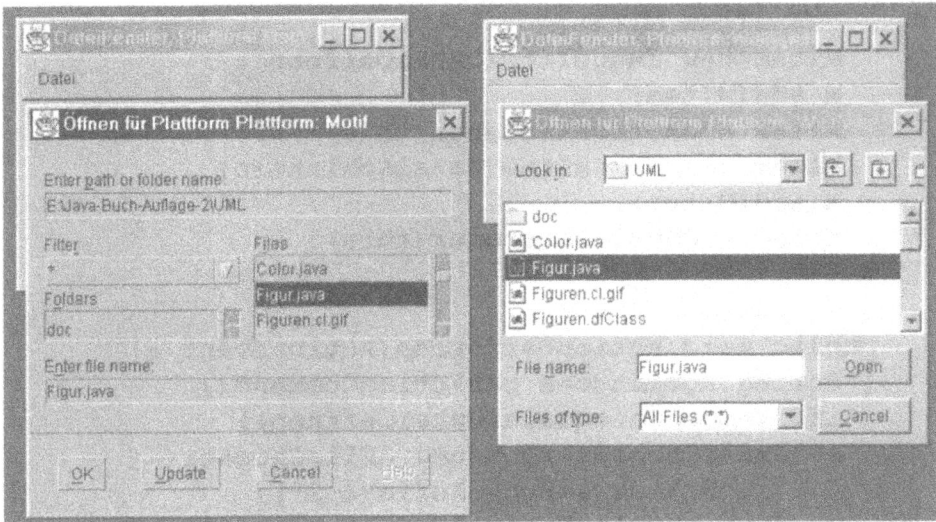

Abb. 15.20: Dateifenster mit **JFileChooser**

❑ *Beispiel 15.5.3   JavaDateiFenster (Demo für* **JFileChooser***)*

```
import java.awt.*;
import java.awt.event.*;
import JavaPack.*;
import javax.swing.*;

public class JavaDateiFenster extends JFrame
    implements ActionListener
{   private final String DateiOeffnen  =
        "Datei öffnen...";
    private final String DateiSpeichern=
        "Datei speichern...";
    private String Plattform;

    public JavaDateiFenster(String Name)
    {   Container c=getContentPane();
        addWindowListener(new FensterBeenden());
        // Titel setzen
        Plattform="für Plattform "+Name;

        //Menüleiste setzen
        JMenuBar mb = new JMenuBar();
        setJMenuBar(mb);
        JMenu m = new JMenu("Datei");
```

```
      mb.add(m);
      JMenuItem MItem;
      MItem=new JMenuItem(DateiOeffnen);
      m.add(MItem);
      MItem.addActionListener(this);
      MItem=new JMenuItem(DateiSpeichern);
      m.add(MItem);
      MItem.addActionListener(this);
   }

   public void actionPerformed(ActionEvent e)
   { String kommando=e.getActionCommand();
      if (kommando.equals(DateiOeffnen))
      { JFileChooser fd = new JFileChooser(
            "E:\\Java-Buch-Auflage-2");
         fd.setDialogTitle("Öffnen "+Plattform);
         int auswahl=
           fd.showOpenDialog(JavaDateiFenster.this);
         System.out.println(
             "gewaehlte Datei (oeffnen): "+
             fd.getSelectedFile().getName());
         // so bekommt man den Dateinamen
      }
      if (kommando.equals(DateiSpeichern))
      { JFileChooser fd = new JFileChooser("C:\\");
         fd.setDialogTitle("Speichern "+Plattform);
         int auswahl=fd.showSaveDialog(this);
         System.out.println(
             "gewaehlte Datei (speichern): "+
             fd.getSelectedFile().getName());
         // so bekommt man den Dateinamen
      }
   }

   public static void main(String args[])
   { final String[] Platforms={
"com.sun.java.swing.plaf.windows.WindowsLookAndFeel",
// Windows
"javax.swing.plaf.metal.MetalLookAndFeel",
// Java
"com.sun.java.swing.plaf.motif.MotifLookAndFeel",
// Motif
```

```
"javax.swing.plaf.mac.MacLookAndFeel"
// Macintosh
      };
    final String[] PlatformName= {
            "Windows","Java","Motif","Macintosh" };
    int PlatIndex=3;
    for (int i=0;i<PlatformName.length;i++)
       System.out.println(i+". Plattform : "+
          PlatformName[i]);
    System.out.print("Wähle Plattform-Nr: ");
    PlatIndex=Einlesen.LiesInt();
    try { UIManager.setLookAndFeel(
          Platforms[PlatIndex]);
     } catch (Exception e) { }

    JavaDateiFenster dateifenster =
      new JavaDateiFenster(
       "Plattform: "+PlatformName[PlatIndex]);

    dateifenster.setTitle(
      "DateiFenster, Plattform:"+
      PlatformName[PlatIndex]);
    dateifenster.setSize(400,300);
    dateifenster.setVisible(true);
  }
}
```

Im Hauptprogramm sind die grau unterlegten Zeilen für die Einstellung des Look-and-Feel für die einzelnen Plattformen verantwortlich.   ∎

Das obige Beispiel verwendet folgende Methoden der Klasse **JFileChooser**:

Wichtige Methoden der Klasse JFileChooser
① `public JFileChooser()`
② `public JFileChooser(String Verzeichnis)`
Erzeugt ein **JFileChooser**-Objekt; im Fall ① wird das Arbeitsverzeichnis benutzt; im Fall ② wird das im Parameter angegebene Verzeichnis benutzt, falls es existiert, andernfalls das Arbeitsverzeichnis.
`public void setDialogTitle(String Titel)`

Wichtige Methoden der Klasse `JFileChooser`
Der angegebene Titel wird in der Kopfzeile des `JFileChooser`-Fensters angezeigt.
`public int showOpenDialog(Component Vater)` `public int showSaveDialog(Component Vater)`
Öffnet ein Datei-Dialogfenster zum Öffnen bzw. Speichern einer Datei. Der Rückgabewert ist ist eine der beiden Konstanten `CANCEL_OPTION` und `APPROVE_OPTION`, die angibt, ob die Cancel- oder Bestätigungstaste gedrückt wurde.
`public File getSelectedFile()`
Liefert die ausgewählte Datei. Mit der Methode `getName` der `File`-Klasse erhält man den Namen der Datei.

15.6 Die Maus-Behandlung

Die bisher behandelten Komponenten der GUI reagieren automatisch auf Mausaktionen. Soll auf Mausaktionen explizit reagiert werden, muss man die entsprechenden Ereignisbehandler programmieren. Für die Tastenbehandlung der Maus ist das Interface **`MouseListener`** zuständig, die Bewegung der Maus wird durch das Interface **`MouseMotionListener`** behandelt. Die beiden Interfaces haben folgende Methoden:

Die Methode des Interfaces `MouseListener`
`public void mouseClicked(MouseEvent e)`
Wird beim Klicken einer Maustaste aufgerufen.
`public void mousePressed(MouseEvent e)`
Wird beim Drücken einer Maustaste aufgerufen.
`public void mouseReleased(MouseEvent e)`
Wird beim Loslassen einer Maustaste aufgerufen.
`public void mouseEntered(MouseEvent e)`

Die Methode des Interfaces `MouseListener`
Wird aufgerufen, wenn die Maus eine Komponente betritt.
`public void mouseExited(MouseEvent e)`
Wird aufgerufen, wenn die Maus eine Komponente verlässt.

Die Methoden des Interfaces `MouseMotionListener`
`public void mouseDragged(MouseEvent e)`
Wird aufgerufen, wenn eine Maustaste gedrückt und dann gezogen wird.
`public void mouseMoved(MouseEvent e)`
Wird aufgerufen, wenn die Maus ohne Tastendruck bewegt wird.

Eine Klasse, die auf Maustasten oder Mausbewegungen reagieren will, muss also das Interface **MouseListener** bzw. **MouseMotionListener** implementieren, d. h. alle Methoden des jeweiligen Interfaces müssen implementiert werden. Methoden, die uns in unserer Anwendung nicht interessieren, müssen auch implementiert werden, und zwar mit einem leeren Rumpf. Da dies mühsam ist, bietet Java für jedes Listener-Interface, das mehr als eine Methode besitzt, eine passende Adapter-Klasse an. So gehört zum Interface **MouseListener** die Adapterklasse **MouseAdapter**. Diese Adapter-Klassen implementieren alle Methoden des zugehörigen Listener-Interfaces mit einem leeren Rumpf. Die Subklasse einer solchen Adapter-Klasse muss nur die interessierenden Methoden überschreiben.Im folgenden Applet kann man in dem Fenster mit der Maus eine Freihandzeichnung erstellen: Bei gedrückter linker Maustaste wird die Spur der Mausbewegung in einer bestimmten Farbe gezeichnet. Ein Druck auf die rechte Maustaste löscht das Fenster. Ein Doppelklick mit der linken Maustaste ändert zur nächsten Farbe. Im Beispiel sind die vier Farben schwarz, rot, blau und grün vorgesehen, die zyklisch gewechselt werden. Die folgende Freihandzeichnung wurde mit diesem Programm erstellt.

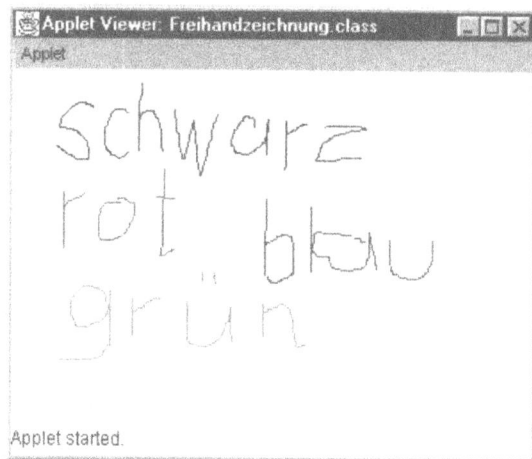

Abb. 15.21 Mausbehandlung

❑ *Beispiel 15.6.1   Freihandzeichnung*

```java
import javax.swing.*;
import java.awt.*;
import java.awt.event.*;

public class Freihandzeichnung extends JApplet
{  private int alt_x,alt_y;
   private Color Farben[]={Color.black,Color.red,
                           Color.blue,Color.green};
   private int farbe=0;
   class MausBewegungen extends MouseMotionAdapter
   {  public void mouseDragged(MouseEvent e)
      {  int x,y;
         Graphics g=getGraphics();
         g.setColor(Farben[farbe]);
         if (!e.isMetaDown())
            // nicht rechte Maustaste
         {  x=e.getX(); y=e.getY();
            g.drawLine(alt_x,alt_y,x,y);
            alt_x=x;alt_y=y;
         }
      }
   }

   class MausTasten extends MouseAdapter
   {  public void mousePressed(MouseEvent e)
```

```
    {  Graphics g=getGraphics();
       if (e.getClickCount()>=2)
          aendereFarbe();
       else
       if (e.isMetaDown()) // rechte Maustaste
       {  g.setColor(getBackground());
          g.fillRect(0,0,getSize().width,
             getSize().height);
       }
       else { alt_x=e.getX(); alt_y=e.getY(); }
    }
    private void aendereFarbe()
    {  farbe=(farbe+1)%Farben.length; }
  }
  public void init()
  {  this.setBackground(Color.white);
     this.addMouseListener(new MausTasten());
     this.addMouseMotionListener(
       new MausBewegungen());
  }
}
```

In der **init**-Methode müssen lediglich die Listener registriert werden. Der **MouseListener** wie auch der **MouseMotionListener** und die zugehörigen Adapter erhalten **MouseEvent**s. Die Methoden von **MouseEvent** werden in der folgenden Tabelle erklärt. ∎

Die Klasse **MouseEvent** ist eine Subklasse von **InputEvent**, die für Tasteneingaben zuständig ist.

Wichtige Methoden von MouseEvent und InputEvent	
`public int getX()` `public int getY()`	MouseEvent
Liefert die x- bzw. y-Koordinate des Mauszeigers.	
`public int getClickCount()`	MouseEvent
Liefert die Anzahl, wie oft die Maustaste gedrückt wurde.	

301

Wichtige Methoden von `MouseEvent` und `InputEvent`	

`public boolean isAltDown()`
`public boolean isShiftDown()`
`public boolean isControlDown()`
`public boolean isMetaDown()`
	`InputEvent`

Gibt an, ob zusammen mit der Maustaste die Alt-, Shift- bzw. Control-Taste gedrückt wurde.

Die Methode `isMetaDown()` gibt an, ob die rechte Maustaste gedrückt wurde.

16 Threads

Bisher laufen unsere Java-Programme in der Reihenfolge ab, in der die Anweisungen geschrieben wurden. Java stellt Sprachmittel zur Verfügung, mit denen man leicht die parallele Ausführung von Programmteilen programmieren kann. Die zugehörige Klasse **Thread** gehört zu den Basisklassen von Java, die im Package **java.lang** definiert sind.

Im ersten Abschnitt behandeln wir eine Stoppuhr, die man über einen Schaltknopf jederzeit anhalten kann. Wir werden sehen, dass das mit den bisher behandelten Sprachmitteln von Java nicht realisierbar ist. Wir brauchen einen Thread. In Abschnitt 16.2 wird das Interface **Runnable** vorgestellt.

In den beiden folgenden Abschnitten realisieren wir das folgende Problem: Die Hersteller eines Autos greifen auf ein zentrales Lager zu, in das die Lieferanten die Einzelteile liefern. Dies ist eines von vielen typischen Beispielen für parallele Prozesse, die konkurrierend auf gemeinsame Ressourcen zugreifen – hier ist dies das Lager. Es wird hier das Konzept vorgestellt, mit dem Java solche Prozesse synchronisiert.

Nachdem in Abschnitt 16.5 die prinzipiellen Eigenschaften von Threads erklärt wurden, behandeln die restlichen Abschnitte spezielle Aspekte von Threads.

16.1 Bedienung eines laufenden Programms

Im ersten Beispiel dieses Kapitels soll eine Stoppuhr programmiert werden, die man über Schaltflächen starten, stoppen und zurücksetzen kann.

❑ *Beispiel 16.1.1 Stoppuhr*
Wir definieren eine Klasse **Stoppuhr**, die 10 Sekunden laufen kann. Über die Schaltfläche "Stop" kann man sie vorzeitig anhalten; die Schaltfläche "Weiter" lässt sie weiterlaufen. Das Anhalten der Stoppuhr wird durch eine Warteschleife realisiert, die vom booleschen Attribut **halt** gesteuert wird (am Ende in **starten**).
Auf die als Kommentar angegebenen Nummern wird in Beispiel 16.1.2 Bezug genommen.

```java
import javax.swing.*;
import java.awt.*;

class Stoppuhr  // <<-- (1) ---
{  private JPanel rahmen;
   private int zeit=0;
   private boolean halt=false;

   public Stoppuhr(JPanel c) {  rahmen=c;    }

   void anhalten(boolean ja) {  halt=ja;   }

   void neustart()    {  zeit=0;    }

   public void starten() // <<--- (2) ---
   {  Graphics g=rahmen.getGraphics();
      for (int i=0;i<100;i++)
      {  FensterLoeschen(rahmen,g);
         g.drawString("aktuelle Stoppzeit: "
            +zeit/10+":"+zeit%10
            +" sec",50,50);
         try
         {  Thread.sleep(100);
         } catch (InterruptedException e) {  }
         zeit+=1;
         while (halt)
            g.drawString("Uhr angehalten",50,100);
      }
      g.drawString(
         "Jetzt ist die Uhr abgelaufen",50,140);
   }

   public void FensterLoeschen(JPanel p,Graphics g)
   {  // analog Beispiel 14.1.1());
   }
}
```

Im Parameter des Konstruktors wird das Panel übergeben, in dem die Stoppuhr läuft. In der Schleife wird die statische Methode **sleep(long millisec)** der Klasse **Thread** verwendet, die so viele Millisekunden wartet, wie im Parameter angegeben sind. Diese Methode wirft die Ausnahme **InterruptedException** aus. Im Beispiel wird also jeweils 0.1 Sek. gewartet.

Die folgende Applet-Klasse implementiert die Benutzeroberfläche sowie die Aktionen der Schaltflächen.

```java
import java.awt.*;
import java.awt.event.*;
import javax.swing.*;

public class Stoppuhr_Applet extends JApplet
    implements ActionListener
{   private JButton Start,Stop,Neustart;
    private Stoppuhr Uhr;
    private JPanel Schalten,MalPanel;
    private JTextField Status;

    public void init()
    {   Schalten=new JPanel();
        MalPanel=new JPanel();
        Status=new JTextField();
        Schalten.add(Start=new JButton(" Start "));
        Schalten.add(Neustart=new JButton("Neustart"));
        Schalten.add(Stop=new JButton("Stop"));
        Start.addActionListener(this);
        Neustart.addActionListener(this);
        Neustart.setEnabled(false);
        Stop.addActionListener(this);
        Stop.setEnabled(false);
        Schalten.setBackground(Color.blue);
        MalPanel.setBackground(Color.red);
        getContentPane().add(
            Schalten,BorderLayout.NORTH);
        getContentPane().add(
            MalPanel,BorderLayout.CENTER);
        getContentPane().add(
            Status,BorderLayout.SOUTH);
    }

    public void actionPerformed(ActionEvent e)
    {   String kommando=e.getActionCommand();
        Graphics g=MalPanel.getGraphics();
        if (kommando.equals(" Start "))
        {   Start.setText("Weiter");
            Neustart.setEnabled(true);
```

```
              Stop.setEnabled(true);
              if (Uhr==null)
              {  Uhr=new Stoppuhr(MalPanel);
                 Uhr.starten();     // <<-- (3) ---
                 Status.setText(
                     "Start gedrueckt, Neue Uhr");
              }
              else
              {  Uhr.anhalten(false);
                 Status.setText(
                     "Start gedrueckt, Uhr läuft weiter");
              }
          }
          if (kommando.equals("Weiter"))
          {  Uhr.anhalten(false);
             Status.setText("Weiter gedrueckt");
          }
          else
          if (kommando.equals("Stop"))
          {  Uhr.anhalten(true);
             Status.setText("Stop gedrückt");
          }
          else
          if (kommando.equals("Neustart"))
          {  Uhr.neustart();
             Start.setText(" Start ");
             Status.setText("Neustart nach Start");
          }
      }
   }
}
```

■

Wenn Sie dieses Applet laufen lassen, werden Sie feststellen, dass Sie die Schaltflächen zwar anklicken können, diese sich aber erst nach Ablauf der Stoppzeit von 10 Sek. verändern und dann reagieren. Dann ist die Bedienung einer Schaltfläche ziemlich witzlos: die Stoppuhr ist abgelaufen.

Was ist passiert? Wird die Methode **starten** aufgerufen, die nur die abgelaufene Zeit anzeigt, wird diese vollständig abgearbeitet, bevor das Programm auf die Bedienung einer Schaltfläche reagiert. Was wir hier brauchen, ist eine Programmiertechnik, die zwei Aufgaben parallel bearbeiten kann: Parallel zum Anzeigen der gestoppten Zeit soll das Programm auf die Bedienung einer Schaltfläche reagieren.

Ein solches Verhalten zeigen alle modernen Betriebssysteme und viele Anwendungen; so kann man etwa eine Datei kopieren und gleichzeitig einen Text editieren. Diese Programmiertechnik ist fest in Form von **Thread**-Klassen und den dazugehörigen Sprachmitteln in Java integriert. Die Klasse **Thread** ist im Package **java.lang** definiert. Da **java.lang** bei jedem Programm automatisch importiert wird, muss man diese nicht explizit über eine **import**-Anweisung importieren.

Ein **Thread** ist eine Folge von Anweisungen, die irgendeine Berechnung ausführt. Ein Java-Programm kann mehrere Threads gleichzeitig ausführen; solche Programme heißen *multi-threaded.*

Im obigen Beispiel soll also die Stoppuhr als eigener Thread parallel zum Hauptprogamm laufen. In Java kann man das sehr einfach ausdrücken.

❏ *Beispiel 16.1.2 Stoppuhr als Thread*

Beispiel 16.1.1 muss nur an den drei mit Kommentar versehenen Zeilen wie folgt geändert werden:

⌐1⌐ Die Klasse **Stoppuhr** erweitert die Klasse **Thread**:

```
class Stoppuhr extends Thread
```

⌐2⌐ Das Hauptprogramm eines Threads ist die Methode

```
public void run()
```

Wir benennen also die Methode **starten** einfach in **run** um.

⌐3⌐ Das Hauptprogramm **run()** eines Threads wird indirekt durch die Methode **start()** aufgerufen. Bei der Behandlung der Schaltfläche **"Start"** ändern wir die Zeile

```
s.starten();
```

in

```
s.start();
```

und rufen dadurch automatisch das Hauptprogramm **run()** der Stoppuhr auf.

Das so geänderte Programm zeigt die abgelaufene Zeit an und reagiert parallel dazu auf die Bedienung der Schaltflächen. ∎

Die Methoden der Klasse **Thread** werden in Abschnitt 16.5 beschrieben.

Unsere Stoppuhr geht etwas nach, da in der Schleife zu den 0.1 Sek. noch die Zeit hinzukommt, die die Methodenaufrufe und die anderen Anweisungen benötigen. Um eine genau gehende Stoppuhr zu erhalten, müsste man die Zeit der Systemuhr benutzen.

16.2 Das Interface Runnable

Für das Stoppuhr-Beispiel wurden zwei Klassen definiert: Die Klasse **Stopp-uhr_Applet** erweitert **JApplet**, die Klasse **Stoppuhr** ist eine Subklasse von **Thread**. Zum Zugriff auf die Attribute **halt** und **zeit** der Klasse **Stoppuhr** brauchten wir die zwei Methoden **anhalten** und **neustart**.

Es wäre wohl einfacher, nur eine einzige Klasse zu definieren, die gleichzeitig ein **JApplet** und ein **Thread** ist. Java stellt aber keine Mehrfachvererbung zur Verfügung. Wir können aber das Interface **Runnable** benutzen, das als einzige Methode **run** enthält. Eine Klasse, die das Interface **Runnable** implementiert, ist ein Thread.

Damit sieht das modifizierte Beispiel aus dem vorigen Abschnitt wie folgt aus (die geänderten Zeilen sind grau unterlegt gedruckt):

❑ *Beispiel 16.2.1 Stoppuhr mit Runnable*

```
import java.awt.*;
import java.awt.event.*;
import javax.swing.*;

public class Stoppuhr_Applet_Run extends JApplet
      implements ActionListener,Runnable
{   private JButton Start,Stop,Neustart;
    private Thread Uhr;
    // Daten für Stoppuhr
    private int zeit=0;
    private boolean halt;
    private JPanel Schalten,MalPanel;
    private JTextField Status;

    public void init()
    {   // wie gehabt
    }

    public void run()
    {   // wie gehabt
    }

    public void FensterLoeschen(JPanel p,Graphics g)
    {   // wie gehabt
    }
```

```
public void actionPerformed(ActionEvent e)
{   String kommando=e.getActionCommand();
    Graphics g=MalPanel.getGraphics();

    if (kommando.equals(" Start "))
    {   Start.setText("Weiter");
        Neustart.setEnabled(true);
        Stop.setEnabled(true);
        if (Uhr==null)
        {   Uhr=new Thread(this);
            Uhr.start();
            Status.setText(
                "Start gedrueckt, Neue Uhr");
        }
        else
        {   halt=false;
            Status.setText(
                "Start gedrueckt, Uhr läuft weiter");
        }
    }
    if (kommando.equals("Weiter"))
    {   halt=false;
        Status.setText("Weiter gedrueckt");
    }
    else
    if (kommando.equals("Stop"))
    {   halt=true;
        Status.setText("Stop gedrückt");
    }
    else
    if (kommando.equals("Neustart"))
    {   zeit=0;
        Start.setText(" Start ");
        Status.setText("Neustart nach Start");
    }
}
}
```

16.3 Ein Programm mit mehreren Threads

Bei der Herstellung eines Autos arbeiten viele Firmen zusammen: Es werden u.a. Reifen, Felgen und Achsen produziert und in das Lager des Autoherstellers geliefert. Die Produktionsabteilung der Autofirma entnimmt die Einzelteile aus dem Lager und baut das Auto zusammen. Die Lieferanten und die Autofirma arbeiten parallel.

Im Folgenden wollen wir für dieses Szenario ein Java-Programm entwickeln. Wir definieren eine Klasse **Lager**. Das Lager nimmt die Lieferungen der Teile entgegen und stellt eine Empfangsbestätigung aus. Aus dem Lager kann der Hersteller des Autos die benötigten Teile entnehmen. Das Lager führt darüber Buch, welche Teile und wie viele bereits geliefert wurden. Es weiß also über den Lagerbestand bescheid.

Dies wird in der folgenden Klasse **Lager** beschrieben.

❑ *Beispiel 16.3.1 Lager*
```
public class Lager
{   private String[] Teile={"Reifen","Felge ",
        "Achse "};
    private int[] anzahl ={0,0,0};
    private int autos=0;

    public String gibTeil(int produkt)
    {   return Teile[produkt];
        // falscher Index liefert Exception
    }

    public void liefern(int produkt)
    {   anzahl[produkt]++;
        // Empfangsbestätigung
        System.out.println(Teile[produkt]+" Nr "
            +anzahl[produkt]+" geliefert.  ");
    }

    public void entnehmen(String Produkt)
    {   autos++;
        System.out.println("   ===>>"+Produkt+" Nr "
            +autos+" produziert.");
    }
}
```

Mit den Lieferanten der einzelnen Teile wird eine Lieferfrist vereinbart, die nicht überschritten werden darf. Die Lieferung kann auch früher erfolgen. Die folgende Klasse **Lieferant** beschreibt einen Lieferanten. Neben dem Namen des Produkts und dem Auftragsvolumen kennt diese Klasse das Lager, in das geliefert werden soll, sowie die Lieferfrist. Aus der Lieferfrist wird eine zufällige Lieferzeit zwischen 0 und der Lieferfrist erzeugt. Die Lieferanten liefern unabhängig voneinander, daher erweitert **Lieferant** die Klasse **Thread**.

❑ *Beispiel 16.3.2 Lieferant*
```java
public class Lieferant extends Thread
{   private int Lieferfrist,Auftragsvolumen;
    private int produkt;
    private Lager lager;

    public Lieferant(int produkt,int Frist,
        int Volumen,Lager lager)
    {   super(lager.gibTeil(produkt));
        this.produkt=produkt;
        Lieferfrist=Frist;
        Auftragsvolumen=Volumen;
        this.lager=lager;
    }

    public void run()
    {   for (int i=1;i<=Auftragsvolumen;i++)
        {   try
            {   int diff=(int)(Math.random()*Lieferfrist);
                sleep(diff);
            } catch (InterruptedException e){ }
            lager.liefern(produkt);
        }
    }
}
```
■

Der Hersteller braucht für die Produktion eines Autos u. a. vier Reifen, vier Felgen und zwei Achsen, die er aus dem Lager über die Methode **entnehmen** erhält. Ähnlich wie der Lieferant kennt der Hersteller den Namen seines Produkts, die maximale Herstellungszeit, das Produktionsvolumen sowie das Lager, aus dem er die Einzelteile entnimmt. Die folgende Klasse **Hersteller** hat einen ähnlichen Aufbau wie die Klasse **Lieferant**. Der Hersteller arbeitet parallel zu den Lieferanten. Deshalb wird auch diese Klasse von **Thread** abgeleitet.

❑ *Beispiel 16.3.3 Hersteller*

```java
public class Hersteller extends Thread
{   private int Herstellungszeit,Produktionsvolumen;
    private String Produkt;
    private Lager lager;

    public Hersteller(String Produkt,int Frist,
        int Volumen,Lager lager)
    {   super(Produkt);
        this.Produkt=Produkt;
        Herstellungszeit=Frist;
        Produktionsvolumen=Volumen;
        this.lager=lager;
    }

    public void run()
    {   for (int i=1;i<=Produktionsvolumen;i++)
        {   lager.entnehmen(Produkt);
            try
            {   int diff=(int)(Math.random()
                    *Herstellungszeit);
                sleep(diff);
            } catch (InterruptedException e){ }
        }
    }
}
```
∎

Die Klasse **Auto** steuert den Produktionsprozess: Sie legt das Lager für die Einzelteile fest, definiert und startet die Lieferanten und den Hersteller mit den Fristen sowie den Auftragsvolumina. Im Beispiel sollen zehn Reifen, neun Felgen und fünf Achsen geliefert und daraus zwei Autos produziert werden.

❑ *Beispiel 16.3.4 Auto*

```java
public class Auto
{   public static void main(String[] argv)
    {   Lager lager=new Lager();
        new Lieferant(0,2,10,lager).start(); // Reifen
        new Lieferant(1,3, 9,lager).start(); // Felgen
        new Lieferant(2,5, 5,lager).start(); // Achsen
        new Hersteller("Auto",10,2,lager).start();
    }
```

```
}
```

Jeder Ablauf der Klasse **Auto** erzeugt wegen der zufällig gewählten Lieferfristen und Herstellungszeiten bei jedem Ablauf ein anderes Protokoll. Hier ist eine mögliche Ausgabe dieses Programms:

```
Reifen Nr 1 geliefert.
Felge   Nr 1 geliefert.
Reifen Nr 2 geliefert.
Achse   Nr 1 geliefert.
Felge   Nr 2 geliefert.
Achse   Nr 2 geliefert.
Reifen Nr 3 geliefert.
    ===>>Auto Nr 1 produziert.
Felge   Nr 3 geliefert.
Achse   Nr 3 geliefert.
Reifen Nr 4 geliefert.
Achse   Nr 4 geliefert.
Felge   Nr 4 geliefert.
Reifen Nr 5 geliefert.
    ===>>Auto Nr 2 produziert.
Achse   Nr 5 geliefert.
Reifen Nr 6 geliefert.
Felge   Nr 5 geliefert.
Felge   Nr 6 geliefert.
Reifen Nr 7 geliefert.
Felge   Nr 7 geliefert.
Reifen Nr 8 geliefert.
Felge   Nr 8 geliefert.
Reifen Nr 9 geliefert.
Felge   Nr 9 geliefert.
Reifen Nr 10 geliefert.                                    ■
```

Die Ausgabe zeigt, dass alle bestellten Einzelteile geliefert und zwei Autos produziert wurden. Trotzdem ist diese Simulation unrealistisch: Das erste Auto wird bereits fertiggestellt, nachdem erst drei Reifen, zwei Felgen und zwei Achsen geliefert wurden. Auch die Produktion des zweiten Autos kann in der Realität so nicht funktionieren. Die Buchführung des Lagers wurde noch nicht komplett implementiert.
Wie man dieses Programm zu einer realistischeren Simulation umbaut, ist Thema des nächsten Abschnitts.

16.4 Kommunikation von Threads

Vor dem Zusammenbau eines Autos muss der Lagerverwalter zuerst überprüfen, ob genügend Einzelteile eingelagert sind, bevor der Hersteller sie entnehmen kann. Die Lieferanten und der Hersteller greifen irgendwann auf das Lager zu, eventuell auch gleichzeitig. In einer solchen Situation muss der Lagerverwalter aufpasssen: Die verschiedenen Lieferanten können gleichzeitig ihre Waren abladen. Bei der Ausstellung der Empfangsbestätigungen muss der Verwalter sequentiell vorgehen; er kann nur einen Lieferanten nach dem anderen bedienen und jedesmal gleich den Lagerbestand in seiner Buchführung aktualisieren. Will der Hersteller Teile entnehmen, muss er eventuell warten, bis der Lagerverwalter die Eingänge verbucht hat, bevor er seinen Lieferschein und die Waren bekommt. Der Zugriff auf den Lagerbestand ist also kritisch.

Das Lager hat für jedes Produkt ein bestimmte Lagerkapazität. Liefern die Lieferanten zu schnell oder entnimmt der Hersteller die Teile zu langsam, ist die Lagerkapazität erschöpft; der Lieferant kann seine Ware nicht abladen und muss vor dem Lager warten, bis der Hersteller Waren entnommen hat.

Java verfügt zur Programmierung dieses Szenarios über Sprachmittel zur Synchronisierung der Zugriffe auf kritische Daten. Im Beispiel sind Bestand und Kapazität des Lagers die kritischen Daten.

Zuerst müssen die kritischen Methoden der Klasse **Lager** synchronisiert werden. Hierzu versehen wir die beiden Methoden **liefern** und **entnehmen** mit dem Schlüsselwort **synchronized**. Dies bedeutet, dass zu einem bestimmten Zeitpunkt immer nur *ein* Lieferant liefern *oder* der Hersteller Waren aus dem Lager entnehmen kann. Nach den bisher angegebenen Syntaxdiagrammen ist dies bereits möglich: Nach Syntaxdiagramm (7-4) kann ein MethodenKopf mit Modifizierern eingeleitet werden und nach Syntaxdiagramm (4-20) ist **synchronized** ein Modifizierer.

Wenn nun ein Lieferant liefern will, ruft er die synchronisierte Methode **liefern** auf und blockiert damit das Lager. Ist im Lager für seine Ware noch Lagerkapazität frei, liefert er einfach aus und gibt das Lager wieder frei. Wenn die Kapazität aber erschöpft ist, muss er das Lager freiwillig freigeben, damit der Hersteller Waren entnehmen und dadurch freien Lagerplatz schaffen kann. Der Lieferant gibt dann durch den Aufruf der Methode **wait()** das Lager frei. Die Methode **liefern** enthält dafür folgenden Code:

```
public synchronized void liefern(int produkt)
{ while (bestand[produkt]>kapazitaeten[produkt])
  { try
    { wait();
```

```
    } catch (InterruptedException e)  { }
  }
....
}
```

In diesem Fall reiht sich dieser Thread in eine Warteschlange ein und wartet, bis er seine Ware liefern kann. Der Hersteller müsste nach der Entnahme von Waren von sich aus den oder die wartenden Lieferanten informieren, wenn es wieder freie Lagerkapazität gibt. Dies macht er, indem er nach der Entnahme der Ware die Methode **notify()** aufruft. Jetzt konkurrieren alle wartenden Lieferanten darum, ihre Ware auszuliefern. Das Java-Laufzeitsystem wählt einen Lieferanten aus der Warteschlange, der dann eventuell ausliefern kann und danach das Lager endgültig freigibt.

Will umgekehrt der Hersteller Waren entnehmen, blockiert er das Lager, wenn er an der Reihe ist. Sind genügend viele Einzelteile im Lager, entnimmt er diese, der Lagerverwalter stellt den Lieferschein aus, aktualisiert den Lagerbestand, und der Hersteller gibt das Lager wieder frei. Fehlt aber mindestens eines der benötigten Teile im Lager, muss der Hersteller das Lager wieder freigeben: Er ruft seinerseits die Methode **wait()** auf. Die Methode **entnehmen** enthält jetzt also den folgenden Code:

```
public synchronized void entnehmen(String Produkt)
// 4 Reifen, 4 Felgen und 2 Achsen entnehmen,
// falls vorhanden
{  while((bestand[0]<4)|(bestand[1]<4)
       |(bestand[2]<2))
   {  try
      {  wait();
      } catch (InterruptedException e) { }
   }
   // Waren entnehmen und Bestand aktualisieren
   notify();
}
```

Nun reiht sich auch dieser Thread in die Warteschlange ein und wartet darauf, dass er durch den Aufruf von **notify()** eines Lieferanten informiert wird, wenn sich der Lagerbestand geändert hat. Falls das Java-Laufzeitsystem ihn wieder ins Lager lässt, versucht der Hersteller erneut, seine Waren zu entnehmen.

Wir müssen also lediglich die Klasse **Lager** aus dem vorigen Abschnitt wie folgt ändern:

Jedes Einzelteil erhält eine Lagerkapazität, die im Feld **kapazitaeten** festgelegt wird.

Die Buchführung über den Lagerbestand wird in dem Feld **bestand** gehal-
ten.

Falls die Lagerkapazität erschöpft ist, wartet die Methode **liefern** durch den
Aufruf von **wait()** und gibt das Lager frei. Sonst wird ausgeliefert und das
System darüber durch den Aufruf von **notify()** informiert.

Analog reagiert die Methode **entnehmen**, falls nicht genügend Einzelteile im
Lager sind.

Dieses Verfahren, freiwillig die Zuteilung der Rechneraktivität freizugeben und
sich darauf zu verlassen, dass ihn ein anderer Thread darüber informiert, wenn
sich der Inhalt der kritischen Daten geändert hat, wurde von Tony Hoare unter
dem Namen Monitor-Konzept eingeführt. Wichtig bei diesem Verfahren ist,
dass jeder Thread, der die kritischen Daten ändert, eine der Methoden **no-
tify()** oder **notifyAll()** aufruft.

Es folgt der vollständige Code der neuen Klasse **Lager**. Die geänderten Zeilen
sind wieder grau unterlegt. Die Zeilen, die lediglich für die Testausgabe eingefügt wurden, sind kleiner geschrieben.

❏ *Beispiel 16.4.1   Lager (mit Synchronisation)*

```
public class Lager
{   private String[] Teile={"Reifen","Felge ",
        "Achse "};
    private int[] kapazitaeten={7,6,5};
    private int[] anzahl ={0,0,0};
    private int autos=0;
    private int[] bestand={0,0,0};
    static boolean zeile=false;
    public String gibTeil(int produkt)
    {   return Teile[produkt];
        // falscher Index liefert Exception
    }

    public synchronized void liefern(int produkt)
    {   while (bestand[produkt]>kapazitaeten[produkt])
        {   try
            {   wait();
            } catch (InterruptedException e)   { }
        }
        bestand[produkt]++;
```

```
      anzahl[produkt]++;
      System.out.print(Teile[produkt]+" Nr "
         +Ausgeben.Format(anzahl[produkt],2,' ')
         +" geliefert.  ");
   if (zeile)  // Zeilenumbruch
   {  System.out.println();
      zeile=false;
   }
```
```
      notify();


   public synchronized void entnehmen(String Produkt)
   // 4 Reifen, 4 Felgen und 2 Achsen entnehmen,
   // falls vorhanden
   {  while((bestand[0]<4)|(bestand[1]<4)
               |(bestand[2]<2))
      {  try
         {  wait();
         } catch (InterruptedException e) { }
      }
      bestand[0]-=4; // Reifen
      bestand[1]-=4; // Felgen
      bestand[2]-=2; // Achsen
```
```
      notify();
   }
}
```

Die Klasse **Auto** mit diesem **Lager** liefert z. B. folgende Ausgabe:

```
Felge  Nr  1 geliefert.    Reifen Nr  1 geliefert.
Felge  Nr  2 geliefert.    Achse  Nr  1 geliefert.
Felge  Nr  3 geliefert.    Felge  Nr  4 geliefert.
Reifen Nr  2 geliefert.    Achse  Nr  2 geliefert.
Reifen Nr  3 geliefert.    Felge  Nr  5 geliefert.
Achse  Nr  3 geliefert.    Reifen Nr  4 geliefert.
```

```
Achse  Nr  4 geliefert.  Felge  Nr  6 geliefert.
===>>Auto Nr 1 produziert.
     Noch im Lager:  0 Reifen, 2 Felgen, 2 Achsen.
Reifen Nr  5 geliefert.  Achse  Nr  5 geliefert.
Felge  Nr  7 geliefert.  Reifen Nr  6 geliefert.
Felge  Nr  8 geliefert.  Reifen Nr  7 geliefert.
Reifen Nr  8 geliefert.  Felge  Nr  9 geliefert.
===>>Auto Nr 2 produziert.
     Noch im Lager:  0 Reifen, 1 Felgen, 1 Achsen.
Reifen Nr  9 geliefert.  Reifen Nr 10 geliefert.    ■
```

16.5 Eigenschaften von Threads

In unserem Beispiel haben wir gesehen, dass Lieferant und Hersteller entweder arbeiten oder darauf warten, über Änderungen im Lager informiert zu werden. Ein Thread nimmt einen der folgenden vier Zustände an: neu, lauffähig, blockiert und tot. Ein Thread kommt von einem Zustand in einen anderen, indem eine bestimmte Thread-Methode aufgerufen wird oder ein spezielles Ereignis eintritt.

16.5.1 Die wichtigsten Methoden für Threads

Vor der Besprechung der Zustandsübergänge werden in der folgenden Tabelle die wichtigsten Thread-Methoden zusammengestellt:

Wichtige Methoden der Klasse `Thread`
`public Thread(ThreadGroup gruppe,Runnable ziel,` `    String name)`
Erzeugt einen neuen Thread, der in `ziel` abläuft, zur Gruppe `gruppe` gehört und den Namen `name` hat. Jeder der Parameter kann auch fehlen, lediglich `ThreadGroup` als einziger Parameter ist nicht möglich. Fehlt `name`, wird ein Name vom System erzeugt. Fehlt einer der anderen Parameter, entspricht dies dem Aufruf dieser dreiparametrigen Version mit dem aktuellen Parameter `null` an der entsprechenden Stelle. Ist `gruppe` gleich `null`, gehören der erzeugte und der ihn erzeugende Thread zu derselben Gruppe.

Wichtige Methoden der Klasse `Thread`

Ist `ziel` ungleich `null`, wird die `run`-Methode von `ziel` aufgerufen, wenn dieser Thread gestartet wird; andernfalls bewirkt der Start des Threads den Aufruf der `run`-Methode dieses Threads.

```
public void start()
```

Diese Methode wird für ein `Thread`-Objekt nur aufgerufen, nicht deklariert. Der Aufruf bewirkt, dass der Thread geladen und dann seine `run`-Methode aufgerufen wird.

```
public void run()
```

Das Hauptprogramm eines `Thread`s, das indirekt über `start()` aufgerufen wird.

```
public static void sleep(long milli)
public static void sleep(long milli,int nano)
```

Der Thread unterbricht seine Ausführung für `milli` ms (und `nano` ns).

```
public String getName()
public void setName(String s)
```

Liefert bzw. setzt den Namen des Threads.

```
public final join(long milli,int nano)
```

Wartet höchstens `milli` ms (und `nano` ns), bis der Thread stirbt. Der zweite oder beide Parameter können auch fehlen. Fehlen beide oder sind die aktuellen Parameter 0, wird beliebig lange gewartet.

```
public static void yield()
```

Gibt kurzzeitig seine Aktivität auf, um anderen Threads die Gelegenheit zur Ausführung zu geben (yield = Vorfahrt gewähren).

```
public final boolean isAlive()
```

Liefert als Ergebnis, ob der Thread lebt.

```
public void interrupt()
```

Unterbricht diesen Thread.

```
public static Thread currentThread()
```

319

Wichtige Methoden der Klasse `Thread`
Liefert die Referenz auf den gerade laufenden Thread.

Einige wichtige Methoden für die Thread-Behandlung sind bereits in der Klasse **Object** deklariert.

Die Thread-Methoden aus der Klasse `Object`

`public final void wait()`
`public final void wait(long milli)`
`public final void wait(long milli,int nano)`

Gibt den Monitor frei und wartet, bis ein anderer Thread ihn durch den Aufruf von **notify()** oder **notifyAll()** darüber informiert, dass sich der Monitor verändert hat. Die beiden letzten Methoden warten höchstens solange, bis die angegebene Zeit von **milli** ms (und **nano** ns) abgelaufen ist. Nach Ablauf der Wartezeit reihen sie sich wieder in die Warteschlange ein. Diese Methoden werfen die Ausnahme **InterruptedException** aus.
`public final void notify()`
Weckt einen einzigen Thread auf, der auf den Monitor wartet.
`public final void notifyAll()`
Weckt alle Threads auf, die auf den Monitor warten.

16.5.2 Die Zustandsübergänge von Threads

Nun zurück zu den Zuständen von Threads. Die folgende Abbildung zeigt die Zustände eines Threads und die Methoden bzw. Ereignisse, wie er von einem Zustand in einen anderen wechselt:

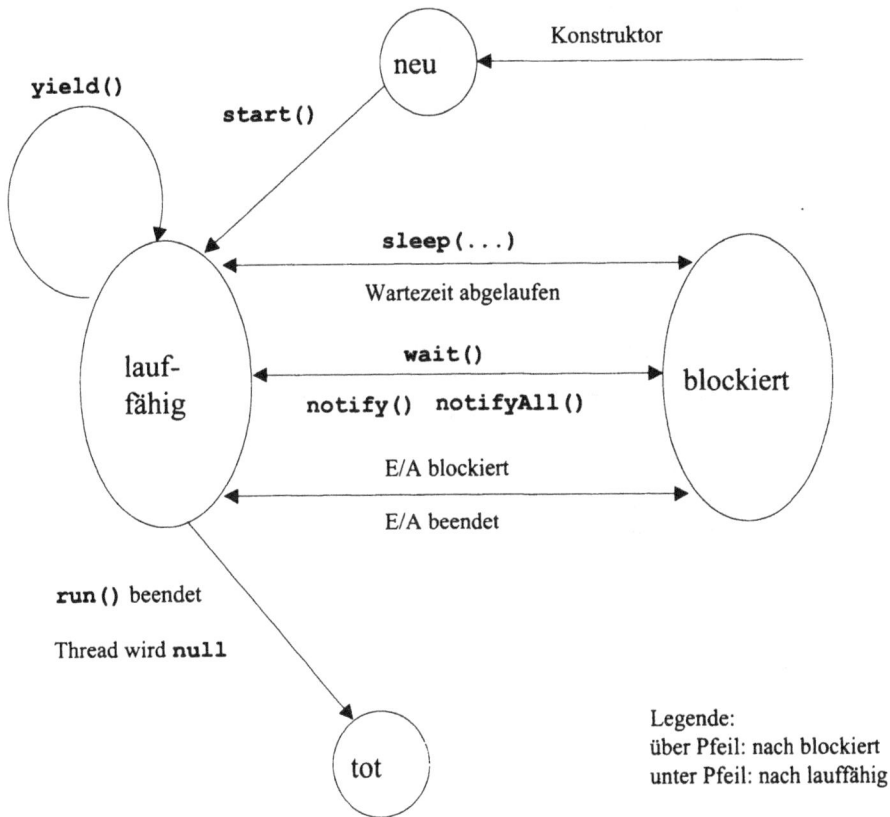

Abb. 16.1: Zustandsübergangsdiagramm für Threads

Der Zustand *neu*

Nach dem Konstrukor-Aufruf für einen Thread erhält man ein "leeres" Objekt. Das Thread-Objekt befindet sich im Zustand *neu*; es exisitert bereits, belegt aber noch keine Ressourcen.

Der Zustand *lauffähig*

Wird für ein neues Thread-Objekt die Methode **start()** aufgerufen, wird der Thread geladen, er belegt die benötigten Ressourcen und startet seine **run**-Methode. Dadurch gelangt er in den Zustand *lauffähig*. Das bedeutet, dass er bereit ist zu laufen, falls das Betriebssystem ihm das Rechenwerk zuteilt.

Die Zustandsübergänge von *lauffähig* in *blockiert* sind in obiger Abbildung so zu lesen: Die Aktion oberhalb eines Pfeiles versetzt den Thread in den Zustand *blockiert*; nur durch die unter dem entsprechenden Pfeil angegebene Aktion gelangt er wieder in den Zustand *lauffähig*. Bei der Ausführung einer anderen Aktion wird die Ausnahme **IllegalThreadStateException** ausgeworfen.

Der Zustand *blockiert*

Führt ein lauffähiger Thread die Methode **sleep(zeit)** aus, wird er für den angegebenen Zeitraum **zeit** in den Zustand *blockiert* versetzt; danach wird er wieder *lauffähig*.

Ruft ein Thread die Methode **wait()** auf, versetzt er sich selbst in den Zustand *blockiert*. Durch den Aufruf von **notify()** oder **notifyAll()** kann er wieder lauffähig werden.

Der Zustand *tot*

Erreicht die **run**-Methode eines Threads ihr normales Ende, stirbt er und erreicht den Zustand *tot*. Wird der Thread-Variablen der Wert **null** zugewiesen, verliert sie die Referenz auf das Thread-Objekt, und der Thread stirbt auch.

Die Stoppuhr aus Abschnitt 16.2 hat noch einen Schönheitsfehler: Nach 10 Sekunden bleibt sie stehen. Das folgende Beispiel lässt sie beliebig lange laufen; beim Beenden des Applets wird sie auch sauber beendet.

□ *Beispiel 16.5.1 Beliebig lang laufende Stoppuhr*
Die Schleife in der Methode **run** aus Beispiel 16.2.1 wird durch eine unendliche Schleife ersetzt, die wie folgt aussieht:

```
while(Uhr==Thread.currentThread())  { ... }
```

Die Schleife soll also durchlaufen werden, solange die **Uhr** der aktive Thread ist. Im Beispiel ist die Uhr der einzige Thread; bei jedem Schleifendurchgang wird also überprüft, ob der Thread **Uhr** lebt.

Die **Uhr** soll beim Beenden des Applets getötet werden. In Kapitel 14 wurde erklärt, dass beim Beenden eines Applets seine Methode **destroy** aufgerufen wird. Im Beispiel wird diese Methode überschrieben:

```
public void destroy()
{ Uhr=null;   // Uhr töten
}
```

Nachdem diese Methode aufgerufen wurde, bricht auch die obige Schleife ab. Versuchen Sie einmal, die Schleife einfach durch

```
while (true)  { ... }
```

zu ersetzen, und starten Sie den AppletViewer. Beim Beenden des Applets wird dann häufig eine Null-Pointer-Ausnahme ausgeworfen, da etwa die Methode **FensterLoeschen** gerade noch ein letztes Mal für einen nicht mehr exisitierenden Thread aufgerufen wird. ∎

16.6 Prioritäten von Threads

Jeder lauffähige Thread bewirbt sich um die Zuteilung des Prozessors. Die Ausführung mehrerer Threads auf einem einzigen Prozessor nennt man *Scheduling*. Java unterstützt ein prioritätsgesteuertes Scheduling, bei dem dem Thread mit der höchsten Priorität der Prozessor mit höchster Wahrscheinlickeit zugeteilt wird. Haben mehrere Threads dieselbe Priorität, erhält einer von ihnen den Prozessor zugeteilt.

Folgende Methoden und Konstanten zur Prioritätssteuerung sind in Java definiert:

Methoden und Konstanten zur Prioritätssteuerung von Threads
```public final int getPriority()```
```public final void setPriority(int prioritaet)```
```public static final int MIN_PRIORITY```
```public static final int MAX_PRIORITY```
```public static final int NORM_PRIORITY```
Liefert bzw. setzt die Priorität des Threads. Threads mit höherer Priorität werden vor denen mit niedrigerer Priorität bearbeitet. Die Priorität liegt zwischen **MIN_PRIORITY** und **MAX_PRIORITY**; die Standard-Priorität ist **NORM_PRIORITY**.

Ein Thread erbt bei seiner Erzeugung die Priorität seiner Superklasse. Mit der Methode **setPriority** kann die Priorität eines Threads geändert werden. Prioritäten sind ganze Zahlen zwischen **MIN_PRIORITY** und **MAX_PRIORITY**.

Im folgenden Beispiel wird ein Thread definiert, der im Abstand von 10 ms von 1 bis 10 zählt und seine Priorität sowie die Zahlen ausgibt. Im Hauptprogramm werden mehrere Threads mit unterschiedlichen Prioritäten erzeugt und parallel gestartet.

❑ *Beispiel 16.6.1* **Prioritaet**

```
class Zaehler extends Thread
{  private int bis;

   public Zaehler(int bis,int nr,int prio)
   {  super("Thread"+nr);
      this.bis=bis;setPriority(prio);
   }

   public void run()
   {  for (int i=0;i<=bis;i++)
      {  System.out.println(getName()+"  ,Prioritaet:"
            +getPriority()+", Zeit: "+i);
         try
         {  sleep(100);
         } catch (InterruptedException e)   {}
      }
   }
}

public class Prioritaet
{  private static final int N=4;
   public static void main(String[] argv)
   {  (new Zaehler(N,1,Thread.MIN_PRIORITY)).start();
      (new Zaehler(N,2,5)).start();
      (new Zaehler(N,3,Thread.MAX_PRIORITY)).start();
      (new Zaehler(N,4,6)).start();
   }
}
```

Eine mögliche Ausgabe ist

```
Thread2 ,Prioritaet: 5, Zeit: 0
Thread3 ,Prioritaet: 10, Zeit: 0
Thread4 ,Prioritaet: 6, Zeit: 0
Thread3 ,Prioritaet: 10, Zeit: 1
Thread4 ,Prioritaet: 6, Zeit: 1
Thread2 ,Prioritaet: 5, Zeit: 1
Thread1 ,Prioritaet: 1, Zeit: 0
Thread3 ,Prioritaet: 10, Zeit: 2
Thread4 ,Prioritaet: 6, Zeit: 2
Thread2 ,Prioritaet: 5, Zeit: 2
```

```
Thread1 ,Prioritaet: 1, Zeit: 1
Thread3 ,Prioritaet: 10, Zeit: 3
Thread4 ,Prioritaet: 6, Zeit: 3
Thread2 ,Prioritaet: 5, Zeit: 3
Thread1 ,Prioritaet: 1, Zeit: 2
Thread3 ,Prioritaet: 10, Zeit: 4
Thread4 ,Prioritaet: 6, Zeit: 4
Thread2 ,Prioritaet: 5, Zeit: 4
Thread1 ,Prioritaet: 1, Zeit: 3
Thread1 ,Prioritaet: 1, Zeit: 4
```

Wie man bei dieser Ausgabe sieht, bekommt nicht immer der Thread mit der höchsten Priorität als erster den Prozessor zugeteilt. ∎

16.7 Thread-Gruppen

Threads können zu Gruppen zusammengefasst werden. Dazu deklariert man ein Objekt der Klasse **ThreadGroup** und gibt beim Konstruktor eines Threads an, zu welcher Gruppe er gehört. Die Methode

```
public final ThreadGroup getThreadGroup()
```

liefert die Thread-Gruppe für diesen Thread.

Wir werden das Zähler-Beispiel des vorigen Abschnitts schrittweise erweitern. Zuerst erhält der Konstruktor von **Zaehler** einen weiteren Parameter vom Typ **ThreadGroup**, über den man festlegt, zu welcher Thread-Gruppe dieser Zähler gehört.

□ *Beispiel 16.7.1   Thread mit Gruppenzuordnung*
```
public Zaehler(int bis,int nr,int prio,
    ThreadGroup g)
{   super(g,g.getName()+"_"+nr);
    this.bis=bis;
    setPriority(prio);
}
```

Der Name eines solchen Threads **Zaehler** setzt sich aus dem Namen seiner Thread-Gruppe, den man mit der Methode **getName()** der Klasse **Thread-Group** erhält, und seiner Nummer **nr** zusammen. ∎

Die Zähler sollen zu speziellen Thread-Gruppen gehören, deren Elemente man durch einen einzigen Methodenaufruf starten kann. Dazu definieren wir eine Klasse **meineGruppe** als Subklasse von **ThreadGroup**.

❑ *Beispiel 16.7.2 Eine Thread-Gruppe*

```
class meineGruppe extends ThreadGroup
{  public meineGruppe(String s)
   {  super(s);   }

   public void starten()
   {  Thread gruppe[]=new Thread[this.activeCount()];
      int count=enumerate(gruppe);
      for (int i=0;i<count;i++)
         gruppe[i].start();
   }
}
```

In der Methode **starten** muss zunächst die Menge der zu dieser Gruppe gehörenden Threads bestimmt werden. Die Methode **enumerate** sammelt diese Threads in einem **Thread**-Vektor auf. Seine Länge bestimmt man über die Methode **activeCount**, die die Anzahl der aktiven Threads dieser Gruppe liefert. ∎

Mit der Methode **setMaxPriority** kann man die maximale Priorität festlegen, die von jetzt an für die Mitglieder dieser Gruppe verwendet werden kann. Die bisher vergebenen Prioritäten für die Gruppenmitglieder werden dadurch nicht verändert.

Im folgenden Beispiel werden zwei Gruppen von Zählern definiert und gestartet. Zuvor wird mit der Methode **list()** Information über die Gruppe und ihre Mitglieder ausgegeben.

❑ *Beispiel 16.7.3 Mehrere Thread-Gruppen*

```
public class ThreadGruppen
{  private static final int N=3,G1=3,G2=3;
   public static void main(String[] argv)
   {  meineGruppe Z1=new meineGruppe("Gruppe 1"),
                  Z2=new meineGruppe("Gruppe 2");
      Zaehler z1[]=new Zaehler[G1],
              z2[]=new Zaehler[G2];
      z1[0]=new Zaehler(N,0,Thread.MAX_PRIORITY,Z1);
```

```
    // Priorität auf 10 gesetzt, das bleibt auch
    Z1.setMaxPriority(3);
    for (int i=1;i<z1.length;i++)
        z1[i]=new Zaehler(N,i,i,Z1);
    z1[1].setPriority(Thread.MAX_PRIORITY);
    // Priorität wird auf max. Priorität der
    // Gruppe gesetzt
    for (int i=0;i<z2.length;i++)
        z2[i]=new Zaehler(N,i,
                    Thread.MAX_PRIORITY-i,Z2);
    Z1.list();Z2.list();
    try
    {   Thread.sleep(2000);
    } catch (InterruptedException e)   {}
    Z1.starten();Z2.starten();
    ThreadGroup diese=z1[0].getThreadGroup();
    System.out.println(">>>> Gruppe von z1[0] ist "
        +diese.getName());
  }
}
```

Die Priorität des Threads **z1[0]** wird auf den maximalen Wert gesetzt. In der nächsten Anweisung wird mit **Z1.setMaxPriority(3)** die maximale Priorität der Gruppenmitglieder auf 3 festsetzt. Wie man in der folgenden Ausgabe sieht, wird dadurch die Priorität von **z1[0]** nicht geändert. Der Versuch, später die Priorität von **z1[1]** ebenfalls auf den maximal zulässigen Wert zu setzen, scheitert; **z1[1]** erhält nur die jetzt für die Gruppe maximal zulässige Priorität von 3.

Das Programm liefert etwa folgende Ausgabe:

```
meineGruppe[name=Gruppe 1,maxpri=3]
    Thread[Gruppe 1_0,10,Gruppe 1]
    Thread[Gruppe 1_1,3,Gruppe 1]
meineGruppe[name=Gruppe 2,maxpri=10]
    Thread[Gruppe 2_0,10,Gruppe 2]
    Thread[Gruppe 2_1,9,Gruppe 2]
    Thread[Gruppe 2_2,8,Gruppe 2]
Name:Gruppe 1_0,Prioritaet: 10, Zeit: 0
Name:Gruppe 2_0,Prioritaet: 10, Zeit: 0
Name:Gruppe 2_1,Prioritaet: 9, Zeit: 0
Name:Gruppe 2_2,Prioritaet: 8, Zeit: 0
>>>> Gruppe von z1[0] ist Gruppe 1
```

```
Name:Gruppe 1_1,Prioritaet: 3, Zeit: 0
Name:Gruppe 1_0,Prioritaet: 10, Zeit: 1
Name:Gruppe 2_0,Prioritaet: 10, Zeit: 1
Name:Gruppe 2_1,Prioritaet: 9, Zeit: 1
Name:Gruppe 2_2,Prioritaet: 8, Zeit: 1
Name:Gruppe 1_1,Prioritaet: 3, Zeit: 1
Name:Gruppe 1_0,Prioritaet: 10, Zeit: 2
Name:Gruppe 2_0,Prioritaet: 10, Zeit: 2
Name:Gruppe 2_1,Prioritaet: 9, Zeit: 2
Name:Gruppe 2_2,Prioritaet: 8, Zeit: 2
Name:Gruppe 1_1,Prioritaet: 3, Zeit: 2
Name:Gruppe 1_0,Prioritaet: 10, Zeit: 3
Name:Gruppe 2_0,Prioritaet: 10, Zeit: 3
Name:Gruppe 2_1,Prioritaet: 9, Zeit: 3
Name:Gruppe 2_2,Prioritaet: 8, Zeit: 3
Name:Gruppe 1_1,Prioritaet: 3, Zeit: 3
```

Die Zugehörigkeit eines Threads zu einer Thread-Gruppe kann nur beim Konstruktor eines Threads angegeben werden; eine spätere Gruppen-Zuordnung oder Änderung dieser Zuordnung ist nicht möglich.

Thread-Gruppen können neben Threads auch weitere Thread-Gruppen enthalten; damit kann man eine Baumstruktur von Thread-Gruppen und Threads aufbauen.

In der folgenden Tabelle sind wichtigste Methoden für Thread-Gruppen zusammengestellt:

Wichtige Methoden der Klasse `ThreadGroup`
`ThreadGroup(String name)` `ThreadGroup(ThreadGroup Vorgaenger,String Name)`
Erzeugt eine neue Thread-Gruppe mit dem angegebenen Namen. Eine Unter-Thread-Gruppe wird mit dem zweiten Konstruktor erzeugt, `Vorgaenger` ist die Vorgängergruppe.
`int activeCount()`
Liefert die Anzahl der in dieser Gruppe aktiven Threads.
`int enumerate(Thread[] Liste)`

Wichtige Methoden der Klasse `ThreadGroup`
Kopiert die aktiven Threads in `Liste`. Ist diese zu kurz, werden die übrigen Threads stillschweigend ignoriert. Die Methode liefert die Anzahl der kopierten Threads zurück.
`final void setMaxPriority(int Prio)`
Legt die maximale Priorität der Gruppe fest. Threads, die bereits vorher eine höhere Priorität hatten, bleiben unverändert.
`void list()`
Gibt Informationen über diese Thread-Gruppe auf dem Standard-Ausgabegerät aus.

16.8 Dämonen

Ein Dämon ist eine Klasse, die für andere Klassen nur Dienstleistungen erbringt. Wenn in einer Anwendung nur noch Dämonen aktiv und alle anderen Threads gestorben sind, endet die Anwendung. Es gibt ja dann keinen Thread mehr, denen die Dämonen dienen. Zum Bearbeiten von Dämonen sind in Java folgende Methoden definiert:

Methoden zum Berabeiten von Dämonen
`public final boolean isDaemon()`
Liefert als Ergebnis, ob der Thread ein Dämon ist.
`public void setDaemon(boolean ja)`
Definiert den Thread als Dämon (`ja==true`) oder als Benutzer-Thread (`ja==false`). Diese Methode muss vor dem Start des Threads aufgerufen werden.

Das Beispiel aus dem vorigen Abschnitt wird so modifiziert, dass alle Zähler der Thread-Gruppe `Z1` als Dämonen konstruiert werden. Die Threads aus der Thread-Gruppe `Z1` laufen mit niedrigster, die aus der Thread-Gruppe `Z2` mit höchster Priorität.

Beispiel 16.8.1 Dämonen

```
public class Daemonen
{   private static final int N=3,G1=3,G2=3;
    public static void main(String[] argv)
    {   meineGruppe Z1=new meineGruppe("      Daemon"),
                    Z2=new meineGruppe("Thread");
        Zaehler z1[]=new Zaehler[G1],
                z2[]=new Zaehler[G2];
        for (int i=0;i<z1.length;i++)
        {   z1[i]=new Zaehler(N,i,1,Z1);
            z1[i].setDaemon(true);   // <<----
        }
        for (int i=0;i<z2.length;i++)
            z2[i]=new Zaehler(N,i,
                Thread.MAX_PRIORITY,Z2);
        Z1.starten();Z2.starten();
    }
}
```

Das Programm liefert etwa folgende Ausgabe:

```
Thread_0,Prioritaet: 10, Zeit: 0
Thread_1,Prioritaet: 10, Zeit: 0
Thread_2,Prioritaet: 10, Zeit: 0
    Daemon_0,Prioritaet: 1, Zeit: 0
    Daemon_1,Prioritaet: 1, Zeit: 0
    Daemon_2,Prioritaet: 1, Zeit: 0
Thread_0,Prioritaet: 10, Zeit: 1
Thread_1,Prioritaet: 10, Zeit: 1
Thread_2,Prioritaet: 10, Zeit: 1
Thread_0,Prioritaet: 10, Zeit: 2
Thread_1,Prioritaet: 10, Zeit: 2
Thread_2,Prioritaet: 10, Zeit: 2
    Daemon_0,Prioritaet: 1, Zeit: 1
Thread_0,Prioritaet: 10, Zeit: 3
Thread_1,Prioritaet: 10, Zeit: 3
Thread_2,Prioritaet: 10, Zeit: 3
    Daemon_0,Prioritaet: 1, Zeit: 2
    Daemon_1,Prioritaet: 1, Zeit: 1
```

Hier endet das Programm, da die **run**-Methode aller Threads der Gruppe **Z2** beendet wurden. ∎

16.9 Deadlock

Bisher liefen die Thread-Programme problemlos. In der Praxis können aber auch Situationen auftreten, in denen alle Threads einer Anwendung nur auf die Freigabe des Monitors warten. Man sagt dann, die Anwendung ist in einen *Deadlock* gelaufen.

Betrachten wir noch einmal unser Beispiel der Auto-Produktion. Wenn das Lager für die Reifen nur eine Lagerkapazität von drei Reifen aufweist, kann weder der Lieferant weitere Reifen liefern noch der Hersteller Reifen entnehmen. Dies ist eine sehr einfache und offensichtliche Situation eines Deadlocks. Bei komplexeren Problemen ist die Entdeckung oder gar die Vermeidung von Deadlocks wesentlich komplizierter.

Eine allgemeine Behandlung des Deadlock-Problems würde den Rahmen dieses Buches sprengen.

17 Ein-/Ausgabe

Java-Programme können ihre Daten von Dateien lesen und in Dateien schreiben. Hierzu realisiert das Package **java.io** das Stromkonzept, das außer Dateien auch die Standard-Ein-/Ausgabe sowie die Datenübertragung im Netz abdeckt. Im Package **java.io** ist eine riesige Fülle von Klassen für die unterschiedlichsten Anwendungen enthalten, die in diesem Kapitel besprochen werden. Die Datenübertragung im Netz ist Thema des nächsten Kapitels.

17.1 Ströme

Ein Java-Programm kann aus einem Eingabestrom lesen und in einen Ausgabestrom schreiben. Die folgende Abbildung veranschaulicht dieses Konzept.

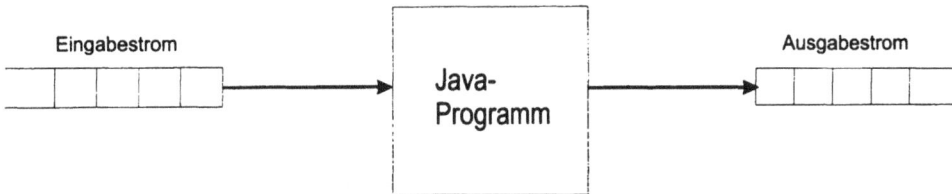

Abb. 17.1: Einfaches E/A-Konzept von Java

Die Ein-/Ausgabeklassen von Java unterscheiden folgende Arten von Strömen:

1. *Welche Dateneinheit behandelt der Strom?*

   Die Klassen der **Reader** liest Unicode-Zeichen vom Typ **char**, der 16 Bit breit ist. Entsprechend schreiben die **Writer**-Klassen Unicode-Zeichen. Diese Klassen werden zum Lesen und Schreiben von Texten verwendet.

   Die Klassen vom Typ **InputStream** und **OutputStream** lesen bzw. schreiben Daten vom Typ **byte**, der 8 Bit breit ist. Mit diesen Klassen kann man beliebige Daten lesen und schreiben.

2 *Welche Datenquellen bzw. -senken werden verwendet?*
In Java kann man Daten von und zu Dateien (**File**), Zeichenreihen (**String**, **StringBuffer**), Speichern (**CharArray**, **ByteArray**) und anderen Programmen (**Pipe**) übertragen.

3 *Wie sollen die Daten übertragen werden?*
Die Daten können gepuffert (**Buffered**) und gefiltert (**Filter**) werden. Die Daten können zeilenweise gelesen (**LineNumber**) und wie auf einem Drucker geschrieben werden (**Print**). Diese Ströme müssen immer an eine Datenquelle bzw. -senke gekoppelt werden.

4 Ferner gibt es weitere Übertragungsarten mit Konvertierung der Daten.

Die in Klammern angegebenen Begriffe kombiniert mit **Reader**, **Writer**, **InputStream** und **OutputStream** bezeichnen die zugehörigen Klassen im Package **java.io**.
Damit kann die obige Abbildung vervollständigt werden:

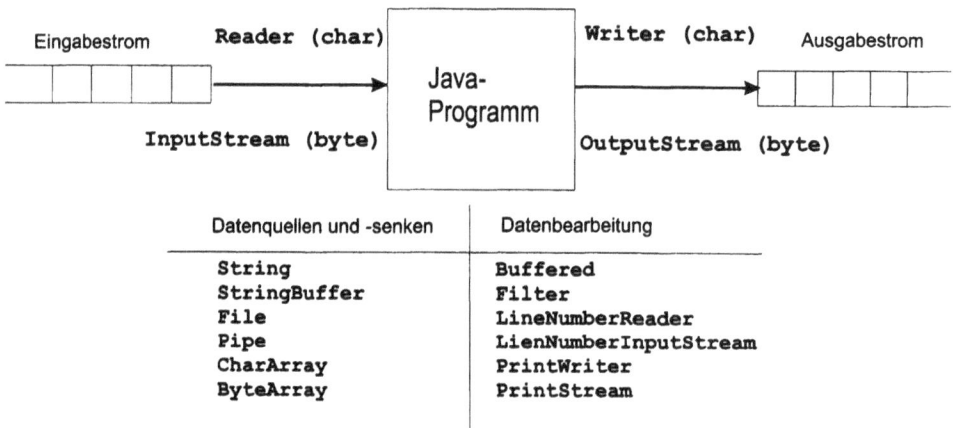

Datenquellen und -senken	Datenbearbeitung
String	Buffered
StringBuffer	Filter
File	LineNumberReader
Pipe	LienNumberInputStream
CharArray	PrintWriter
ByteArray	PrintStream

Abb. 17.2: Aufbau von Javas Ein-/Ausgabeklassen

Im folgenden Abschnitt wird die Hierarchie der Klassen aus **java.io** zusammengestellt. Die restlichen Abschnitte dieses Kapitels behandeln die verschiedenen Klassen.

17.2 Die Klassen von `java.io`

In den folgenden Listen sind die Klassen fett und grau unterlegt, abstrakte Klassen und Methoden sind kursiv gedruckt. Hinter **A:** sind die nicht-privaten Attribute und hinter **M:** die neu hinzugekommenen öffentlichen Methoden angegeben. Werden Methoden in der neuen Klasse lediglich überschrieben, ist dies nicht aufgeführt.

17.2.1 Reader und Writer

Die Klassen der **Reader** sind für die Eingabe von Unicode-Zeichen vom Typ **byte** (16 Bit) zuständig; die **Writer** geben Unicode-Zeichen in den Ausgabestrom aus.

Die Familie Reader

```
Object
|
+- class java.io.Reader
    |  A: lock
    |  M: close,mark,markSupported,read(),read(char[]),
    |     read(char[],int,int),ready,reset,skip
    +- class java.io.BufferedReader
    |  |  M: readLine
    |  +- class java.io.LineNumberReader
    |        M: getLineNumber,setLineNumber
    +- class java.io.CharArrayReader
    |     A: buf,count,markedPos,pos
    +- class java.io.FilterReader
    |  |  A: in
    |  +- class java.io.PushbackReader
    |        M: unread(char),unread(char[]),
    |           unread(char[],int,int)
    +- class java.io.InputStreamReader
    |  |  M: getEncoding
    |  +- class java.io.FileReader
    |        M: keine
    +- class java.io.PipedReader
    |     M: connect
    +- class java.io.StringReader
          M: keine
```

Die Familie Writer

```
Object
|
+- class java.io.Writer
    |  A: lock
    |  M: close,flush,write(int),write(char[]),
    |     write(char[],int,int),write(String),
    |     write(Sting,int,int)
```

```
+- class java.io.BufferedWriter
|      M: newLine
+- class java.io.CharArrayWriter
|      A: buf, count
|      M: reset,size,toCharArray,toString,writeTo
+- class java.io.FilterWriter
|      A: out
|      M: keine
+- class java.io.OutputStreamWriter
|  |   M: getEncoding
|  +- class java.io.FileWriter
|        M: keine
+- class java.io.PipedWriter
|      M: connect
+- class java.io.PrintWriter
|      M: checkError,print(<jeder Datentyp>),
|         println(<jeder Datentyp>),setError
+- class java.io.StringWriter
       M: getBuffer,toString
```

17.2.2 InputStream und OutputStream

Die Klassen **InputStream** und **OutputStream** mit ihren Subklassen erledigen die Ein-/Ausgabe beliebiger Byte-Folgen. Diese Klassen werden zur Übertragung beliebiger Dateien, wie z. B. Bilddateien oder anderen binären Dateien, verwendet.

Die Familie InputStream

```
Object
|
+- class java.io.InputStream
   |   M: available,close,mark,markSupported,read(),
   |      read(byte[]),read(byte[],int,int),reset,skip
   +- class java.io.ByteArrayInputStream
   |      A: buf,count,mark,pos
   |      M: keine
   +- class java.io.FileInputStream
   |      M: finalize,getFD
   +- class java.io.FilterInputStream
   |  |   A: in
   |  |   M: keine
   |  +- class java.io.BufferedInputStream
   |  |      A: buf,count,marklimit,markpos,pos
   |  |      M: keine
   |  +- class java.io.DataInputStream
   |  |         (implementiert java.io.DataInput)
   |  |      M: readUTF(DataInput)
   |  |      M: aus DataInput:
   |  |         read<Typ>(),readFully,readUTF,skipBytes
   |  +- class java.io.PushbackInputStream
```

```
   |         A: buf,pos
   |         M: unread(int),unread(byte[]),
   |             unread(byte[],int,int)
   +- class java.io.ObjectInputStream
   |         (implementiert java.io.ObjectInput,
   |          das DataInput erweitert,
   |          implementiert java.io.ObjectStreamConstants)
   |     M: defaultReadObject,enableResolveObject,
   |         readFields,readObjectOverride,
   |         registerValidation,resolveClass
   |         resolveObject,skipBytes
   |     M: aus DataInput:
   |             read<Typ>,readFully,readUTF()
   |     M: aus ObjectInput:
   |             readObject
   |     A: aus ObjectStreamConstants: alle Attribute
   +- class java.io.PipedInputStream
   |         A: buffer,in,out,PIPE_SIZE
   |         M: connect,receive
   +- class java.io.SequenceInputStream
         M: keine
```

Die Familie `OutputStream`

```
Object
 |
+- class java.io.OutputStream
   |  M: close,flush,write(int),write(byte[]),
   |     write(byte[],int,int)
   +- class java.io.ByteArrayOutputStream
   |     A: buf,count
   |     M: reset,size,toByteArray,toString,
   |         writeTo(OutputStream)
   +- class java.io.FileOutputStream
   |     M: finalize,getFD
   +- class java.io.FilterOutputStream
   |  |   A: out
   |  |   M: keine
   |  +- class java.io.BufferedOutputStream
   |  |     A: buf,count
   |  |     M: keine
   |  +- class java.io.DataOutputStream
   |  |         (implementiert java.io.DataOutput)
   |  |     A: written
   |  |     M: size
   |  |     M: aus DataOutput:
   |  |             write<Typ>,writeUTF(String)
   +- class java.io.ObjectOutputStream
   |         (implementiert java.io.ObjectOutput,
   |          das DataOutput erweitert,
   |          implementiert java.io.ObjectStreamConstants)
```

```
   |        M: annotateClass,defaultWriterObject,drain,
   |           enableReplaceObject,putFields,replaceObject,
   |           useProtocolVersion,writeObjectOverride,
   |           writeStreamHeader
   |        M: aus ObjectOutput:
   |              writeObject
   |        M: aus DataOutput:
   |              write<Type>,writeUTF
   |        A: aus ObjectStreamConstants: alle Attribute
 +- class java.io.PipedOutputStream
            M: connect
```

17.3 Kopieren von Dateien

Prinzipiell hat man bei Dateien das Problem, den Namen der Datei, der vom Betriebsystem verwaltet wird und damit rechnerabhängig ist, in die Javawelt einzubringen. Dazu ordnet man im Konstruktor den systemspezifischen Dateinamen einer Java-Variablen zu, der je nach Anwendung ein **FileReader**, **File-Writer**, **FileInputStream** oder **FileOutputStream** ist.
Nach der Java-Philosophie soll ein Applet keinen Zugriff auf das Dateisystem des Gastrechners haben, was durch die Sicherheitseinstellungen der Browser im Normalfall gewährleistet wird. In diesem Kapitel werden wir daher auch nur Anwendungen oder **Frame**s verwenden.
Im folgenden Beispiel wird der Inhalt einer Datei zeichenweise in eine andere Datei kopiert.

❏ *Beispiel 17.3.1 Zeichenweise Kopie*

```
import java.io.*;

public class KopiereZeichen
{ private static final String
     EINGABE="KopiereZeichen.java",
     AUSGABE="Kopie.java";

  public static void main(String[] argv)
     throws IOException
  { int zeichen;
    FileReader eingabe=new FileReader(EINGABE);
    FileWriter ausgabe=new FileWriter(AUSGABE);
    while ((zeichen=eingabe.read())!=-1)
        // Eingabe-Ende ??
```

```
        ausgabe.write(zeichen);
    eingabe.close(); ausgabe.close();
  }
}
```

Dieses Programm kopiert sich selbst in eine Datei **Kopie.java**, wobei die einzelnen Zeichen mit **read** gelesen und mit **write** geschrieben werden. Am Dateiende liefert **read** den Wert **-1**. ∎

Das obige Beispiel liest und schreibt Zeichen für Zeichen. Ein effizienteres Kopierprogramm erhält man, wenn zeilenweise gelesen und geschrieben wird. Ein **LineNumberReader** kann mit der Methode **readLine** zeilenweise lesen. Wir koppeln einen **FileReader** mit der Fähigkeit eines **LineNumberReader**. Entsprechend kann ein **PrintWriter** mit der Methode **println** zeilenweise schreiben. Dies erreicht man wieder durch Koppeln eines **FileWriter** mit einem **PrintWriter**.
Das folgende Beispiel demonstriert die zeilenweise Ein-/Ausgabe, wobei in die Ausgabedatei **Kopie.prn** Zeilennummern geschrieben werden.

❑ *Beispiel 17.3.2 Zeilenweise Kopie*
```java
import java.io.*;

public class KopiereZeilen
{ private static final String
      EINGABE="KopiereZeilen.java",
      AUSGABE="Kopie.prn";

  public static void main(String[] argv)
     throws IOException
  { String Zeile;
    LineNumberReader eingabe=
     new LineNumberReader(new FileReader(EINGABE));
    PrintWriter ausgabe=
     new PrintWriter(new FileWriter(AUSGABE));
    while ((Zeile=eingabe.readLine())!=null)
        // Eingabe-Ende??
      ausgabe.println(eingabe.getLineNumber()
         +": "+Zeile);
    eingabe.close(); ausgabe.close();
  }
}
```
∎

Unter DOS haben die Standardausgabe-Geräte vorgegebene Dateinamen. Die Standardein-/-ausgabe (Tastatur bzw. Bildschirm) heißen **"CON"**, der Standarddrucker hat den Namen **"PRN"**. Wenn Sie also in den vorigen Beispielen die Ausgabedatei mit **"PRN"** angeben, wird die Datei auf dem Drucker ausgegeben.

In den folgenden Tabellen werden die vier verwendeten Klassen und ihre wichtigsten Methoden zusammengestellt:

Wichtige Methoden der Klasse `FileReader`
`FileReader(String DateiName)`
Öffnet die durch `DateiName` angegebene Datei zum Lesen.
`int read()`
Liest ein einzelnes Zeichen aus der Datei und liefert es als Ergebnis. Am Datei-Ende wird `-1` zurückgegeben.
`int read(char[] puffer,int start,int lg)`
Liest maximal `lg` Zeichen aus der Datei und speichert sie in `puffer` ab Position `start`. Der Rückgabewert liefert die Anzahl der tatsächlich gelesenen Zeichen. Am Datei-Ende wird `-1` zurückgegeben.
`void close()`
Schließt die Datei. Danach kann man nicht mehr auf diese Datei zugreifen.

Wenn Sie sich die Liste in Abschnitt 17.2 nochmals anschauen, werden Sie feststellen, dass für die Klasse **FileReader** die Methoden **read** und **close** nicht angegeben sind. Die in der Tabelle besprochenen Methoden überschreiben die gleichnamigen Methoden aus einer Superklasse, hier sind dies die Methoden aus **InputStreamReader**.

Wichtige Methoden der Klasse `FileWriter`
`FileWriter(String DateiName)`
Öffnet die durch `DateiName` angegebene Datei zum Schreiben.
`void write(int c)`
Schreibt das Zeichen `c` in die Datei.
`void write(char[] puffer,int start,int lg)`
Schreibt `lg` Zeichen aus `puffer` ab Position `start` in die Datei.
`void flush()`
Erzwingt die Ausgabe aus dem internen Puffer auf die Datei.
`void close()`
Schließt die Datei. Danach kann man nicht mehr auf diese Datei zugreifen.

Die Klasse **FileWriter** realisiert eine gepufferte Ausgabe. Die mit **write** ausgegebenen Zeichen werden zunächst in einen internen Puffer geschrieben. Der Inhalt des Puffers wird erst dann wirklich in die Datei auf der Festplatte geschrieben, wenn der Puffer voll ist oder wenn man die Methode **flush()** aufruft. Dadurch vermeidet man unnötig viele Dateizugriffe, die ziemlich lange dauern.

Wichtige Methoden der Klasse `LineNumberReader`
`LineNumberReader(Reader eingabe)`
Erzeugt einen `LineNumberReader` und koppelt ihn an den `Reader` `eingabe`.
`int getLineNumber()` `void setLineNumber(int n)`
Liefert die aktuelle Zeilennummer bzw. setzt sie auf `n`.
`String readLine()`
Liest eine Zeile aus der Datei und liefert sie zurück. Liefert am Datei-Ende `null` zurück.
`long skip(long n)`

Wichtige Methoden der Klasse `LineNumberReader`

Überspringt maximal **n** Zeichen und liefert die Anzahl der tatsächlich übersprungen Zeichen.

Wichtige Methoden der Klasse `PrintWriter`

```
PrintWriter(Writer ausgabe)
PrintWriter(Writer ausgabe,boolean autoFlush)
```

Erzeugt einen **PrintWriter** und koppelt ihn an den **Writer** **ausgabe**. Ist **autoFlush true**, ruft die Methode **println** ein **flush()** auf, d. h. jede Zeile wird sofort ausgegeben.

Der erste Konstruktor entspricht **autoFlush=false**.

```
void print(<DatenTyp> daten)
void println()
void println(<DatenTyp> daten)
```

Gibt **daten** als Text aus. **daten** hat einen beliebigen **DatenTyp**.

println beendet die Ausgabe mit einem Zeilenwechsel. Die parameterlose Methode gibt nur einen Zeilenwechsel aus.

17.4 Dateien – die Klasse `File`

Detaillierte Informationen über Dateien und das Dateisystem des Rechners, auf dem das Java-Programm läuft, liefert die Klasse **File**. Diese Klasse stellt Methoden zur Verfügung, mit denen man

Informationen über eine Datei erhält,
eine Datei anlegt, löscht und umbenennt,
ein Verzeichnis anlegt,
eine Dateiliste für Verzeichnisse erstellt.

Das folgende Beispiel zeigt Informationen über eine Datei in einem Fenster an.

❑ *Beispiel 17.4.1 Datei-Informationen*
```
import java.io.*;
import java.awt.*;
```

```java
import JavaPack.*;
import javax.swing.*;

public class DateiInfo extends JFrame
{   private static String DateiName="DateiInfo.java";
    private JTextField Info;

    public DateiInfo()
    {   addWindowListener(new FensterBeenden());
        Info=new JTextField();
        getContentPane().add(Info,BorderLayout.NORTH);
        Info.setText(zeigen(DateiName));
    }

    public static String zeigen(String Name)
    {   String ausgabe;
        File d=new File(Name);
        ausgabe="Datei-Info: \""
            +DateiName(Name)+"\" : ";
        ausgabe+=d.isDirectory()?"<V> ":"<D> ";
        ausgabe+=d.canRead()?"L":" ";
        ausgabe+=d.canWrite()?"S ":"   ";
        ausgabe+=Ausgeben.Format(d.length(),9,' ');
        ausgabe+="   "
            +new java.util.Date(d.lastModified());
        return ausgabe;
    }

    public static String DateiName(String n)
    {   return n.substring(n.lastIndexOf
        (File.separator)+1); }

    public static void main(String[] argv)
    {   JFrame f=new DateiInfo();
        f.setTitle("DateiInfo von "+DateiName);
        f.setSize(500,80);
        f.setVisible(true);
    }
}
```

Der Konstruktor der Klasse **Date** wandelt eine **long**-Zahl in ein Datumsformat nach englischer Art. ∎

Dieses Programm liefert folgende Ausgabe:

Abb. 17.3: Datei-Informationen

Die folgende Tabelle enthält die wichtigsten Attribute und Methoden der Klasse **File**:

Wichtige Attribute und Methoden der Klasse **File**
File(String Name)
Erzeugt eine **File**-Objekt für die Datei mit dem Namen **Name**.
String separator **char separatorChar**
Enthält den systemabhängigen String, der zum Trennen von Pfaden im Dateisystem verwendet wird, bzw. das erste Zeichen davon. In DOS ist dies '\\', in UNIX '/'.
String getName() **String getAbsolutePath()**
Liefert den Dateinamen ohne bzw. mit dem vollständigen Pfad.
String getPath()
Liefert den Pfad der Datei (ohne Dateinamen).
String getParent()
Liefert den Pfad des Vaterverzeichnisses.
boolean canRead() **boolean canWrite()**
Gibt an, ob man die Datei lesen bzw. schreiben kann.

Wichtige Attribute und Methoden der Klasse File

```
boolean isFile()
boolean isDirectory()
```

Gibt an, ob die Datei eine normale Datei bzw. ein Verzeichnis ist.

```
boolean exists()
```

Gibt an, ob die Datei bereits existiert.

```
long length()
```

Liefert die Länge der Datei in Byte bzw. 0L, falls die Datei nicht existiert.

```
long lastModified()
```

Liefert Datum und Uhrzeit der letzten Modifikation dieser Datei bzw. 0L, falls die Datei nicht existiert. Diesen long-Wert kann man mit dem Konstruktor von Date in einen Text konvertieren.

```
String[] list()
```

Liefert ein String-Feld, das die Namen der Dateien im aktuellen Verzeichnis enthält.

Wenn man eine Datei als Ausgabedatei benutzt und diese bereits exisitert, sollte das Programm fragen, ob man diese Datei überschreiben will. Das folgende Beispiel enthält eine Methode, die dies erledigt.

❑ *Beispiel 17.4.2 Datei überschreiben?*
Die folgende Methode wird im Beispiel 17.5.1 verwendet.

```
static boolean DateiUeberschreiben(File datei)
{ if (datei.exists())
   { System.out.print(datei.getName()
      +" existiert. Ueberschreiben (J/N) ? ");
     char c=Einlesen.LiesChar();
     if (c!='J')
        return false;
     else
     { datei.delete();
       return true;
     }
```

```
    }
    return true;
}                                                            ■
```

Jetzt werden Informationen über Pfade angezeigt. Dabei wird die Methode **zeigen** aus Beispiel 17.4.1 verwendet.

❑ *Beispiel 17.4.3 Pfade*

```java
import java.io.*;
import JavaPack.*;
import javax.swing.*;

public class Pfade extends JFrame
{   static String Name="Pfade.java";
    static final String NZ=
        System.getProperty("line.separator");
    private JTextArea info=new JTextArea("",25,80);

    public Pfade()
    {   addWindowListener(new FensterBeenden());
        File datei=new File(Name),dir;
        info.append(DateiInfo.zeigen(Name)+NZ);
// Verzeichnis, Dateiname
        info.append("Verzeichnis, Pfade"+NZ);
        info.append("=================="+NZ);
        String DateiName=datei.getAbsolutePath();
        info.append("absoluter Pfad:\t\t"
            +DateiName+NZ);
// Bestimmung des Verzeichnis-Namens
        int ende=DateiName.lastIndexOf(File.separator);
        String Verzeichnis=DateiName.substring(0,ende);
        info.append("Verzeichnis:\t\t"+Verzeichnis+NZ);
        dir=new File(Verzeichnis);
        info.append("Verzeichnis-Pfad:\t"
            +dir.getPath()+NZ);
        info.append("Datei-Pfad:        \t\t"
            +datei.getPath()+NZ);
        info.append("Vaterverzeichnis:\t"
            +dir.getParent()+NZ);
        getContentPane().add(info);
    }
```

```
public static void main(String[] args)
   throws IOException
{  JFrame f=new Pfade();
   f.setTitle("Pfade");
   f.setSize(640,200);
   f.setVisible(true);
}
}
```

■

Das Programm liefert folgende Ausgabe:

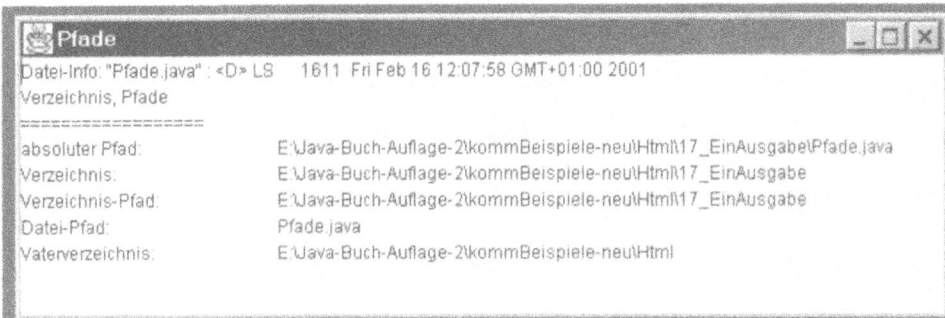

```
Pfade                                                              _ □ ×
Datei-Info: "Pfade.java" : <D> LS   1611  Fri Feb 16 12:07:58 GMT+01:00 2001
Verzeichnis, Pfade
=====================
absoluter Pfad:              E:\Java-Buch-Auflage-2\kommBeispiele-neu\Html\17_EinAusgabe\Pfade.java
Verzeichnis:                 E:\Java-Buch-Auflage-2\kommBeispiele-neu\Html\17_EinAusgabe
Verzeichnis-Pfad:            E:\Java-Buch-Auflage-2\kommBeispiele-neu\Html\17_EinAusgabe
Datei-Pfad:                  Pfade.java
Vaterverzeichnis:            E:\Java-Buch-Auflage-2\kommBeispiele-neu\Html
```

Abb. 17.4: Pfadausgabe

Eine interessante Methode der Klasse **File** ist die Methode **length()**, die die Länge einer Datei bestimmt. Damit kann man sehr kompakt und elegant ein Anzeigeprogramm für Dateien erstellen.

❏ *Beispiel 17.4.4 Datei-Lister*
Nach der Feststellung der Dateilänge wird ein entsprechend großer Puffer angelegt, in den der Datei-Inhalt mit einem einzigen **read** eingelesen wird. Dieser Text wird anschließend in einem Ausgabefenster angezeigt. Die statische Methode **zeigen** wird in späteren Beispielen wieder verwendet.
Die folgende Abbildung zeigt das Programm in seinem Ausgabefenster. ■

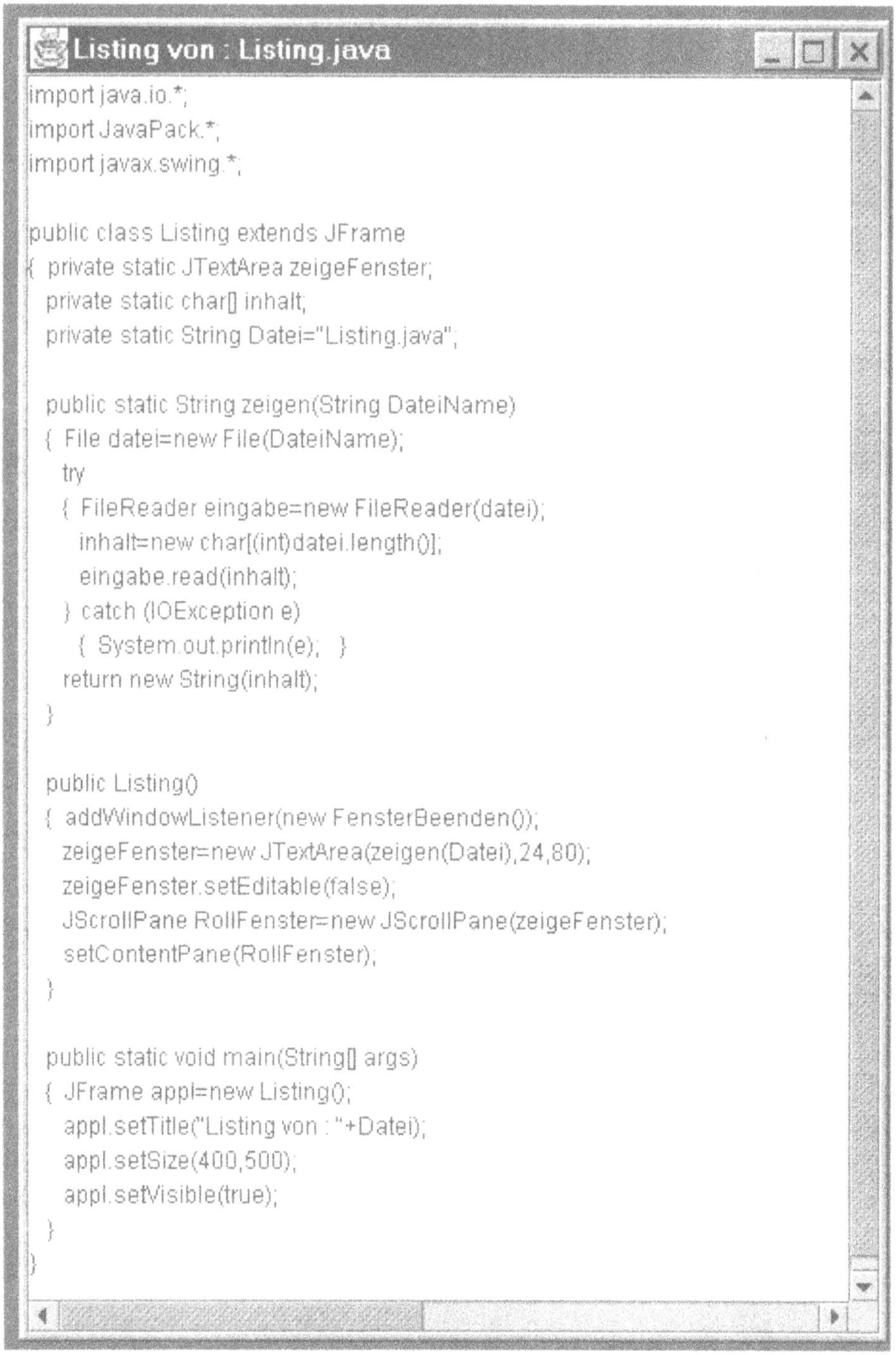

```
Listing von : Listing.java

import java.io.*;
import JavaPack.*;
import javax.swing.*;

public class Listing extends JFrame
{ private static JTextArea zeigeFenster;
  private static char[] inhalt;
  private static String Datei="Listing.java";

  public static String zeigen(String DateiName)
  { File datei=new File(DateiName);
    try
    { FileReader eingabe=new FileReader(datei);
      inhalt=new char[(int)datei.length()];
      eingabe.read(inhalt);
    } catch (IOException e)
      { System.out.println(e);  }
    return new String(inhalt);
  }

  public Listing()
  { addWindowListener(new FensterBeenden());
    zeigeFenster=new JTextArea(zeigen(Datei),24,80);
    zeigeFenster.setEditable(false);
    JScrollPane RollFenster=new JScrollPane(zeigeFenster);
    setContentPane(RollFenster);
  }

  public static void main(String[] args)
  { JFrame appl=new Listing();
    appl.setTitle("Listing von : "+Datei);
    appl.setSize(400,500);
    appl.setVisible(true);
  }
}
```

Abb. 17.5: Datei-Listing

Im nächsten Beispiel wird eine Klasse **DirInfo** definiert, die alle Dateien eines Verzeichnisses in einer Auswahlliste anzeigt. Klickt man mit der Maus auf eine Datei, sieht man im Textfeld oben die Informationen über diese Datei. Klickt man auf ein Verzeichnis, wird in dieses Verzeichnis gegangen und es werden die zugehörigen Dateien aufgelistet. Wie üblich, bezeichnet ".." das übergeordnete Verzeichnis.

❏ *Beispiel 17.4.5 Datei-Verzeichnis*

```
import java.awt.*;
import java.io.*;
import JavaPack.*;
import javax.swing.*;
import javax.swing.event.*;

public class DirInfo extends JFrame
    implements ListSelectionListener
{ private static String cwd;
  private String DateiName,aktLW;
  private final String Separator=
      "-------- Dateien ------";
  private JTextField DateiAnzeige;
  private JList DateiListe;
  private DefaultListModel MDateiListe;
```

Der String **cwd** soll das aktuelle Arbeitsverzeichnis (<u>c</u>urrent <u>w</u>orking <u>d</u>irectory) enthalten; **aktLW** bzw. **DateiName** werden das Laufwerk und den Dateinamen enthalten, die gerade betrachtet werden. Der String **Separator** trennt die Verzeichnisse und die Dateien. In **DateiAnzeige** werden die Eigenschaften der gewählten Datei bzw. des gewählten Verzeichnisses angezeigt.
Schließlich werden in der **DateiListe** vom Typ **JList** die Verzeichnis- und Dateinamen des aktuellen Arbeitsverzeichnisses angezeigt. Die eigentlichen Daten werden im ListModel **MDateiListe** aufgesammelt.

```
  public DirInfo(String Verzeichnis)
  { addWindowListener(new FensterBeenden());
    // JList mit Listen-Modell verknüpfen
    MDateiListe=new DefaultListModel();
    DateiListe=new JList(MDateiListe);
    JScrollPane RollListe=
        new JScrollPane(DateiListe);
    cwd=Verzeichnis;
```

```
    // aktuelles Laufwerk bestimmen
    aktLW=cwd.substring(0,3);
    DateiName="";
    zeigen(MDateiListe);      // Dateiliste aufbauen
    DateiListe.addListSelectionListener(this);
    Container Pane=getContentPane();
    Pane.setLayout(new BorderLayout());
    Pane.add(RollListe,BorderLayout.CENTER);
    DateiAnzeige=new JTextField();
    Pane.add(DateiAnzeige,BorderLayout.NORTH);
}
```

Der Konstruktor erhält als Parameter das anzuzeigende Verzeichnis; im Haupt-programm weiter unten wird das momentane Arbeitsverzeichnis übergeben. Die Methode **zeigen** füllt die Auswahlliste mit den Verzeichnissen und Dateien des aktuellen Verzeichnisses.

```
void zeigen(DefaultListModel MDatLi)
{   File dir=new File(cwd);
    String[] files=dir.list();
    MDatLi.removeAllElements();
    MDatLi.addElement("..");// Vaterverzeichnis
    // Verzeichnisse anzeigen
    for (int i=0;i<files.length;i++)
    {   File d=new File(cwd,files[i]);
        if (d.isDirectory())
            MDatLi.addElement(files[i]);
    }
    MDatLi.addElement(Separator);
    // Dateien anzeigen
    for (int i=0;i<files.length;i++)
    {   File d=new File(cwd,files[i]);
        if (d.isFile())
            MDatLi.addElement(files[i]);
    }
}
```

Die nächste Methode navigiert durch den Verzeichnisbaum. Ist der übergebene Dateiname **DName** eine normale Datei, wird lediglich das Attribut **DateiName** aktualisiert, das immer mit einem Dateitrenner **Files.separator** beginnt. Ist **DName** ein Verzeichnis, wird das Arbeitsverzeichnis geändert und die Aus-wahlliste durch den Aufruf von **zeigen** aktualisiert und angezeigt.

Ist **DName** der String " .. ", wird mit der Methode **getParent()** das Vorgängerverzeichnis bestimmt und durch den Aufruf von **zeigen** wieder angezeigt.

```
public void navigieren(
   DefaultListModel MDatLi,String DName)
{  File Datei;
   final String DT=File.separator; // Dateitrenner
   if (DName.equals(Separator)) return;
   if (DName.equals("..")) //Vaterverzeichnis
   {  Datei=new File(cwd);
      DateiName="";
      cwd=Datei.getParent();
      if (cwd==null) cwd=aktLW+DT;
      zeigen(MDatLi);
   }
   else  // Datei oder Verzeichnis
   {  DateiName=DT+DName;
      cwd=cwd.equals(aktLW+DT)?aktLW:cwd;
      Datei=new File(cwd+DateiName);
      if (Datei.isDirectory())
      // Verzeichnis, neues cwd
      {  cwd=Datei.getAbsolutePath();
         DateiName="";
         zeigen(MDatLi);
      }
   }
}
```

Die Steuerung erfolgt durch einen Mausklick auf einen Eintrag in der Auswahlliste, der von der Methode **valueChanged** behandelt wird.

```
public void valueChanged(ListSelectionEvent e)
{  Object Wahl=DateiListe.getSelectedValue();
   if (Wahl==null)
      return;  // Verzeichnis
   String DName=Wahl.toString();
   navigieren(MDateiListe,DName);
   DateiAnzeige.setText(
      DateiInfo.zeigen(cwd+DateiName));
   setTitle("DirInfo - ["+cwd+"]");
}
```

Das Hauptprogramm startet diese Anwendung mit dem aktuellen Arbeitsverzeichnis, das man mit dem Systemaufruf **System.getProperty("user.dir")** erhält. Das aktuelle Verzeichnis wird in der Kopfzeile des Fensters angezeigt.

```
public static void main(String[] argv)
{   JFrame f=
        new DirInfo(System.getProperty("user.dir"));
    f.setTitle("DirInfo - ["+cwd+"]");
    f.setSize(600,600);
    f.setVisible(true);
}
}
```

Nach diesen Vorarbeiten ist es nun ein Leichtes, ein Programm zu erstellen, in dem man durch die Verzeichnisse navigieren und dabei die angewählten Dateien in einem Fenster anzeigen kann.

❑ *Beispiel 17.4.6 Datei-Lister*
Aus den besprochenen Klassen **DateiInfo**, **DirInfo** und **Listing** können wir nun ganz einfach den folgenden Datei-Lister zusammenbauen. Die Ausgabe dieses Programms zeigt ihren eigenen Java-Code:

```
DirList - [E:\Java-Buch-Auflage-2\kommBeispiele-neu\Html\17_EinAusgabe]

Datei-Info: "DirList.java" : <D> LS    1754  Sat Feb 17 17:41:40 GMT+01:00 2001

ObjectEA                      import java.awt.*;
Pipes                         import JavaPack.*;
RandomAccess                  import java.io.*;
Work                          import javax.swing.*;
-------- Dateien ------        import javax.swing.event.*;
binaer.bin
BinaerDatei.java              public class DirList extends JFrame
DateiAufzaehlung.java            implements ListSelectionListener
DateienAusgeben.java          { private JTextField DateiAnzeige;
DateiInfo.java                  private JTextArea listing=new JTextArea("",25,80);
deutsch.txt                     private JList DateiListe;
deutschReader.java              private DefaultListModel MDateiListe;
deutschUmlesen.java             private static DirInfo DI;
deutschUmschreiben.java
deutschWriter.java              public DirList()
DirInfo.java                    { addWindowListener(new FensterBeenden());
DirList.java                      MDateiListe=new DefaultListModel();
inter.txt                         DateiListe=new JList(MDateiListe);
Kopie.java                        DI=new DirInfo(System.getProperty("user.dir"));
KopiereZeichen.java               DI.zeigen(MDateiListe);
KopiereZeilen.java                DateiListe.addListSelectionListener(this);
Listing.java                      Container Pane=getContentPane();
Pfade.java                        Pane.setLayout(new BorderLayout());
SucheWort.java                    JScrollPane SDateiListe=new JScrollPane(DateiListe);
xyz.txt                           Pane.add(SDateiListe,BorderLayout.WEST);
DirList.class                     listing.setEditable(false);
DirInfo.class                     JScrollPane RollListing=new JScrollPane(listing);
Listing.class                     Pane.add(RollListing,BorderLayout.CENTER);
DateiInfo.class                   DateiAnzeige=new JTextField();
Kopie.prn                         Pane.add(DateiAnzeige,BorderLayout.NORTH);
DirList.java-voll               }
Kopie von DirInfo.java
                                public void valueChanged(ListSelectionEvent e)
                                { Object Wahl=DateiListe.getSelectedValue();
                                  if(Wahl==null)
                                    return;
                                  String DateiName=Wahl.toString();
                                  DI.navigieren(MDateiListe,DateiName);
                                  String voll=DI.vollerName();
                                  if(new File(voll).isFile())
                                    listing.setText(Listing.zeigen(voll));
                                  DateiAnzeige.setText(DateiInfo.zeigen(voll));
                                  setTitle("DirList - ["+DI.gibCwd()+"]");
                                }

                                public static void main(String[] args)
                                { JFrame f=new DirList();
                                  f.setTitle("DirList - ["+DI.gibCwd()+"]");
                                  f.setSize(600,800);
                                  f.setVisible(true);
                                }
```

Abb. 17.6: Datei-Lister

17.5 Eine Liste von Dateien einlesen

Mit der Klasse **SequenceInputStream** bietet Java eine Klasse an, mit der eine Liste von Dateien zu einem einzigen Eingabestrom verschmolzen werden. Mit dem folgenden Programm kann man alle Dateien mit einer bestimmten Endung in eine Ausgabedatei kopieren.

❏ *Beispiel 17.5.1 Folge von Dateien lesen*
Mitten in der Methode **ausgeben** kommt die Klasse **SequenceInput-Stream** vor (die Stelle ist grau unterlegt).

```
import java.io.*;
import JavaPack.*;
import java.util.*;

public class DateienAusgeben
{   static boolean DateiUeberschreiben(File datei)
// siehe Beispiel 17.4.2

    public static void ausgeben(String Verz,
        String Erw,String Ausgabe)
            throws IOException
    {   File ausg=new File(Ausgabe);
        if (!DateiUeberschreiben(ausg))
            System.exit(0);
// Dateien in Verzeichnis finden
        File dir=new File(Verz);
        String[] files=dir.list();
        Vector dateien=new Vector(files.length);
        for (int i=0;i<files.length;i++)
            if (files[i].toLowerCase().indexOf(
                    "."+Erw.toLowerCase())!=-1)
                dateien.addElement(new String(files[i]));
        dateien.trimToSize();
// Ausgabedatei erzeugen
        PrintWriter ausgabe=new PrintWriter(
            new FileOutputStream(ausg));
        ausgabe.println(
          "Dieses Listing enthaelt folgende Dateien: ");
        for (int i=0;i<dateien.size();i++)
            ausgabe.print(dateien.elementAt(i)+"  ");
```

```
      ausgabe.println();ausgabe.println();
//  Aufzaehlung der Eingabedateien erzeugen
      DateiAufzaehlung enumfiles=
         new DateiAufzaehlung(dateien);
      SequenceInputStream s=
         new SequenceInputStream(enumfiles);
//  kopieren
      int c;
      while ((c=s.read())!=-1)
          ausgabe.write(c);
      s.close();ausgabe.close();
   }

   public static void main(String[] argv)
      throws IOException
   {  String cwd,ext;
      System.out.print(
         "Welches Verzeichnis (leer=aktuelles) " );
      cwd=Einlesen.LiesString();
      if (cwd=="")
         cwd=System.getProperty("user.dir");
      System.out.print("Welche Erweiterung ? ");
      ext=Einlesen.LiesString();
      ausgeben(cwd,ext,"ausgabe.txt");
   }
}
```

Die Klasse **DateiAufzaehlung** wird im folgenden Beispiel behandelt. ■

Der Konstruktor der Klasse **SequenceInputStream** erwartet als Parameter eine Aufzählung von **InputStreams**. Wir programmieren nun die im vorigen Beispiel verwendete Klasse **DateiAufzaehlung**, die das Interface **Enumeration** implementiert. Hierzu müssen neben dem Konstruktor, der als Parameter einen Vektor mit der Dateitliste erhält, die beiden Methoden **hasMoreElements** und **nextElement** implementiert werden.

❏ *Beispiel 17.5.2* **DateiAufzaehlung**

```
import java.util.*;
import java.io.*;

class DateiAufzaehlung implements Enumeration
```

```
{  private Vector dateien;
   private int zaehler=0;

   public DateiAufzaehlung(Vector Liste)
   {  dateien=Liste;  }

   public boolean hasMoreElements()
   {  return (zaehler<dateien.size());  }

   public Object nextElement()
   {  InputStream eingabe=null;
      if (!hasMoreElements())
         throw new NoSuchElementException(
            "Keine weiteren Dateien");
      else
      {  String naechstes=
            (String)dateien.elementAt(zaehler);
         System.out.println("Erzeuge "+naechstes);
         zaehler++;
         try
         {  eingabe=new FileInputStream(naechstes);
         }  catch (FileNotFoundException e)
            {  System.out.println(
                 "Kann Datei nicht finden: "
                 +naechstes);
            }
      }
      return eingabe;
   }
}
```                                                              ∎

17.6 Analyse des Datei-Inhalts

Wenn ein Compiler ein Quellprogramm einliest, zerlegt er dieses in Wörter,
Zahlen, Texte und Kommentare, die man unter dem Sammelbegriff Tokens zusammenfasst. Die Klasse **StreamTokenizer** stellt Methoden bereit, mit denen man eine Datei in Einheiten von Tokens lesen kann. Diese Klasse ist eine di-
rekte Subklasse von **Object**.

Diese Klasse werden wir im nächsten Beispiel benutzen, um in einer Datei nach
einem bestimmten Bezeichner zu suchen, der nicht in einer Zeichenreihe oder in

einem Kommentar steht. Ein Bezeichner ist nach der Java-Syntax eine Zeichenfolge, die zwischen zwei Leerzeichen steht und nicht mit einer Ziffer beginnt. Anstelle eines Leerzeichens kann auch ein Tabulatorzeichen oder Zeilenwechsel vorkommen. Alle Zeichen, die zur Trennung von Wörtern in Frage kommen, wollen wir Worttrenner nennen. Die Klasse **StreamTokenizer** behandelt nach Voreinstellung auch das Zeichen '_' als Worttrenner, in Java ist es dagegen Teil eines Bezeichners. Mit der Methode **wordChars** kann man dies umdefinieren. Umgekehrt behandelt **StreamTokenizer** den Punkt als Bestandteil eines Bezeichners, in Java sollte es aber als Worttrenner behandelt werden, um z. B. den Bezeichner **out** in **System.out.println** zu erkennen. Mit der Methode **whitespaceChars** kann man den Punkt als Worttrenner definieren.

❑ *Beispiel 17.6.1   Bezeichner suchen*
Dieses Programm sucht in einer Datei nach einem Bezeichner und gibt die Nummern der Trefferzeilen aus. Kommt der Bezeichner in einem String oder Kommentar vor, wird er nicht als Treffer gewertet.

```java
import java.io.*;
import JavaPack.*;

public class SucheWort
{   private static final String NAME="SucheWort.java";

    public static int finde(
             String sucheNach,String Datei)
       throws IOException
    {   String Zeile;
        int typ,zeilennr=0,zaehler=0;
        LineNumberReader eingabe=
            new LineNumberReader(new FileReader(Datei));
        StreamTokenizer suche=
               new StreamTokenizer(eingabe);
        suche.whitespaceChars('.','.');
          // Punkt als Worttrenner
          // out wird erkannt
        suche.wordChars('_','_');
          // _ gehört zum Wort
        System.out.println("Treffer fuer "+sucheNach);
        while ((typ=suche.nextToken())!=suche.TT_EOF)
        {   if (typ==suche.TT_WORD)
```

```
        if ((suche.sval).equals(sucheNach))
        {  if (zeilennr!=suche.lineno())
           {  zeilennr=suche.lineno();
              System.out.print(zeilennr+"  ");
           }
           zaehler++;
        }
     }
     eingabe.close();
     return zaehler;
  }

  public static void main(String[] argv)
     throws IOException
  {  String sucheNach;
     System.out.print(
       "Nach welchem Bezeichner suchen? ");
     sucheNach=Einlesen.LiesString();
     int zaehler=finde(sucheNach,NAME);
     System.out.println();
     System.out.println(zaehler+" Treffer");
  }
}
```

Das Programm liefert folgende Treffer für den Bezeichner **out** (die Kommentarzeile 16 ist keine Trefferzeile):

```
Nach welchem Bezeichner suchen? out
Treffer fuer out
19  25  37  41  42
5 Treffer                                           ■
```

In der Tabelle werden die verwendeten und weitere wichtige Methoden der Klasse **StreamTokenizer** erläutert:

Wichtige Methoden der Klasse StreamTokenizer
StreamTokenizer(Reader Leser)
Erzeugt ein Objekt, das den über Leser eingelesen Text in Tokens zerlegt.

Wichtige Methoden der Klasse `StreamTokenizer`
`int ttype`
Enthält den Typ des Tokens, das mit `nextToken` eingelesen wurde; und zwar `TT_WORD` für ein Wort, `TT_NUMBER` für eine Zahl, `TT_EOL` für einen Zeilenwechsel und `TT_EOF` für das Dateiende.
`String sval` `double nval`
`sval` enthält das gelesene Wort, `nval` die gelesene Zahl.
`int nextToken()`
Liest das nächste Token und liefert den Typ des Tokens zurück (siehe `ttype`). Danach enthält `sval` bzw. `nval` das eingelesene Token.
`void whiteSpaceChars(int von,int bis)` `void wordChars(int von,int bis)`
Legt die Zeichen zwischen `von` und `bis` als Worttrenner bzw. Zeichen in einem Wort fest.
`int lineno()`
Liefert die aktuelle Zeilennummer der Eingabe.

17.7 Filter

Mit Filtern kann man die Ein-/Ausgabe nach bestimmten Kriterien bearbeiten oder "filtern". Dazu enthalten alle vier Basisklassen **Reader, Writer, InputStream** und **OutputStream** als Subklassen Filterklassen, für die zum Teil weitere Subklassen in **java.io** definiert sind (siehe Liste in Abschnitt 17.2). Zunächst werden zwei Filter definiert, die die deutschen Umlaute und das scharfe s (ß) behandeln. Im nächsten Unterabschnitt wird die Ein-/Ausgabe von Binärdateien durch geeignete Filter für die Stream-Klassen realisiert.

17.7.1 Filter für **Reader** und **Writer**
Die Klassen **FilterReader** und **FilterWriter** sind abstrakt. Es werden ein spezieller **Writer** und **Reader** definiert, die sich mit den deutschen Sonderzeichen beschäftigen.

Unser erstes Beispiel definiert eine Klasse **deutschWriter**, die die deutschen Umlaute und den Buchstaben ß in zwei Standard-ASCII-Zeichen umschreibt. Die erste Idee ist, einen Umlaut wie **ü** in die Buchstabenfolge **ue** zu übersetzen. Dies kann zu Problemen bei der umgekehrten Umwandlung der beiden Buchstaben in einen Umlaut führen. Das Wort **teuer** soll nicht in **teür** zurückübersetzt werden. Eine Lösung ist, die Umwandlung in Zeichenpaare so vorzunehmen, dass das zweite Zeichen als Großbuchstabe ausgegeben wird. Der Konstruktor für **deutschWriter** erhält hierzu einen zweiten Parameter **nachGross**.

❑ *Beispiel 17.7.1* **deutschWriter**

```
import java.io.*;

class deutschWriter extends FilterWriter
{   char nachE='e',nachS='s';

    deutschWriter(Writer o,boolean nachGross)
    {   super(o);
        if (nachGross)
        { nachE='E';nachS='S'; }
    }

    public void write(int b)
        throws IOException
    {   synchronized (lock)
        {   switch ((char)b)
            {   case 'ä':
                    out.write('a');out.write(nachE);break;
        // usw. für die anderen Umlaute
                case 'ß':
                    out.write('s');out.write(nachS);break;
                default:    out.write(b);break;
            }
        }
    }
}
```

Das Testprogramm liest eine Datei **deutsch.txt** mit deutschen Sonderzeichen und kopiert ihn in die Datei **inter.txt**.

```
import java.io.*;
```

```
public class deutschUmschreiben
{  public static void main(String[] argv)
      throws IOException
   {  FileReader eingabe=
        new FileReader("deutsch.txt");
      deutschWriter w=new deutschWriter(
        new FileWriter("inter.txt"),true);
      int c;
      while ((c=eingabe.read())!=-1)
         w.write(c);
      w.close();
      eingabe.close();
   }
}
```

Das Programm wandelt den Eingabetext

Schöne weiße Gänseblümchen wären teuer.

in

SchoEne weisSe GaEnsebluEmchen waEren teuer. ∎

Der folgende **deutschReader** soll ein Doppelzeichen wie **aE** bzw. **sS** in das deutsche Sonderzeichen **ä** bzw. **ß** wandeln. Dabei taucht ein Problem auf: Wird etwa ein **a** gelesen, muss der **Reader** auch noch das nächste Zeichen lesen und überprüfen, ob es ein **E** ist. Ist dies der Fall, wird einfach der Umlaut zurückgegeben. Folgt aber ein anderes Zeichen, muss das Lesen dieses Zeichens rückgängig gemacht werden. Dies leistet die Java-Klasse **PushbackReader**, die ein oder mehrere bereits gelesene Zeichen wieder in den Eingabestrom zurückschreiben kann:

Wichtige Methoden der Klasse `PushbackReader`
`void unread(int c)`
Schreibt das Zeichen c wieder in die Eingabe zurück.
[1] `void unread(char[] puffer)`
[2] `void unread(char[] puffer, int von,int lg)`

Die folgende Klasse **deutschReader** erweitert die Klasse **PushbackReader**.

❏ *Beispiel 17.7.2* *deutschReader*

```
import java.io.*;
class deutschReader extends PushbackReader
{   int next='\0';
    PushbackReader in;

    deutschReader(PushbackReader i)
    {   super(i); in=i; }

    boolean vokal(int b)
    {   switch ((char)b)
        {   case 'a':case 'A':case 'o':
            case 'O':case 'u':case 'U':
                return true;
            default: return false;
        }
    }

    public int read()
        throws IOException
    {
        synchronized (lock)
        {   int b=in.read();
            if (vokal(b))
                // Umlautvokal:nächstes Zeichen lesen
            {   next=in.read();
                if ((next)=='E')
                    switch (b)
                    {   case 'a': return('ä');
                        case 'A': return('Ä');
                      // usw
                    }
```

```
                else  // kein Umlaut
                {  in.unread(next);
                   return b;
                }
            }
            if (b=='s') // Anfang von ß
            {  if ((next=in.read())=='s')
                   return 'ß';
               else
               {  in.unread(next);
                  return b;
               }
            }
            return b;
        }
    }
}
```

Das Testprogramm wandelt den Ausgabetext aus dem vorigen Beispiel wieder zurück:

```
import java.io.*;

public class deutschUmlesen
{  public static void main(String[] argv)
       throws IOException
    {  deutschReader eingabe=
           new deutschReader(
               new PushbackReader(
                   new FileReader("inter.txt")));
       FileWriter ausgabe=new FileWriter("xyz.txt");
       int c;
       while ((c=eingabe.read())!=-1)
           ausgabe.write(c);
       eingabe.close();ausgabe.close();
    }
}
```

Die Deklaration von **eingabe** im obigen Testprogramm sieht recht kompliziert aus, ist aber für die Verwendung der Ein-/Ausgabeklassen typisch. Es wird hier ein **deutschReader** erzeugt, der die Fähigkeiten eines **PushbackReader**s hat, der seinerseits mit einem **FileReader** verbunden wird.

```
Datei <==> FileReader
            | read                            read
            +<---- PushbackReader <---- deutschReader
            I=======================================>
            gelesenes Zeichen wir zurückgegeben
```

17.7.2 Filter für InputStream und OutputStream

Bisher wurden Daten immer im Textformat auf Dateien geschrieben. Dies hat den Vorteil, dass diese Ausgabedateien mit einem Texteditor betrachtet werden können. Allerdings benötigt dieses Textformat unnötig viel Speicherplatz. Die ganze Zahl **12345678** belegt 8 Byte; würde man sie dagegen im internen binären **int**-Format abspeichern, bräuchte man nur 4 Byte.

Die beiden Klassen **DataInputStream** und **DataOutputStream** sind Subklassen der jeweiligen Filter-Klasse. Sie stellen Lese- und Schreibmethoden zur Verfügung, mit denen Daten in ihrem binären Format gelesen und geschrieben werden.

Die binäre Abspeicherung von Binärdaten ist plattformabhängig. Eine 4-Byte-Größe wie etwa **int** oder **float** kann in der "richtigen" Reihenfolge abgespeichert werden, also das höchstwertige Byte zuerst (MSB = most significant byte); aber auch die spiegelbildliche Reihenfolge ist möglich (LSB = least significant byte), wie dies etwa auf einem PC der Fall ist. Java realisiert *immer* die MSB-Methode und ist damit plattformunabhängig.

Die Klassen **DataInputStream** und **DataOutputStream** enthalten für alle Datentypen geeignete Lese- und Schreibmethoden.

Wichtige Methoden der Klassen DataOutputStream und DataInputStream	
DataOutputStream(OutputStream a) DataInputStream(InputStream e)	DataOutputStream DataInputStream
Erzeugt einen Strom und verbindet ihn mit der Ausgabe **a** bzw. der Eingabe **e**.	
write<Typ>(Type w) read<Typ>(Type w)	DataOutputStream DataInputStream
Schreib- und Lesemethoden für den Datentype **Typ**. Die Daten werden binär geschrieben bzw. gelesen.	

Wichtige Methoden der Klassen DataOutputStream und DataInputStream	
writeUTF(String s) readUTF(String s)	DataOutputStream DataInputStream
Schreibt bzw. liest einen String im UTF-Format. Dieses Format besteht aus 2 Byte für die Länge des Strings, gefolgt vom String.	
readFully(byte[] puffer,int von, int lg)	DataInputStream
Liest lg Byte vom Eingabestrom und speichert diese in puffer ab Position von.	
readFully(byte[] puffer)	DataInputStream
Entspricht readFully(puffer,0,puffer.length).	

Im folgenden Beispiel werden Daten unterschiedlicher Datentypen über die Tastatur eingelesen und in einer Datei **binaer.bin** binär abgespeichert. Anschließend werden sie wieder aus dieser Binärdatei gelesen und in lesbarer Form auf dem Bildschirm angezeigt.

❏ *Beispiel 17.7.3 Binärdatei*

```
import java.io.*;
import JavaPack.*;

public class BinaerDatei
{ public static void main(String[] argv)
     throws IOException
   { DataOutputStream binaerAusgabe=
       new DataOutputStream(
         new FileOutputStream("binaer.bin"));
// int einlesen und binär abspeichern
     System.out.print("ganze Zahl: ");
     System.out.flush();
     int ganz=Einlesen.LiesInt();
     binaerAusgabe.writeInt(ganz);
//  boolean einlesen und binär abspeichern
     System.out.print("boolean:     ");
     System.out.flush();
     boolean b=
```

```
      (Einlesen.LiesString().equals("true"))?
         true:false;
      binaerAusgabe.writeBoolean(b);
// String einlesen ...
      System.out.print("String:     ");
      System.out.flush();
      String s=Einlesen.LiesString();
// .. und im UTF-Format abspeichern
      binaerAusgabe.writeUTF(s);
// .. und im eigegenen Format abspeichern:
// int (Stringlänge), dann String
      binaerAusgabe.writeInt(s.length());
      binaerAusgabe.writeBytes(s);
// double einlesen und binär abspeichern
      System.out.print("reelle Zahl:");
      System.out.flush();
      double reell=Einlesen.LiesDouble();
      binaerAusgabe.writeDouble(reell);
      System.out.println(binaerAusgabe.size()
        +" Bytes geschrieben");
      System.out.println();
      binaerAusgabe.close();
/* folgende Daten stehen jetzt in der Binärdatei:
-- int
-- boolean
-- UTF-String Format: 2 Byte mit Gesamtlänge,
   dann UTF-Text
-- int (Länge von String), String
-- double
*/
// Jetzt wird die binäre Datei wieder gelesen
// und als Text am Bildschirm angezeigt
      System.out.println("gelesene Daten:");
      System.out.println("---------------");
      DataInputStream eingabe=
         new DataInputStream(
            new FileInputStream("binaer.bin"));
      ganz=eingabe.readInt();
      System.out.println("ganz:        "+ganz);
      b=eingabe.readBoolean();
      System.out.println("Boolean:     "+b);
```

```
        String erg=eingabe.readUTF();
        System.out.println("UTF-String: "+erg);

        int lg=eingabe.readInt();
        byte[] Txt1=new byte[lg];
        eingabe.readFully(Txt1);
        System.out.print("char-String:");
        for (int i=0;i<lg;i++)
            System.out.print((char)Txt1[i]);
        System.out.println();
        System.out.println("reell:         "
            +eingabe.readDouble());
        eingabe.close();
    }
}
```

Das Programm gibt folgenden Dialog aus:

```
ganze Zahl: 1025
boolean:    true
String:     1234567890
reelle Zahl:123.4567e8
39 Bytes geschrieben

gelesene Daten:
---------------
ganz:       1025
Boolean:    true
UTF-String: 1234567890
char-String:1234567890
reell:      1.234567E10
```

Wir betrachten die Datei **binaer.bin** im hexadezimalen Format:

```
000000  00 00 04 01 01 00 0A 31 - 32 33 34 35 36 37 38 39   .......123456789
000010  30 00 00 00 0A 31 32 33 - 34 35 36 37 38 39 30 42   0....1234567890B
000020  06 FE DF CB 80 00 00                                .....
```

Die ersten 4 Byte enthalten die Zahl **1025** =**0x00000401**, gefolgt von einem Byte für den booleschen Wert **true**. Die UTF-Ausgabe speichert in den nächsten zwei Byte, wie viele Zeichen der String enthält, gefolgt vom String. Jetzt folgen 4 Byte für den **int**-Wert, in dem explizit die Länge des folgenden (normalen) Strings ausgegeben wird. Nach dem Speicher für diesen String folgen 8 Byte, die den **double**-Wert aufnehmen. ∎

17.8 Beliebiger Zugriff auf Dateien (Random-Access-Dateien)

Bisher wurden alle Dateien sequenziell gelesen oder geschrieben. Dies entspricht genau der Vorstellung eines Stroms, etwa den Daten auf einem Magnetband. Für Dateien, die auf der Festplatte gespeichert sind, trifft dieses enge Modell nicht zu. Auf solche Dateien kann man lesen *und* schreiben sowie auf jedes beliebige Datum der Datei zugreifen. Dieses Konzept wird in Java durch Dateien mit wahlfreiem Zugriff realisiert, definiert in der Klasse **RandomAccessFile**. Diese Klasse implementiert die Interfaces **DataInput** und **DataOutput**, die Daten werden also binär bearbeitet.

Eine Datei mit wahlfreiem Zugriff kann man zum Lesen oder zum Lesen und Schreiben öffnen. Ein Dateizeiger vom Typ **long** realisiert die Navigation in der Datei; mit der Methode **getFilePointer()** kann man den aktuellen Dateizeiger bestimmen und mit **seek(Dateizeiger)** auf das im Parameter angegebene Byte in der Datei springen. Die anderen verwendeten Methoden sind bereits bekannt.

Das folgende Beispiel realisiert eine kleine Datenbank, in der die Konten einer Bank gespeichert sind. Ein Konto hat etwa folgenden Aufbau:

```
public class Konto
{   int KontoNr;
    String Name="";
    long Kontostand;
    // usw...

    public void anzeigen()
    // zeigt Konto an

    public void anlegen()
    // legt neues Konto an

    public void buchen()
    // führt eine Buchung aus
}
```

Die Konten werden in der Klasse **Konten** verwaltet. Darin soll auf ein bestimmtes Konto wahlfrei zugegriffen werden. Die Kontoeinträge haben wegen dem Attribut **Name** unterschiedliche Längen. Um dennoch einen direkten Zugriff auf ein Konto zu ermöglichen, wird beim Öffnen der Konten-Datei ein **Verzeichnis** mit folgendem Aufbau erstellt:

```
public class VerzeichnisEintrag
{   public int Nr;
    String Name;
    public long fp; // Dateiposition
}
```

Dieses Verzeichnis, das zu jeder Kontonummer die zugehörige Datei-Position **fp** enthält, wird auf dem Bildschirm angezeigt. Bei einer großen Konto-Datenbank könnte man dieses Verzeichnis nach der Kontonummer sortieren und in einer weiteren Datei abspeichern.

❑ *Beispiel 17.8.1 Konten*
Zunächst wird das Gerüst der Klassendefinition angegeben. Die einzelnen Methoden werden separat besprochen.

```
import java.io.*;
import JavaPack.*;

public class Konten
{   public Konten(String Datei)
        throws IOException
    // ..

    public void KontoAnhaengen()
        throws IOException
    // ..

    public Konto waehleEintrag()
        throws IOException
    // ..

    public void Buchung()
        throws IOException
    {   Konto konto=waehleEintrag();
        konto.buchen();
```

```
      schreiben(konto);
   }

   public void close() throws IOException
   {  konten.close();   }

   public void zeigeVerzeichnis()
   // Verzeichnis auf Bildschirm ausgeben

// private Attribute
   private RandomAccessFile konten;
   private VerzeichnisEintrag[] verzeichnis
      =new VerzeichnisEintrag[50];
   private int anz=0;
   private String Datei;
   private long gewaehlt;

// private Methoden
   private void VerzeichnisAktualisieren()
      throws IOException
   // ..

   private Konto lesen()
      throws IOException
   // ..

   private void schreiben(Konto konto)
      throws IOException
   // ..

   private long Position(int KontoNr)
      throws Exception
   // ..
}
```

Im Folgenden werden die einzelnen Methoden besprochen:
Beim Lesen und Schreiben werden die Attribute binär, der variabel lange Name
als UTF-String behandelt.

```
   private Konto lesen()
      throws IOException
   {  Konto konto=new Konto();
```

```
        konto.KontoNr=konten.readInt();
        konto.Name=konten.readUTF();
        konto.Kontostand=konten.readLong();
        return konto;
    }

    private void schreiben(Konto konto)
        throws IOException
    {   konten.seek(gewaehlt);
        konten.writeInt(konto.KontoNr);
        konten.writeUTF(konto.Name);
        konten.writeLong(konto.Kontostand);
    }
```

Beim Aktualisieren des Verzeichnisses wird der Dateizeiger auf den Dateian-
fang gesetzt. Danach wird für jedes Konto der Name, die Dateinummer und der
jeweilige Dateizeiger in den **verzeichnis**-Vektor aufgenommen:

```
    private void VerzeichnisAktualisieren()
        throws IOException
    {   anz=0;Konto konto;
        long FilePointer=0;
        konten.seek(0);
        while (true)
        {   try
            {   konto=lesen();   }
            catch (EOFException e)   { break; }
            verzeichnis[anz].Nr=konto.KontoNr;
            verzeichnis[anz].Name=konto.Name;
            verzeichnis[anz].fp=FilePointer;
            FilePointer=konten.getFilePointer();
            anz++;
        }
    }
```

Der Konstruktor öffnet die im Parameter übergebene Datei zum Lesen und
Schreiben. Anschließend wird der **verzeichnis**-Vektor erzeugt und aktualisiert.

```
    public Konten(String Datei)
        throws IOException
```

```
{   int Nr,lg;
    this.Datei=Datei;
    konten=new RandomAccessFile(Datei,"rw");
    for (int i=0;i<50;i++)
        verzeichnis[i]=new VerzeichnisEintrag();
    VerzeichnisAktualisieren();
}
```

Die nächste Methode durchsucht **verzeichnis** nach einer Kontonummer und
gibt den zugehörigen Dateizeiger zurück. Wird die Kontonummer nicht gefunden, wirft die Methode eine Ausnahme aus.

```
private long Position(int KontoNr)
    throws Exception
{   int i;
    for (i=0;i<anz;i++)
        if (verzeichnis[i].Nr==KontoNr)
            return verzeichnis[i].fp;
    throw new Exception("falsche Kontonummer");
}
```

waehleEintrag fordert zur Eingabe einer Kontonummer auf und öffnet dieses Konto. Wird eine falsche Kontonummer eingegeben, wird nach entsprechen-
der Meldung das erste Konto geöffnet.

```
public Konto waehleEintrag()
    throws IOException
{   int KtNr;
    System.out.print("Waehle Kontonummer:");
    System.out.flush();
    KtNr=Einlesen.LiesInt();
    try {   gewaehlt=Position(KtNr); }
    catch (Exception e)
    {   System.out.println(e.getMessage()
            +" -> erstes Konto wird angezeigt");
        gewaehlt=0;
    }
    konten.seek(gewaehlt);
    Konto konto=new Konto();
    konto=lesen();
    konto.anzeigen();
    return konto;
```

```
    }
```

Die Methode **Buchung** überschreibt den gewählten Kontoeintrag mit dem neu-
en Kontostand. Da die Methode **schreiben** immer auf den zuletzt gewählten
Eintrag zugreift, überschreibt sie den gerade gelesenen Kontoeintrag, dessen
Länge beim Buchen nicht verändert wird. Dadurch ist sichergestellt, dass der interne Aufbau der Datei erhalten bleibt.

```
public void Buchung()
    throws IOException
{   Konto konto=waehleEintrag();
    konto.buchen();
    schreiben(konto);
}
```

Am Ende der Datei kann ein neues Konto angehängt werden. Dazu muss der Da-
teizeiger zunächst auf das Dateiende positioniert werden. Der private aktuelle
Dateizeiger **gewaehlt** wird durch den Aufruf der Methode **length()** auf die
Dateilänge gesetzt.

```
public void KontoAnhaengen()
    throws IOException
{   Konto konto=new Konto();
    konto.anlegen();
    gewaehlt=konten.length();   // ans Ende
    schreiben(konto);
    VerzeichnisAktualisieren();
}
```

17.9   Ein-/Ausgabe beliebiger Objekte

Soll ein komplexeres Objekt binär auf eine Datei geschrieben und später wieder
von ihr gelesen werden, muss jedes Attribut mit den binären Schreib- und Lese-
methoden aus den Klassen **DataInputStream** und **DataOutputStream**
(siehe Abschnitt 17.7.2) bearbeitet werden. Java nimmt uns diese Arbeit ab: Es
stellt zwei Klassen **ObjectInputStream** und **ObjectOutputStream**
bereit, die beliebige Objekte komplett übertragen können.
Die beiden Klassen stellen hierfür zwei neue Methoden bereit:

Wichtige Methoden der Klassen ObjectOutputStream und ObjectInputStream	
ObjectOutputStream (OutputStream o)	ObjectOutputStream implements ObjectOutput, ObjectStreamConstants
Erzeugt ein Objekt, das in den angegebenen Ausgabestrom o schreibt.	
ObjectInputStream (InputStream i)	ObjectInputStream implements ObjectIn- putStream, ObjectStreamConstants
Erzeugt ein Objekt, das aus dem angegebenen Eingabestrom i liest.	
void writeObject(Object obj)	
Schreibt das Object obj binär in den Ausgabestrom. Zunächst wird eine Signatur mit einer internen Beschreibung des Objekts, danach alle nicht-statischen und nicht-transienten Attribute ausgegeben. Referenzen werden durch Serialisierung rekursiv mitbearbeitet (siehe unten).	
Object read()	
Liest ein Objekt vom Eingabestrom, dessen Struktur die Methode aus der Signatur erkennt. Referenzen werden durch Deserialisierung rekursiv mit-bearbeitet (siehe unten).	

Im folgenden Beispiel werden die Daten verschiedener Kunden auf Datei gesichert und anschließend wieder eingelesen.

❑ *Beispiel 17.9.1 Objekte schreiben und lesen*
Das folgende Programm verwendet die Klasse **Kunde** aus Beispiel 10.4.2 auf Seite 164. Es erzeugt zwei Objekte des Typs **Kunde**:

```
public class ObjekteSchreibenUndLesen
{ public static void main(String[] argv)
     throws IOException, ClassNotFoundException
   { Kunde k1=new Kunde("Maier","Franz","Ulm"),
       k2=new Kunde("Schmid","Fritz","Stuttgart");

   // die Kunden auf Datei schreiben
```

```
    FileOutputStream ausgabe=
      new FileOutputStream("Objekte");
    ObjectOutputStream objaus=
      new ObjectOutputStream(ausgabe);
    objaus.writeObject(k1);
    objaus.writeObject(k2);
    objaus.flush();
    objaus.close();

// die Kunden wieder einlesen
    FileInputStream eingabe=
      new FileInputStream("Objekte");
    ObjectInputStream objein=
      new ObjectInputStream(eingabe);
    Kunde k1neu=(Kunde)objein.readObject();
    Kunde k2neu=(Kunde)objein.readObject();
  }
}
```

Kopiert irgendein Java-Programm etwa über ein Netz Objekte in eine Datei, erhält es Kenntnisse über den internen Aufbau der zugehörigen Klasse. Dies kann insbesondere bei kritischen Daten zu Problemen in Bezug auf die Sicherheit führen. Daher muss der Klassen-Entwickler festlegen, ob Daten seiner Klasse zum Kopieren freigegeben werden, indem er in dieser Klasse das Interface **Serializable** implementiert. Dieses Interface enthält *keine* Methoden. Außer der Angabe

implements Serializable

braucht nichts weiter angegeben zu werden. Deshalb wird die ursprüngliche Klasse **Kunde** um diesen Zusatz erweitert.

Die beiden Objekte im obigen Beispiel haben unterschiedliche Längen. Die Methode **writeObject** bestimmt selbständig diese Länge und hinterlegt geeignete Informationen als Signatur in der Ausgabedatei. Beim Lesen dieses Objekts wird dann mit **readObject** wieder genau diese Länge gelesen. Diese Methode liefert ein **Object** zurück. Der Anwender muss dieses Objekt in den gewünschten Typ selbst konvertieren.

Solange die Objekte keine Referenzen auf andere Objekte beinhalten, ist das Abspeichern und Wiedereinlesen problemlos. Mit Referenzen ergibt sich aber ein prinzipielles Problem: Referenzen sind ja Speicheradressen, und beim Wiedereinlesen eines Objektes wird dieses i. A. unter einer anderen Adresse abgespeichert. Würde man für die Referenzen die wirklichen Adressen abspeichern, wäre eine Rekonstruktion des ursprünglichen Zusammenhangs der Objekte nach dem Wiedereinlesen unmöglich.

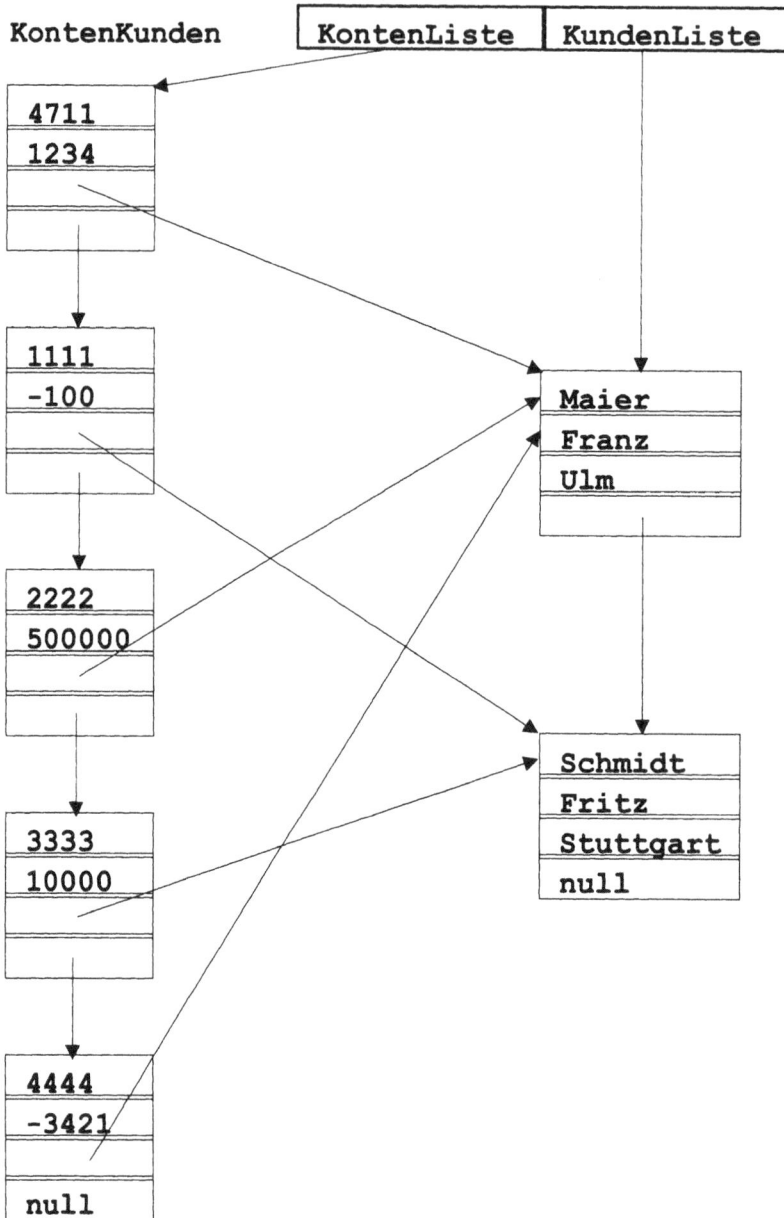

Abb. 17.7: Konten und ihre Inhaber

Um dieses Problem besser zu verstehen und das Vorgehen, das Java hier anwendet, konkreter besprechen zu können, betrachten wir folgendes Beispiel:
Eine Bank hat eine Menge von Konten. Jedem Konto ist als Inhaber ein Kunde zugeordnet.
Ein Konto wird durch folgende Klasse beschrieben:

```
public class Konto implements Serializable
{   private int Kontonummer;
    private long Stand;
    private Kunde kunde;

    public Konto(int nr,long std,Kunde k)
    {   Kontonummer=nr; Stand=std; kunde=k;   }

    public void ausgeben()
    {   System.out.print(Kontonummer+": "+Stand+".   ");
        kunde.ausgeben();
    }

    public Kunde gibKunde()
    {   return kunde;   }
}
```

Ein Kunde kann mehrere Konten besitzen. Verschiedene Objekte vom Typ **Konto** können also im Attribut **kunde** auf denselben Kunden verweisen.
Sowohl die Konten wie auch die Kunden werden als LinkedList (verkettete Listen) realisert, die im Package **java.util** realisiert sind. Abbildung 17.7 zeigt einige Konten und ihre Inhaber.
Java *serialisiert* das Objekt **KontenListe**, indem es jedem Verweis nachgeht. Mit jedem Konto wird also auch der zugehörige Kunde abgespeichert.
In unserem Beispiel hat der Kunde *Maier* drei Konten, der Kunde *Schmidt* zwei Konten. Beim Abspeichern der Kontenverwaltung sollte vermieden werden, dass die Daten von *Maier* dreimal und die von *Schmidt* zweimal abgespeichert werden. Diese Forderung ist nicht nur wegen des unnötigen Speicherplatzes wünschenswert. Wenn die Daten wieder eingelesen werden und sich etwa die Adresse von *Maier* ändert, soll diese Änderung an *einer* Stelle und nicht in drei Kopien erfolgen.
Die Serialisierung von Objekten berücksichtigt diese Forderung. Jedes abgespeicherte Objekt erhält dabei einen internen Index. Bevor ein Objekt abgespeichert wird, überprüft Java, ob dieses früher schon abgespeichert wurde. Ist dies der

Fall, wird die entsprechende Referenz durch den zugehörigen Index ersetzt; andernfalls wird das Objekt abgespeichert.
Die Konten- und Kundenliste mit ihren Verzeigerungen (siehe Abbildung 17-7) werden als neues Objekt gekapselt, das dann mit einem einzigen Lese- bzw. Schreibbefehl komplett übertragen werden kann.

❏ *Beispiel 17.9.2   Klasse für Konten und Kunden*

```java
import java.io.*;
import java.util.*;

class KontenKunden implements Serializable
{  LinkedList konten,kunden;

   KontenKunden(LinkedList ko,LinkedList ku)
   {  konten=ko; kunden=ku;   }

   void schreiben()   throws IOException
   {  FileOutputStream ausgabe=
         new FileOutputStream("ListenAusgabe");
      ObjectOutputStream oos=
         new ObjectOutputStream(ausgabe);
      oos.writeObject(this);
      oos.flush();
      ausgabe.close();
   }

   void lesen()   throws IOException
   {  FileInputStream in =
         new FileInputStream("ListenAusgabe");
      ObjectInputStream ois =
         new ObjectInputStream(in);
      KontenKunden gelesen=new KontenKunden(
         new LinkedList(),new LinkedList());
      try
      {  gelesen=(KontenKunden)ois.readObject();
      }  catch (ClassNotFoundException e) {}
      konten=gelesen.konten;
      kunden=gelesen.kunden;
   }
}
```

Die beiden Objektströme **oos** und **ois** werden an einen Dateistrom gekoppelt. Die eigentliche Aus- bzw. Eingabe erfolgt dann über die Methode **writeObject** bzw. **readObject**. In der Methode **lesen** werden am Ende die beiden Teillisten den Attributen **konten** und **kunden** zugewiesen. ∎

Das folgende Beispiel baut zuerst die in Abbildung 17-7 gezeigte Kontenverwaltung auf. Das Schreiben und Wiedereinlesen ist dann sehr einfach (es ist grau unterlegt).

❑ *Beispiel 17.9.3 Kontoverwaltung als Objekt schreiben und lesen*

```
import java.util.*;
import java.io.*;

public class KontoVerwaltung
{   static LinkedList KontenListe=new LinkedList(),
                      KundenListe=new LinkedList();

    public static void main(String[] argv)
        throws IOException
    {   KontenKunden Bank=
            new KontenKunden(KontenListe,KundenListe),
          neu=new KontenKunden(new LinkedList(),
                  new LinkedList());
//  Konten aufbauen
      Kunde maier   =new Kunde("Maier","Franz","Ulm"),
            schmidt=new Kunde("Schmidt","Fritz",
                                "Stuttgart");
      Konto k1=new Konto(4711,1234,maier),
            k2=new Konto(1111,-100,schmidt),
            k3=new Konto(2222,500000,maier),
            k4=new Konto(3333,10000,schmidt),
            k5=new Konto(4444,-3421,maier);
      KundenListe.add(maier);
      KundenListe.add(schmidt);
      KontenListe.add(k1);
      KontenListe.add(k2);
      KontenListe.add(k3);
      KontenListe.add(k4);
      KontenListe.add(k5);

      KontenAusgeben("urspruengliche Kontenliste",
```

```
        KontenListe);
    KundenAusgeben("urspruengliche Kundenliste",
        KundenListe);
// das Schreiben und Lesen
    Bank.schreiben();
    neu.lesen();

    KontenAusgeben("eingelesene Kontenliste",
        neu.konten);
    KundenAusgeben("eingelesene Kundenliste",
        neu.kunden);
  }

  static void KontenAusgeben(String titel,
          LinkedList l)
  { Object[] Elemente=l.toArray();
    System.out.println(titel);
    for (int i=0;i<Elemente.length;i++)
    {  ((Konto)Elemente[i]).ausgeben();
    }
  }

  static void KundenAusgeben(String titel,
          LinkedList l)
  { Object[] Elemente=l.toArray();
    System.out.println(titel);
    for (int i=0;i<Elemente.length;i++)
    {  ((Kunde)Elemente[i]).ausgeben();
    }
  }
}
```

Die Testausgabe zeigt, dass man mit den eingelesenen verketteten Listen wieder genau die Struktur wie bei den ursprünglichen Listen erhält. ∎

Sollen einzelne Attributwerte eines Objekts nicht abgespeichert werden, müssen sie mit dem Modifizerer **transient** gekennzeichnet werden. Außerdem werden Attribute mit dem Modifizierer **static** nicht abgespeichert.

17.10 Datenaustausch zwischen Programmen: Pipes

Zwei unabhängig laufende Programme – in Java sind dies Threads – können über sog. Pipes Daten austauschen: Ein Thread liest Daten von einer Datei, bearbeitet diese und gibt sein Ergebnis in einen Ausgabestrom aus. Ein anderer Thread benutzt diesen Ausgabestrom als Eingabestrom, verarbeitet diese Daten und gibt das Ergebnis aus.

Zur Demonstration dieses Konzepts betrachten wir folgendes Beispiel: Eine Datei Haushaltsbuch enthält die täglichen Einnahmen und Ausgaben. Jede dieser Zahlungen ist einer Kategorie zugeordnet, die in der Datei durch eine Nummer gekennzeichnet ist. Der erste Thread **berechneThread** berechnet für jede Kategorie die Summe der Zahlungen. Ein zweiter Thread **BerichtThread** erzeugt einen Bericht, der diese Summen zusammen mit dem Text der Kategorien ausgibt. Für jede Sprache gibt es eine eigene Datei mit den Texten für die Kategorien, die **BerichtThread** einliest. Der Datenfluss dieses Projekts ist in der folgenden Abbildung veranschaulicht:

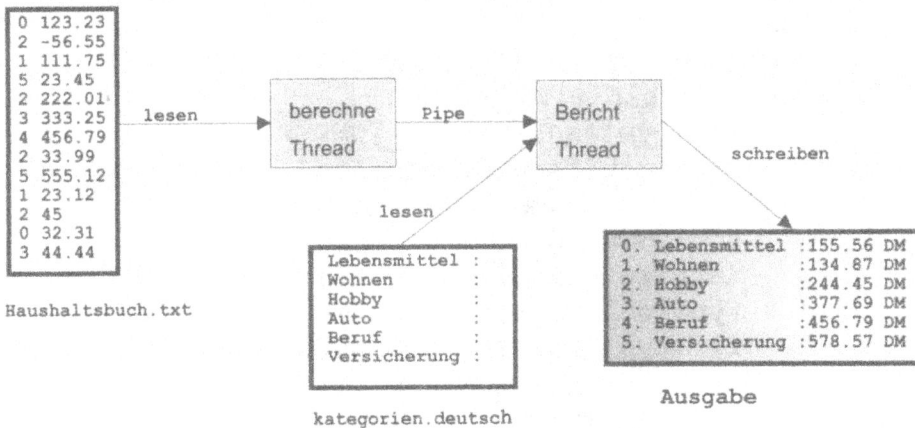

Abb. 17.8: Pipes

Betrachten wir zunächst die beiden Threads.

❏ *Beispiel 17.10.1* **berechneThread**
```
import java.io.*;

public class berechneThread extends Thread
{   private BufferedReader ein=null;
```

```
private StreamTokenizer zahlEin=null;
private PrintWriter aus=null;
private double ZwiSummen[];
private int anz;

public berechneThread(int anz,BufferedReader ein,
        PrintWriter aus)
{  this.anz=anz;
   ZwiSummen=new double[anz];
     // mit 0 initialisiert
   this.ein=ein; this.aus=aus;
   zahlEin=new StreamTokenizer(this.ein);
}

public void run()
{  if ((ein!=null) && (aus!=null))
   try
   {  int Kat,typ,zeile=1;
      double Betrag;
      while ((typ=zahlEin.nextToken())
         !=zahlEin.TT_EOF)
      {  if (typ!=zahlEin.TT_NUMBER)
            throw new IOException(
              "Falscher Indextyp in Zeile "
              +zeile);
         Kat=(int)zahlEin.nval;
         typ=zahlEin.nextToken();
         if (typ!=zahlEin.TT_NUMBER)
            throw new IOException(
              "Falscher Betragstyp in Zeile "
              +zeile);
         ZwiSummen[Kat]+=zahlEin.nval;
         zeile++;
      }
      for (int i=0;i<anz;i++)
         aus.println(ZwiSummen[i]);
      aus.close();
   } catch (IOException e)
      {  System.err.println("berechneThread : "
         +e);
   }
}
```

```
protected void finalize()   throws IOException
{  if (aus!=null)
   {  aus.close(); aus=null;   }
   if (ein!=null)
   {  ein.close(); ein=null;   }
}
}
```

Dieser Thread verwendet zum Einlesen einen **StreamTokenizer**, der die Eingabe direkt in Zahlen wandelt. ∎

Der **BerichtThread** ist analog aufgebaut; er liest zusätzlich zu den Zwischensummen die Textdatei, die die deutschen Namen für die Kategorien enthält.

❏ *Beispiel 17.10.2* **BerichtThread**
```
import java.io.*;

public class BerichtThread extends Thread
{  private BufferedReader
summen=null,kategorien=null;
   private PrintWriter ausgabe=null;
   private int anz;
   private String[] Kategorien;

   public BerichtThread(int anz,
        BufferedReader summen,
        BufferedReader kategorien,
        PrintWriter ausgabe)
   {  this.summen=summen;
      this.kategorien=kategorien;
      this.ausgabe=ausgabe;
      this.anz=anz;
      Kategorien=new String[this.anz];
   }

   public void run()
   {  if ((summen!=null)&(kategorien!=null)
         &(ausgabe!=null))
      try
```

```
        {  int i=0; String betrag;
           // Zwischensummen und Kategorien einlesen
           while ( ((Kategorien[i]=
                       kategorien.readLine())!=null)
                   &((betrag=summen.readLine())!=null))
           {  ausgabe.println(i+". "+Kategorien[i]
              +betrag+" DM");
              if (++i>=anz)  break;
           }
           ausgabe.close();
           kategorien.close();
           summen.close();
        }  catch (IOException e)
           { System.err.println("ReportThread : "+e); }
     }

     protected void finalize()  throws IOException
     {  if (summen!=null)
        {  summen.close(); summen=null;   }
        if (kategorien!=null)
        {  kategorien.close(); kategorien=null;   }
        if (ausgabe!=null)
        {  ausgabe.close(); ausgabe=null;   }
     }
}
```

Die Erstellung des Berichts könnte nun wie folgt ablaufen: Der Thread **berechneThread** schreibt die von ihm berechneten Zwischensummen in eine Datei **ausgaben.txt**, danach wird der Thread **BerichtThread** gestartet, der die Kategorien-Namen aus **kategorien.deutsch** und die Zwischensummen aus **ausgaben.txt** liest und sein Ergebnis in eine Ausgabedatei schreibt. Im folgenden Beispiel wird das Schreiben und Lesen der Datei **ausgaben.txt** durch eine Pipe ersetzt, wie es in Abbildung 17-8 dargestellt ist: Die Ausgabe von **berechneThread** kann von **BerichtThread** ohne den Umweg über eine externe Datei gelesen werden.

❑ *Beispiel 17.10.3 Bericht erstellen mit Pipe*
```
import java.io.*;

public class Bericht
{  final static int anz=6;
```

```
public static void main(String[] argv)
    throws IOException
{ FileReader betraege=new FileReader(
    "haushaltsbuch.txt");
  bericht(berechne(betraege));
}

public static Reader berechne(Reader quelle)
  throws IOException
{ BufferedReader eingabe=
    new BufferedReader(quelle);
  PipedWriter pipeAus=new PipedWriter();
  PipedReader pipeEin=new PipedReader(pipeAus);
  PrintWriter ausgabe=new PrintWriter(pipeAus);
  new berechneThread(anz,
        eingabe,ausgabe).start();
  return pipeEin;
}

public static void bericht(Reader quelle)
  throws IOException
{ BufferedReader eingabe=
    new BufferedReader(quelle);
  FileReader kat_text=
    new FileReader("kategorien.deutsch");
  BufferedReader kategorien=
    new BufferedReader(kat_text);
  FileWriter console=new FileWriter("CON");
  PrintWriter ausgabe=new PrintWriter(console);
  new BerichtThread(anz,
        eingabe,kategorien,ausgabe).start();
}
}
```

Die Methode **berechne** erzeugt eine Pipe: Sie liest vom **Reader quelle** und liefert einen **Reader** zurück, von dem die Methode **bericht** direkt lesen kann. Wie dies geschieht, sieht man in der zweiten und dritten Zeile dieser Methode: Es wird ein **PipedWriter** erzeugt, der seine Ausgabe an den **Piped-Reader pipeEin** durchreicht, was in der dritten Zeile festgelegt wird. Die Methode **berechne** liefert diesen **PipedReader** als Ergebnis zurück. Abbildung 17.9 veranschaulicht dies.

Die beiden anderen Deklarationszeilen sind inzwischen vertraut: Die **quelle**
wird einem **BufferedReader** zugewiesen, der als Eingabestrom an
berechneThread übergeben wird. Ferner wird der **PipedWriter** an einen
PrintWriter gebunden, der als Ausgabestrom an **berechneThread** übergeben wird.   ∎

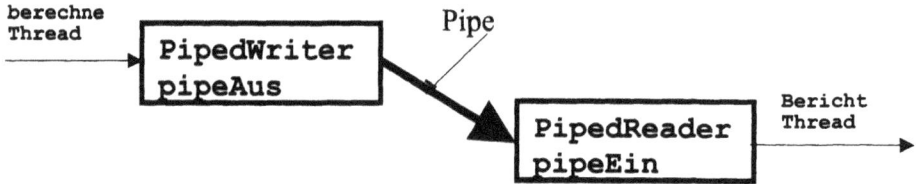

Abb. 17.9: Pipe-Prinzip

18 Netzwerk

Java ist *die* Sprache zur Erstellung von Programmen, die über das Internet und das World Wide Web, bekannt unter dem Kürzel *WWW*, kommunizieren. Dazu stellt das Package `java.net` komfortable systemunabhängige Klassen zur Verfügung, welche die Komplexität des Netzwerkaufbaus verdecken und damit sehr einfach zu benutzen sind. Wer schon einmal Netzwerkprogramme in einer anderen Programmiersprache geschrieben hat, wird überrascht sein, wie einfach dies in Java funktioniert.

Im ersten Abschnitt werden die grundlegenden Begriffe im Netzwerk eingeführt. Die folgenden Abschnitte behandeln die wichtigsten Klassen des Packages `java.net` mit einfachen prägnanten Beispielen.

18.1 Grundlagen der Netzwerk-Programmierung

Der Basisbegriff im Internet ist der **URL**, die Abkürzung für **U**niform **R**esource **L**ocator. Ein URL ist die Anschrift einer Internet-Seite. Bei Briefen verwendet man ein Anschriftenfeld, das neben der Adresse des Empfängers häufig auch die Art der Sendung kennzeichnet: Brief, Einschreiben, Päckchen usw. Bei Telefonaten entspricht der Adresse die Telefonnummer; Telefonat, Fax oder Mailbox-Verbindung sind Beispiele für Verbindungsarten. Entsprechend enthält ein URL einen Protokoll-Teil, der die Art der Kommunikation beschreibt. Beispiele hierfür sind http (**h**yper**t**ext **t**ransfer **p**rotocol), mit dem in Browsern HTML-Dokumente (html: **h**yper**t**ext **m**arkup **l**anguage) bearbeitet werden; ftp steht für **f**ile **t**ransfer **p**rotocol, mit dem Dateien übers Netz übertragen werden können. Der zweite Teile eines URL ist die eigentliche Adresse der Quelle im Netz.

Eine Telefonverbindung und eine Kommunikation über Postsendungen haben grundsätzliche verschiedene Eigenschaften: Bei einer Telefonverbindung muss eine zuverlässige Verbindung zwischen Anrufer (Sender) und Angerufenem (Empfänger) hergestellt werden, und die gesendeten Informationen müssen genau in der gesendeten Reihenfolge beim Empfänger ankommen. Dies entspricht im Internet einer **TCP**-Verbindung (**T**ransport **C**ontrol **P**rotocol).

Besteht eine Postsendung aus mehreren Päckchen, müssen sie irgendwie – eventuell auf unterschiedlichen Transportwegen – irgendwann beim Empfänger an-

kommen. Falls die Päckchen nummeriert sind, kann der Empfänger sie dann nach Erhalt in der gewünschten Reihenfolge anordnen; fehlt ein Päckchen, wird er eine Wiederholung der Sendung verlangen. Dieses Konzept wird im Netz durch das Protokoll *UDP* (Unreliable Datagram Protocol) realisiert.
Im Package **`java.net`** wird TCP durch die Klassen **`URL`**, **`URLConnection`**, **`Socket`** und **`ServerSocket`** realisiert; für UDP stehen die Klassen **`DatagramPacket`** und **`DatagramSocket`** zur Verfügung.
Ein Rechner hat üblicherweise *eine* physikalische Verbindung zum Netz; bei Postsendungen enstspricht dies den Angaben Ort, Straße, Hausnummer. Über diese Verbindung kommunizieren verschiedene Anwendungen. Damit eine Anwendung feststellen kann, ob eine Sendung an sie gerichtet ist, legt sie einen *Port* fest; bei Postsendungen wäre dies der Name des Empfängers. Jeder Rechner, der an das Netz angeschlossen ist, hat seine 32-Bit IP-Adresse (*IP*: Internet Protocol). Ports sind 16-Bit Werte, wobei die Ports 0 bis 1023 bereits für reservierte Netzdienste vergeben sind.

18.2 Die Klasse URL

18.2.1 Aufbau einer URL

Wenn Sie sich über einen Browser meine Homepage für dieses Buch ansehen möchten, geben Sie im Adressfeld Ihres Browsers folgende Adresse ein:

```
http://www.rz.fh-ulm.de/~dieteric/JavaBuch/
```

Diese Adresse besteht aus folgenden typischen Komponenten für eine Internet-Adresse:

`http://`	`www.rz.fh-ulm.de/`	**`~dieteric/JavaBuch/`**
Protokoll-Identifier	Host-Rechner-Name	Dateiname

Abb. 18.1: Aufbau eines URL

Die Klasse **`URL`** im Package **`java.net`** stellt u. a. Methoden zur Zerlegung eines URL in seine Bestandteile bereit, die im folgenden Beispiel demonstriert werden:

❑ *Beispiel 18.2.1 Bestandteile eines URL*

```
import java.net.*;

class URLBestandteile
{  public static void main(String[] argv)
   {  URL JavaURL = null;
      try { JavaURL = new URL(
            "http://www.rz.fh-ulm.de/~dieteric/"
            +"JavaBuch/#Inhalt");
            System.out.println(
            "Bestandteile meiner URL: ");
            System.out.println("Protokoll = "
            +JavaURL.getProtocol());
            System.out.println("Rechner   = "
            +JavaURL.getHost());
            System.out.println("Dateiname = "
            +JavaURL.getFile());
            System.out.println("Referenz  = "
            +JavaURL.getRef());
            System.out.println("extern    = "
            +JavaURL.toExternalForm());
         } catch (MalformedURLException e)
           {  System.out.println(
              "MalformedURLException: "+e);   }
   }
}
```

Die einzelnen Bestandteile dieser Adresse sind:

```
Bestandteile meiner URL:
Protokoll = http
Rechner   = www.rz.fh-ulm.de
Dateiname = /~dieteric/JavaBuch/
Referenz  = Inhalt
extern    =
http://www.rz.fh-ulm.de/~dieteric/JavaBuch/#Inhalt ■
```

Die folgende Tabelle stellt die hier verwendeten und weitere wichtige Methoden der Klasse **URL** zusammen:

Wichtige Methoden der Klasse URL
`URL(String Adresse)` `URL(URL Kontext,String relAdresse)`
Erzeugt ein URL-Objekt mit der angegebenen (absoluten) **Adresse** bzw. mit der Adresse, die sich aus der Adresse des URL **Kontext**, gefolgt von **relAdresse** ergibt.

`String getFile()`   `String getHost()`
`String getProtocol()`   `String getRef()`
`int getPort()`

Liefert die entsprechende Komponente der URL-Adresse (siehe Abbildung 17-1).
`URLConnection openConnection()`
Liefert ein Objekt vom Typ **URLConnection**, das die Verbindung zu diesem URL darstellt (siehe nächsten Abschnitt).
`InputStream openStream()`
Stellt eine Verbindung zu diesem URL her und liefert ihn als **InputStream** zurück.
`Object getContent()`
Liefert den Inhalt der URL zurück.
`String toExternalForm()`
Liefert eine String-Darstellung dieses URL.

Das folgende Java-Programm liest eine Datei vom Netz, deren Name über einen URL angegeben ist. Die Methode **openStream** öffnet einen Eingabestrom, der mit einem **BufferedReader** verbunden wird. Danach kann man mit dieser Netzwerksdatei genau so arbeiten, wie es im vorigen Kapitel beschrieben wurde. Das Programm liest die ersten 20 Zeilen der Datei **index.htm** meiner Homepage und zeigt sie auf dem Bildschirm an. Bei den folgenden Beispielen dieses Kapitels muss der Rechner mit dem Netz verbunden sein.

❑ *Beispiel   18.2.2   Direkt von URL lesen*

```
import java.net.*;
```

```
import java.io.*;

class URLdirektLesen
{ public static void main(String[] argv)
    throws IOException
  { System.out.println("Anfang meiner Homepage:");
    System.out.println("=========================");
    try { URL meineURL =
            new URL("http://www.rz.fh-ulm.de/"
                   +"~dieteric/index.html");
          BufferedReader eingabe=
            new BufferedReader(
              new InputStreamReader(
                    meineURL.openStream()));
          for (int i=0;i<20;i++)
            System.out.println(
              eingabe.readLine());
    } catch (MalformedURLException e)
      { System.out.println(
          "MalformedURLException: "+e);
      }
  }
}
```

Wird bei der URL-Adresse nur ein Verzeichnis ohne Dateinamen angegeben, wird die Datei **index.htm** in diesem Verzeichnis geöffnet. Anstelle der oben angegebenen Adresse kann man in diesem Beispiel also auch eine der folgenden Adressen angeben:

http://www.rz.fh-ulm.de/~dieteric/
http://www.rz.fh-ulm.de/~dieteric   ■

URL-Adressen können wie in den vorigen Beispielen absolut angegeben werden. Man kann sie auch relativ zu einer existierenden URL-Adresse definieren. Dies ist dann zweckmäßig, wenn weitere Dateien in einem Unterverzeichnis einer bereits gewählten URL-Adresse liegen.

❑ *Beispiel 18.2.3 Relative URL-Adresse*
Die folgenden Zeilen erzeugen drei URLs; **JavaURL** enthält dieselbe Adresse wie in Bespiel 18.2.1.

```
URL FHUlm=new URL("http://www.rz.fh-ulm.de/");
URL meinHeimatverzeichnis=new URL(FHUlm,
    "~dieteric/");
URL JavaURL=new URL(meinHeimatverzeichnis,
    "JavaBuch#Inhalt");                              ■
```

18.2.2 Verbindung mit einer URL

Die Methode **openConnection** stellt eine Verbindung vom Typ **URLConnection** her, über die man wie im vorigen Beispiel Dateien lesen kann.

Die Klasse **URLConnection** ist abstrakt. Sie bietet eine Fülle weiterer Methoden an, mit denen man Komponenten eine URL-Verbindung lesen und ändern kann. Das übernächste Beispiel demonstriert einige davon; die aussgabekräftigen Methodennamen sowie die angegebenen Ausgabetexte reichen hier als Erklärung aus.

❏ *Beispiel 18.2.4 URL-Verbindung*
Wir ersetzen in Beispiel 18.2.2 die Deklaration des **BufferedReader** durch folgende Anweisungen:

```
URLConnection conn=meineURL.openConnection();
InputStreamReader ein=
    new InputStreamReader(conn.getInputStream());
 BufferedReader eingabe=new BufferedReader(ein);
```

Es leistet dasselbe wie das obige Programm, liest aber über die Verbindung **conn**.   ■

Das folgende Beispiel informiert nach erfolgreicher Verbindung über den URL.

❏ *Beispiel 18.2.5 Informationen über eine URL*
```
import java.net.*;
import java.io.*;
import java.util.*;

public class URLInformationen
{ public static void main(String[] argv)
     throws IOException
  { URL meineURL=new URL(
      "http://www.rz.fh-ulm.de/~dieteric/");
```

```
    URLConnection con=meineURL.openConnection();
    System.out.println("URL-Name : "
        +con.getURL().toString());
    System.out.println("Inhalt    : "
        +con.getContent().toString());
    System.out.println("Länge     : "
        +con.getContentLength());
    System.out.println("Datum des header Fields\n"
        +"              : "+new Date(con.getDate()));
    System.out.println("ifMod..   : "
        +new Date(con.getIfModifiedSince()));
    System.out.println("geaendert: "
        +new Date(con.getLastModified()));
    System.out.println("Ablaufdatum:"
        +new Date(con.getExpiration()));
    System.out.println(
        "UserInteraction/DoInput/DoOutput/Cache");
    System.out.print(
        con.getDefaultAllowUserInteraction()+"/");
    System.out.print(con.getDoInput()+"/");
    System.out.print(con.getDoOutput()+"/");
    System.out.println(con.getDefaultUseCaches());
  }
}
```

18.3 Sockets

Zwei Programme, die über das Netzwerk kommunizieren, sind über eine zwei-
seitige Verbindung miteinander verbunden. Einen Endpunkt einer solchen Verbindung nennt man **Socket**, der durch die Klasse **Socket** aus **java.net** realisiert wird.

Jeder Server im Internet verfügt über einen Dienst, der die empfangenen Daten
unverändert wieder an den Sender zurückschickt. Dieser *Echo-Server* hat die
festgelegte Port-Nummer 7.

Das folgende Programm öffnet einen Socket und bindet diesen an den Port 7. Für
diesen Socket wird ein Ein- und ein Ausgabestrom geöffnet, über die das Sende-
Empfange-Spiel abläuft.

□ *Beispiel 18.3.1 Echo über Socket*

Die hier verwendeten Methoden **getInputStream()** und **getOut-putStream()** der Klasse **Socket** liefern einen Eingabe- bzw. Ausgabe-strom, mit denen man über den Socket lesen und schreiben kann:

```
import java.net.*;
import java.io.*;
import JavaPack.*;

class SocketLesen
{  public static void main(String[] argv)
      throws IOException
   {  PrintWriter aus=null;
      BufferedReader ein=null;
      final String fhuAdresse="www.rz.fh-ulm.de";
      int zeile=0;
      try
      {  Socket s=new Socket(fhuAdresse,7);
         // Port 7 = Echo-Server
      }
      catch (UnknownHostException e)
      {  System.out.println(e); System.exit(0);   }
      InputStreamReader s_ein=
            new InputStreamReader(
                 s.getInputStream());
      ein=new BufferedReader(s_ein);
      System.out.println(
            "Verbunden mit dem Echo-Server von "
            +fhuAdresse+"\nBitte Text eingeben: ");
      aus=new PrintWriter(
            s.getOutputStream(),true);
      String Zeile;
      while ((Zeile=Einlesen.LiesString())!=null)
      {  aus.println(Zeile);
         System.out.println("vom Socket: "
           +ein.readLine());
      }
      aus.close(); ein.close();
   }
}
```

In der while-Schleife gibt man über die Tastatur Zeilen ein, die an den verbundenen Server gesendet werden. Die zweite Anweisung der Schleife liest die Antwort des Echo-Servers und gibt sie auf dem Bildschirm wieder aus. Die Schleife wird durch Eingabe von *Strg+Z* beendet. ∎

18.4 Client und Server: Die Kommunikation über das Netz

Die typische Kommunikation über das Netz ist eine Client-Server-Verbindung. Ein Server-Programm bietet einen bestimmten Service an. Es läuft auf einem Rechner, wo es an einen Port gebunden wird, und wartet auf ein Client-Programm, das den Service nutzen will. Dazu wählt sich das Client-Programm in den Rechner ein und bindet sich an den Port des Servers.

Ein erstes Beispiel für diese Kommunikation haben wir im letzten Abschnitt kennengelernt, in dem wir das Client-Programm **SocketLesen** über den vordefinierten Port 7 mit dem Echo-Server eines Netzrechners verbunden haben.

In diesem Abschnitt wird ein Server entwickelt, der folgenden Service bereitstellt: Ein Text wird gelesen, der Server übersetzt die deutschen Sonderzeichen in eine Folge von zwei Buchstaben und schickt den so geänderten Text an den Client zurück. Das Filter **deutschWriter** aus Beispiel 17.7.1 erledigt diese Übersetzung.

Der Server soll mehrere Clients gleichzeitig bedienen können; deshalb wird er als Thread implementiert.

❑ *Beispiel 18.4.1* **deutschServerThread**
Wie im Beispiel des vorigen Abschnitts öffnet der Thread einen Socket, über den die Kommunikation abgewickelt wird. Der Server-Thread erhält vom Client die Eingabe und liefert ihm über den Filter **deutschWriter** die Ausgabe:

```
import java.io.*;
import java.net.*;

class deutschServerThread extends Thread
{   private Socket Client=null;
    private int ClientNr;

    public deutschServerThread(Socket s,int Nr)
    {   Client=s; ClientNr=Nr; }
```

```
public void run()
{
// Kommunikation aufbauen:
// Leser und Schreiber erzeugen
   try
   { deutschWriter Schreiber=new deutschWriter(
       new OutputStreamWriter(
           Client.getOutputStream()),true);
     InputStreamReader Leser=
       new InputStreamReader(
       Client.getInputStream());

// Buchstaben lesen, filtern, gefiltert ausgeben
     int zeichen;
     while ((zeichen=Leser.read())!=-1)
       Schreiber.write(zeichen);
// Aufräumen
     System.out.println("Client "+ClientNr
       +" wird beendet");
     Client.close();
     Leser.close();
     Schreiber.close();
   } catch (IOException e)
     { System.out.println("E/A-Fehler "
         +e.getMessage());
     }
}
}
```

Im folgenden Beispiel wird der Server implementiert. Er hat die Aufgabe, auf die Anforderung seines Service durch einen Client zu warten. Dies wird durch die Klase **ServerSocket** realisiert.

Wichtige Methoden der Klasse ServerSocket
ServerSocket(int port)
Erzeugt einen Server Socket an dem angegebenen Port.
Socket accept()

Wichtige Methoden der Klasse `ServerSocket`
Wartet auf eine Verbindung durch einen Client. Wurde ein Client erfolgreich verbunden, liefert die Methode ein **Socket**-Objekt zurück, das an einen neuen Port gebunden wird, über den die Kommunikation läuft.
`InetAdress getInetAddress()`
Liefert die lokale Adresse dieses Server Sockets als Objekt des Typs **InetAddress** zurück. Diese Klasse enthält Informationsmethoden, mit denen man sich über die Adresse des Server Sockets informieren kann (siehe folgendes Beispiel).
`int getLocalPort()`
Liefert die Nummer das Ports, an dem der Server Socket auf eine Client-Verbindung wartet.

Die Implementierung unseres Servers **MultiDeutschServer** im folgenden Beispiel versucht, einen **ServerSocket** am Testport 4711, einem bisher unbenutzten Port, zu öffnen. Ist dies erfolgreich, werden Informationen über den Server angezeigt; andernfalls wird das Programm abgebrochen. Der Aufruf der Methode **accept()** wartet auf einen Client, der sich an den Testport 4711 auf dem Rechner anmeldet, auf dem der Server gestartet wurde. Es wird dann ein neuer Thread erzeugt, der dem Client den Service liefert.

❑ *Beispiel 18.4.2* **MultiDeutschServer**

```
import java.io.*;
import java.net.*;

public class MultiDeutschServer
{   private static Socket neuerClient;
    private static ServerSocket TestServer=null;
    private final static int TestPort=4711;
    // Port-Nummer

    public static void main(String[] argv)
    {   int ClientNr=1;   // laufende Nummer des Client
        try
        {   TestServer=new ServerSocket(TestPort);   }
        catch (IOException e)
        {   System.out.println("ServerSocket an Port "
```

```
                +TestPort+" fehlgeschlagen");
            System.exit(1);    // Fehlerausgabe
        }
        ServerInfos();
    // jetzt lauscht TestSocket an Port 4711,
    // auf Anfrage von Client warten
    // und bei Erfolg neuen Socket erzeugen
    // bei jeder Kommunikation einen
    // deutschServerThread erzeugen
        while (true)
        {   try { neuerClient=TestServer.accept();   }
            catch (IOException e)
            {   System.out.println(
                 "Fehler bei accept()");
                System.exit(2);    // Fehlerausgang
            }
            System.out.println("Client "
                +ClientNr+" verbunden");
            new deutschServerThread(
                neuerClient,ClientNr).start();
            ClientNr++;
        }
    }

    private static void ServerInfos()
    {   System.out.println("Lausche auf Port "
          +TestPort);
        System.out.println("Host-Adresse:"
          +TestServer.getInetAddress().
            getHostAddress());
        System.out.println("Host-Name:"
          +TestServer.getInetAddress().getHostName());
        System.out.println("Host-Port:"
          +TestServer.getLocalPort());
    }

    public static int getPort()
    {   return TestPort;   }
}
```

Die Verbindung des Clients wird ganz ähnlich aufgebaut wie im Beispiel **EchoClient**. Der Client liest eine Zeile von der Standardeingabe. Der Filter

deutschWriter gibt bei deutschen Sonderzeichen zwei Buchstaben zurück, es müssen also auch zwei Zeichen vom Server abgeholt werden. Dies wird in der Ein-/Ausgabeschleife des folgenden Progamms berücksichtigt.

❑ *Beispiel 18.4.3* **deutschClient**

```
import java.io.*;
import java.net.*;
import JavaPack.*;

public class deutschClient
{   public static void main(String[] argv)
      throws IOException
    {  Socket Client=null;
       deutschWriter ausgabe=null;
       InputStreamReader eingabe=null;
       try
       {  Client=new Socket("DESKTOP",
             MultiDeutschServer.getPort());
       }  catch (UnknownHostException e)
          {  System.out.println(
                "Host nicht erkannt: "+e);
             System.exit(1);
          }
       System.out.println("Verbunden mit Host");
       ausgabe=new deutschWriter(
             new OutputStreamWriter(
                Client.getOutputStream()),true);
       eingabe=new InputStreamReader(
         Client.getInputStream());
       LineNumberReader StdEingabe=
             EinlesenDeutsch.open("CON");
       int vomServer;
       String vomClient;
       System.out.println("Ende mit leerer Zeile");


       while (true)
       {  vomClient=StdEingabe.readLine();
          if (vomClient.length()!=0)
          {  System.out.print("vom Server: ");
             for (int i=0;i<vomClient.length();i++)
```

```
            { ausgabe.write(vomClient.charAt(i));
                vomServer=eingabe.read();
                System.out.print((char)vomServer);
                System.out.flush();
                if (istDeutsch(vomClient.charAt(i)))
                // bei Sonderzeichen gibt Server
                // zwei Zeichen aus
                { vomServer=eingabe.read();
                    System.out.print((char)vomServer);
                    System.out.flush();
                }
            }
            System.out.println();
        }
        else
            break;
    }
    System.out.println("Dialog-Ende");
    // Aufräumen
    ausgabe.close();
    eingabe.close();
    StdEingabe.close();
    Client.close();
}

private static boolean istDeutsch(int c)
{   switch ((char)c)
    {   case 'ä':case 'Ä':case 'ö':case 'Ö':
        case 'ü':case 'Ü':case 'ß':
            return true;
        default: return false;
    }
}
}
```

Um den Server und die Clients zu starten, muss der Rechner mit dem Netz verbunden werden. Wenn Sie sich telefonisch ins Netz einwählen, müssen Sie die Verbindung herstellen, auch wenn die Programme lokal auf Ihrem Rechner laufen. Dabei muss im **deutschClient** bei der Erzeugung des Socket **Client** der Name des lokalen Rechners eingetragen werden. Wenn Sie den **Multi-DeutschServer** das zweite Mal starten, meldet er diesen Namen als Host-Name.

Zuerst wird der Server gestartet. Wenn er den Port geöffnet hat, kann man die Clients starten. Die folgende Abbildung zeigt die Ausgabefenster einer Sitzung mit dem Server und drei Clients:

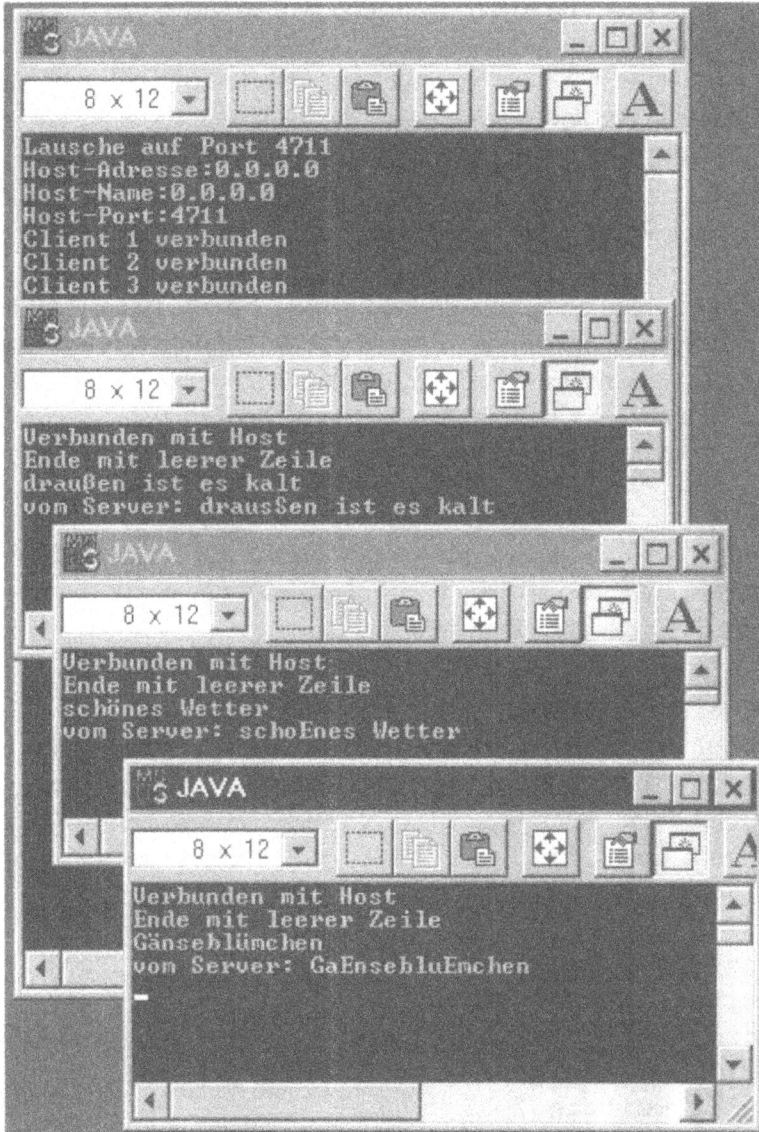

Abb. 18.2: Server und drei Clients

18.5 Datagramme

Die Versendung von Datenpaketen wird durch das Datagramm-Protokoll **UDP** (Unreliable Datagram Protocol) realisiert, das in Java durch die Klassen **DatagramPacket** und **DatagramSocket** realisiert wird. UDP sendet einzelne Datenpakete vom Server an den Client; dabei wird nicht garantiert, dass die Datenpakete in der Reihenfolge beim Client ankommen, in der sie vom Server gesendet werden. Es ist nicht einmal gewährleistet, dass sie überhaupt ankommen. Fehlt ein Datenpaket, muss der Client es erneut vom Server anfordern. Das UDP-Protokoll ist wesentlich einfacher und schneller als das URL-Protokoll.

Im Folgenden werden zwei Java-Programme vorgestellt: **DatagramSender** sendet zyklisch einige Textzeilen an den Testport 4711; **DatagramEmpfaenger** verbindet sich mit dem Testport, empfängt zehn Pakete und gibt sie auf dem Bildschirm aus.

❑ *Beispiel 18.5.1* **DatagramSender**
Das Programm bereitet den zu sendenen Text als **byte**-Feld auf und erzeugt ein **DatagramPacket**, dessen Parameter Folgendes festlegen:
  das **byte**-Feld, das gesendet wird,
  seine Länge,
  die Adresse des Rechners und
  den Port, an den das Paket geschickt werden soll.
Dann sendet die Methode **send** das Paket an die angegebene Adresse.

```
import java.net.*;
import java.io.*;

public class DatagramSender
{  static final int port=4711;
   static final String[] Paket=
      { "0:Die folgenden ... usw. ",
        "1:weitere Zeilen ..."
   // ein Text mit mehreren Zeilen
      };

   public static void main(String[] argv)
      throws IOException
   {  byte[] Text;
      DatagramPacket paket;
```

```
    DatagramSocket socket=new DatagramSocket();
    InetAddress adresse=
      InetAddress.getByName("DESKTOP");
    int lg=Paket.length;
    int i=0;
    while (true)
    {   int PkLg=Paket[i].length();
        Text=new byte[PkLg];
        Text=Paket[i].getBytes();
        // wandelt String in Byte-Feld
        paket=new DatagramPacket(
                Text,PkLg,adresse,port);
        socket.send(paket);
        i=(i++)%lg;
    }
  }
}
```

Im Konstruktor des **DatagramSocket** wurde kein Port angegeben; er bindet sich zunächst an einen beliebigen freien Port. Der eigentliche Port zum Senden wird erst vom **DatagramPacket** eingestellt. ∎

❑ *Beispiel 18.5.2* **DatagramEmpfaenger**
Der Empfänger öffnet einen **DatagramSocket**, der an den vereinbarten Port gebunden ist. Anschließend wird ein **DatagramPacket** mit einem Puffer erzeugt, der die durch den **receive**-Aufruf empfangenen Daten aufnimmt. Vor der Ausgabe des ersten Pakets werden der Rechnername und der Port protokolliert:

```
import java.net.*;
import java.io.*;

public class DatagramEmpfaenger
{   static final int port=4711;
    public static void main(String[] argv)
        throws IOException
    {   boolean erst=true;
        DatagramSocket socket=new DatagramSocket(port);
        for (int i=0;i<10;i++)
        {   byte[] empfangen=new byte[80];
            String text;
```

```
        DatagramPacket paket=new DatagramPacket
            (empfangen,empfangen.length);
        socket.receive(paket);
        text=new String(empfangen);
        if (erst)
        { System.out.println("Text erhalten von "
            +paket.getAddress().getHostName()
            +" ueber Port "+paket.getPort());
          erst=false;
        }
        System.out.print(text);
      }
   }
}                                                    ■
```

In den Beispielen wurden folgende neuen Methoden verwendet:

Wichtige Methoden der Klasse `DatagramSocket`
`DatagramSocket()` `DatagramSocket(int port)`
Erzeugt einen DatagramSocket und bindet ihn an einen Port: Die erste Form verwendet irgendeinen freien Port, die zweite den angegebenen Port.
`void send (DatagramPacket p)`
Sendet ein Datagram-Packet. Der Parameter p enthält Informationen über Inhalt und Länge des Pakets.
`void receive(DatagramPacket p)`
Empfängt ein Datagram-Paket p; es enthält auch die Adresse und Port-Nummer des Senders, die man mit `getAddress()` bzw. `getPort()` lesen kann.

Konstruktoren der Klasse `DatagramPacket`
`DatagramPacket(byte[] puffer,int lg,InetAddress addr,int port)`
Der Sender eines Datagram-Pakets erzeugt sich ein Objekt mit dieser Form des Konstruktors. Er gibt dabei außer den zu sendenden Daten `puffer` und deren Länge `lg` Byte die Zieladresse `addr` und den Ziel-Port `port` an.
`DatagramPacket(byte[] puffer,int lg)`
Der Empfänger eines Datagram-Pakets erzeugt sich ein Objekt mit dieser Form des Konstruktors. Die empfangenen Daten der Länge `lg` Byte werden in `puffer` abgespeichert. `lg` darf nicht größer als die Pufferlänge sein.

18.6 Sicherheitskonzepte in Java

Sicherheitsaspekte beim Benutzen und Laden von Fremddateien sind im Internet äußerst wichtig. Außer der Virengefahr denke man nur an die Situation, dass sich ein Applet über den Inhalt der lokalen Festplatte informieren oder persönliche Dateien wie z. B. Passwortdateien herunterladen könnte. In der Presse wird darüber immer wieder berichtet. Deshalb ist ein ausgefeiltes Sicherheitskonzept in Java *die* Basis für eine breite Akzeptanz als Programmiersprache für Netzanwendungen.

Bereits die erste Version des JDK enthält eine Klasse **SecurityManager**, mit der man alle wichtigen Dateizugriffe überwachen und einstellen kann.

Eine absolute Sicherheit kann es in diesem sensiblen Bereich nie geben, man kann immer nur bekannte Schlupflöcher schließen. JDK 1.1 enthält viele weitere Klassen, die sich mit Sicherheitsaspekten beschäftigen und sich noch in der Entwicklung befinden.

In diesem Abschnitt wird das Sicherheitskonzept aus JDK 1.0 besprochen, das auch in JDK 1.1 unterstützt wird. Sollten Sie Netzanwendungen in Java programmieren, bei denen das hier vorgestellte Sicherheitskonzept nicht ausreicht, informieren Sie sich über den neuesten Stand der Sicherheitsklassen von Java im Internet unter der Adresse **www.javasoft.com**.

Jeder Browser und AppletViewer erzeugt seinen eigenen Security-Manager, den man meist selbst konfigurieren kann. Daher läuft ein Applet immer unter den Sicherheitseinstellungen des benutzten Browsers.

Eine Java-Anwendung kann ihren eigenen Security-Manager haben. Die bisher behandelten Anwendungen hatten alle keinen Security-Manager, sie durften sich also beliebig im Netz und auf der Festplatte betätigen. Um diese gefährliche Voreinstellung zu ändern, muss eine Anwendung einen Security-Manager installieren.

Es wird nun eine Anwendung entwickelt, die Dateien ausschließlich aus dem Beispielverzeichnis zu diesem Buch lesen darf. Sie kann die Beispiele nicht verändern oder in anderen Verzeichnissen herumstöbern. Die Beispiele haben Sie auf Ihrer Platte in Unterverzeichnissen von **C:\Daten\Java-Buch\Buch-Beispiele** gespeichert. Der Sicherheitsmanager darf also Lesezugriffe auf Dateien nur erlauben, wenn der absolute Pfad einer Datei mit diesem Verzeichnis beginnt.

Die Klasse **SecurityManager** enthält für alle wichtigen Zugriffe auf Dateien und das Netz Methoden mit dem Namen **checkXXX()**, wobei **XXX** die überprüfte Methode benennt. In unserem Beispiel verwenden wir Zugriffe auf Dateien und deren Eigenschaften. Zum Überwachen dieser Operationen enthält **SecurityManager** u. a. folgende Methoden:

Für Zugriffe auf Dateien:

```
checkDelete(String DateiName)
checkRead(String DateiName)
checkRead(String DateiName,Object o)
checkWrite(String DateiName)
```

Für Zugriffe auf **Properties**:

```
checkPropertiesAccess()
checkPropertiesAccess(String key)
checkPropertiesAccess(String key,String def)
```

Diese Methoden werden bei einem entsprechenden Zugriff von Java automatisch aufgerufen. Kehrt eine **checkXXX**-Methode einfach zurück, ist der Zugriff erlaubt; die Methode wirft eine **SecurityException** aus, wenn der Zugriff verboten ist. Alle Methoden in der Klasse sind so vordeklariert, dass sie eine Ausnahme auswerfen: Es sind also zunächst alle Zugriffe verboten. Soll ein Zugriff erlaubt sein, überschreibt man sie in einer Subklasse des **Security-Manager**s.

Im Beispiel definieren wir einen Sicherheitsmanager **BeispielLeser-Sicherheit**, der die Methode **checkRead** überschreibt.

❑ *Beispiel 18.6.1 Verwendung von* **checkRead**
```
class BeispielLeserSicherheit
   extends ErlaubeDateiInfo
{  final static String fs=File.separator,
      NZ=System.getProperty("line.separator");
   final static String BeispielVerzeichnis=
      "C:"+fs+"Daten"+fs+"Java-Buch"
      +fs+"Buch-Beispiele";
   public void checkRead(String datei)
   {  File file=new File(datei);
      if (!file.getAbsolutePath().toLowerCase().
            startsWith(BeispielVerzeichnis.
            toLowerCase()))
         throw new SecurityException(datei
            +" nicht lesbar");
      System.out.println("Lese Datei "+datei+NZ+
         file.getAbsolutePath());
   }
}
```
∎

Zur Entscheidung, ob die gewünschte Datei gelesen werden darf, wird in der Anweisung

```
      if (!file.getAbsolutePath().toLowerCase().
            startsWith(BeispielVerzeichnis.
            toLowerCase()))
```

der Anfang des absoluten Pfades überprüft werden. Für die Bestimmung des absoluten Pfads muss wiederum auf die Datei zugegriffen werden. Dieser Zugriff wird durch die Methode **checkPropertyAccess** geschützt. Aus diesem Grund erweitert die obige Klasse den Sicherheitsmanager **ErlaubeDatei-Info**, der genau diesen Zugriff freigibt. Die überschriebene Methode hat einen leeren Rumpf, d. h. sie kehrt stillschweigend zurück.

❑ *Beispiel 18.6.2 Sicherheitsmanager* **ErlaubeDateiInfo**
```
class ErlaubeDateiInfo extends SecurityManager
{  public void checkPropertyAccess(String key) {} }
```
∎

Die Klasse **BeispielLeser** installiert ihren Sicherheitsmanager mit der Methode **System.setSecurityManager**. Wählt das folgende Programm eine

Datei aus dem Beispielverzeichnis aus, so wird diese Datei angezeigt. Andernfalls wird der Zugriff mit einer entsprechenden Meldung verweigert.

❏ *Beispiel 18.6.3* **BeispielLeser**

```
import java.io.*;
import java.net.*;
import JavaPack.*;

public class BeispielLeser
{  public static void main(String[] argv)
   {  String DName;
      System.setSecurityManager(
         new BeispielLeserSicherheit());
      System.out.print("Datei :");
      DName=Einlesen.LiesString();
      try
      {  BufferedReader ein=new BufferedReader(
            new FileReader(DName));
         String zeile;
         while ((zeile=ein.readLine())!=null)
            System.out.println(zeile);
         ein.close();
      }
      catch (IOException e)
      { System.out.println(e);  }
      catch (SecurityException e)
      { System.out.println(e);  }
   }
}
```

Teil IV.
Anhänge

Übersicht

Anhang A enthält eine alphabetische Zusammenstellung der Syntaxdiagramme. Neben der Nummer des Syntaxdiagramms ist die Nummer der Seite angegeben, auf der das Syntaxdiagramm definiert ist. Anhang B fasst die Beispiele zusammen. Der Quellcode des Packages **JavaPack** ist in Anhang C abgedruckt. Nach dem Quellenverzeichnis in Anhang D beschließt ein ausführliches Sachwortverzeichnis dieses Buch.

A Die Syntax von Java

A.1 Erklärung zu den Syntaxdiagrammen

Die Syntax von Java wurde in den einzelnen Kapiteln dieses Buches durch Syntaxdiagramme angegeben. Syntaxdiagramme sind grafische Darstellungen von Regeln der Grammatik, wie sie von N.Wirth bei seiner Definition von Pascal verwendet wurden. Bei Syntaxdiagrammen wird zwischen zwei Arten von Symbolen unterschieden:

| syntaktischer Begriff | enthält einen syntaktischen Begriff, der in einem Syntaxdiagramm definiert wird.

Terminal — enthält Zeichenreihen bzw. Zeichen, die in der angegebenen Form im Java-Quelltext vorkommen.

;

A.2 Die Syntaxdiagramme von Java

In diesem Abschnitt ist ein alphabetisch sortiertes Verzeichnis der Syntaxdiagamme zusammengestellt. Für jeden in einem Syntaxdiagramm definierten Begriff ist die im Buch verwendete Nummer sowie die Seite angegeben, auf der sich das zugehörige Syntax-Diagramm befindet.

B Beispiele

C Das Package **JavaPack**

In diesem Anhang wird der Java-Code der beiden Klassen **Einlesen** und **Ausgeben** aus dem Package **JavaPack** abgedruckt.

Das Package muss im Verzeichnis **JavaPack** stehen, das relativ zu einem CLASSPATH liegt.

Kopieren Sie "JavaPack" am besten direkt unter das Wurzelverzeichnis C:\ und fügen Sie in Ihren CLASSPATH dieses Verzeichnis in die Datei autoexec.bat ein.

C.1 Die Klasse **Einlesen**

```
package JavaPack;
import java.io.*;

public class Einlesen
{  final static long EINS=1L;
//  String über Tastatur einlesen.
   public static String LiesString()
   {  String s="";
      int i;
      byte puffer[] = new byte[80];
      try
      {  System.in.read(puffer);
         for (i=0; ((char)puffer[i]!='\n')&(
                   (char)puffer[i]!='\r');i++)
            s+=(char)puffer[i];
      }
      catch (IOException e)
      {  }
      return s;
   }

//  Character über Tastatur einlesen.
   public static char LiesChar()
   {  String s;
      s=LiesString();
      if (s.length()==0)
         return ' ';
```

```
      return (char) s.charAt(0);

   }

// wartet auf RETURN
   public static void warte(boolean b)
   // b == true: Ausgabe von "Weiter ..."
   { String s;
     if (b)
     { System.out.print("....... Weiter mit RETURN");
       System.out.flush();
     }
     s=LiesString();
   }

   public static void warte()
   { warte(true);   }

   public static double LiesDouble()
   { while (true)
     { try
       {   return Double.valueOf(LiesString().trim()).
             doubleValue();
       }
       catch (NumberFormatException e)
       { System.out.println(
             "keine reelle Zahl! Eingabe wiederholen.");
       }
     }
   }

// int-Zahl über Tastatur einlesen.
   public static int LiesInt()
   { while (true)
     try
     { return
         Integer.valueOf(LiesString().trim()).intValue();
     }
     catch (NumberFormatException e)
     { System.out.println(
             "keine int Zahl! Eingabe wiederholen.");
     }
   }

// long-Zahl über Tastatur einlesen.
   public static long LiesLong()
   { while (true)
     try
     { return Long.valueOf(LiesString().trim()).longValue();
     }
```

```
            catch (NumberFormatException e)
            {  System.out.println(
                    "keine int Zahl! Eingabe wiederholen.");
            }
      }

//  gibt eine long-Zahl als Binärzahl aus.
      public static void binaer(long zahl,int breite)
      {  for (int i=breite-1;i>=0;i--)
         {  if ((zahl & (EINS<<i))!=0)    //  Bitstelle berechnen
               System.out.print('1');
            else
               System.out.print('0');
            if (i%4 == 0)
               System.out.print(' '); // Zwischenraum
         }
         System.out.flush();
      }
}
```

C.2 Die Klasse Ausgeben

```
package JavaPack;
import java.io.*;

public class Ausgeben
{  private static int zehn_hoch(int potenz)
   {  int erg=1;
      for (int i=0;i<potenz;i++)
         erg=10*erg;
      return erg;
   }

//  Formatierte Ausgabe ganzer Zahlen.
   public static String Format(int zahl,int breite,char fuell)
   {  boolean neg=false;
      String erg="";
      int lbreite=breite;
      if (zahl<0)
      {  neg=true;
         zahl=-zahl;
         lbreite--;
      }
      if (zahl>=zehn_hoch(lbreite))
      {  erg="|"+zahl;  //System.out.print("|"+zahl);
         return erg;
      }
```

```
        for (int i=lbreite-1;i>0;i--)
           if (zahl<zehn_hoch(i))
              erg+=fuell;//System.out.print(" ");
           else
              break;
        if (neg)
           erg+="-";
        return erg+zahl;
        // System.out.print(zahl);
     }

//   Formatierte Ausgabe ganzer long-Zahlen.
     public static String Format(long zahl,int breite,
           char fuell)
     {   boolean neg=false;
         String erg="";
         int lbreite=breite;
         if (zahl<0)
         {   neg=true;
             zahl=-zahl;
             lbreite--;
         }
         if (zahl>=zehn_hoch(lbreite))
         {   erg="|"+zahl;
             return erg;
         }
         for (int i=lbreite-1;i>0;i--)
            if (zahl<zehn_hoch(i))
               erg+=fuell;
            else
               break;
         if (neg)
            erg+="-";
         return erg+zahl;
     }

     public static void AusgabeInt(int zahl,int breite)
     {   System.out.print(Format(zahl,breite,' ')); }

     public static String Format(String s,int breite,char fuell)
     {   int lg=s.length(),i;
         String erg=new String();
         if (s.length()>breite)
            return s.substring(s.length()-breite);
         for (i=0;i<breite-lg;i++)
            erg+=fuell;
         erg+=s;
         return erg;
     }
}
```

D Quellenverzeichnis

[API-Doc] Sun Microsystems: *Java API Document*
www-Adresse: java.sun.com

[GoJo96] Gosling, James, B. Joy und G. Steele: *The Java Language Specificati-on, Version 1.0, August 1996* (HTML-Version des gedruckten Buches),
www-Adresse: java.sun.com

[GoJo00] Gosling, James, B. Joy, G. Steele und G. Bracha: *The Java Language Specification, Second Edition, 2000* (HTML-Version des gedruckten Bu-ches), www-Adresse: java.sun.com

[UML] *Unified Modeling Language*, www-Adresses: www.rational.com/uml

[Uni00] Unicode Consortium: *The Unicode Standard: Version 3.0.* Addison-Wesley Longman Publisher, 2000, ISBN 0-201-61633-5
www-Adressen: www.unicode.org

[Wir71] Wirth, N.: *The Programming Language PASCAL.* Acta Informatica 1,
1971, S. 35-65

E   Sachwortverzeichnis

Beispielsammlung zu diesem Buch

Die Beispiele zu diesem Buch können über die Verlagsseite heruntergeladen werden, die unter der Adresse

`http://www.oldenbourg.de/verlag/index_inhalt.html`

erreichbar ist.

Über den Button "Downloads" gelangen Sie ins Download-Verzeichnis und über den Titel dieses Buches in den Download-Bereich der Beispiele. Weitere Informationen finden Sie in der Datei `readme.txt`. Viel Spaß beim Arbeiten mit diesen Beispielen.

Kommentare und Verbesserungsvorschläge zu diesen Beispielen und zum Inhalt des Buches senden Sie bitte an den Autor, der folgende e-mail-Adresse hat:

`dieterich@fh-ulm.de`

www.ingramcontent.com/pod-product-compliance
Lightning Source LLC
Chambersburg PA
CBHW081523190326
·41458CB00015B/5448